S.F.

V.

Nicolaus Sombart

Rendezvous mit dem Weltgeist

Heidelberger Reminiszenzen 1945–1951

S. Fischer

Lektorat: Walter H. Pehle/Hubert Leber
Satz: Fotosatz Otto Gutfreund GmbH, Darmstadt
Druck und Einband: Clausen & Bosse, Leck
Printed in Germany
ISBN 3-10-074422-5

Ich widme dieses Buch
meinem Freunde und Gönner
Hubert Burda,
der am 9. Februar 1940
in Heidelberg geboren wurde.

Inhalt

Statt eines Vorwortes

Wer sich, aus welchen Motiven auch immer, darauf einlässt, über sein Leben zu schreiben, muss sich auseinander setzen mit dem Anspruch auf Wahrhaftigkeit. Er muss wissen, dass jede Autobiographie ein Artefakt ist. Jedes Unterfangen, Kontinuität herzustellen und in seiner Lebensgeschichte eine eindeutige Entwicklungslinie aufzuweisen, ist zum Scheitern verurteilt. Teilstücke stehen als Fragmente unvermittelt nebeneinander, überschneiden sich, driften auseinander. Eine sinnvolle Verbindung zwischen ihnen herstellen zu wollen, wäre ein Akt der Willkür.

Wer eine Autobiographie schreibt, schreibt einen Roman. Jedes Teilstück des Lebens ist wie das Kapitel eines Fortsetzungsromans. Jean Genet hat gesagt, »*une autobiographie est autant mentie qu'un roman*«. Man kann auch sagen, sie ist genauso wahrheitsgetreu wie ein Roman. Ihr Wahrheitsgehalt ist jedenfalls nicht geringer, ihr Wahrscheinlichkeitsgrad höher. Die Fiktion übertrifft die Realität an Plausibilität und Schönheit. *La fiction est plus vraie que la réalité*. Die Wahrheit ist imaginär, aber die Realität auch. Man muss sie erfinden, man muss auch seine Lebensgeschichte erfinden.

Dies ist kein Sachbuch. Es erhebt auch nicht den Anspruch, zur Memoirenliteratur zu zählen. Es gehört eher zum Genre der *Reality fiction*: Dichtung und Wahrheit. Es ist ein Bekenntnisbuch, wie die *Confessions* von Rousseau.

Eine Regel muss respektiert werden: Alles, was erzählt wird, ist genau so gewesen wie beschrieben. Nichts ist erfunden. Die Poesie liegt in der Sache selbst. Man muss nur die kleine Musik hören, die das Faktische zur Literatur macht.

Ego sum fabula. Sein Leben als Roman zu verstehen, schafft Sicherheit. In der Wirklichkeit sind wir verloren, bleiben wir Fremde – in der Literatur sind wir zu Hause und kennen uns aus.

Die Autobiographie führt nicht zur Auflösung des Ich, sondern zur Vielzahl der Ichs. Sie stiften eine Identität, nicht in der Kontinuität, sondern in der Verschiedenheit. Es gibt in meinem Leben das Straßburger Ich, das Pariser Ich, das venezianische Ich. Im Rückblick folgen sie aufeinander und sind doch gleichzeitig, bedingen sich und schließen sich aus. Jedes einzelne dieser Ichs ist gebunden an Orte und Personen, an Situationen, die jeweils einmalig sind. Diese Einmaligkeit zu erkennen, ist die Aufgabe, vor der der Autor, der Erzähler steht.

Der Autor ist die übergeordnete Instanz, die aber selber ein Ich darstellt, das seinerseits eingebettet ist in ein bestimmtes Umfeld, eine Fiktion. Das Vergangene ist das Allgemeine, das der Erzähler mit seiner Subjektivität durchdringt und zum Leben erweckt. Das Besondere des Einzelfalls ist deshalb auch ein Produkt seiner Kreativität. In einem schöpferischen Akt setzt er das widersprüchliche und inkohärente Material, das er vorfindet, in Szene. Dabei bleibt er freilich immer der Gefangene seines Wahrheitsanspruchs. Er arbeitet wie ein Archäologe, der auf einem bestimmten Terrain nach jenen Fundstücken sucht, die seine Hypothese bestätigen. Dabei muss er auf Überraschungen gefasst sein und darf sich nicht wundern, dass nicht alles, was er entdeckt, nach seinem Geschmack ist.

In diesem Buch hat der Autor es mit seinem Heidelberger Ich zu tun. Er bemüht sich, der Wirklichkeit von damals ganz nahe zu kommen und nichts zu erfinden, von dem er nicht sagen kann: Wenn es so womöglich nicht stattgefunden hat, dann hätte es so zumindest stattfinden können. Ein hoffnungsloses Unterfangen!

Jeder hat seine Wahrheit. Die Erinnerung lügt und trügt. Und wie in jeder Erinnerung sind es auch hier immer zwei, die sprechen und sich widersprechen, der Junge und der Alte. Die Leser müssen sich auf diese Dichotomie einstellen. Aber auch dem Autor erscheint vieles von dem, was da berichtet wird, höchst befremdlich. Ich bin es oft nicht mehr, von dem da die Rede ist.

Die jüngsten Theorien der Literaturwissenschaft machen einem die Sache nicht leichter, wenn sie erklären: »Der Autor ist tot«. Es gibt kein Ich mehr, keine Identität. Aber was setzen wir an die Stelle jenes Ich, das sich in nichts aufgelöst hat?

Es gibt immer einen, der erzählt: den Erzähler der großen Erzählung, in dessen Diskurs sich jede kleine Erzählung einschreibt. Es ist die Geschichte von Scheherezade, die Geschichte von 1001 Nacht. Wir können uns drehen und wenden, wie wir wollen, wir stehen immer in ihrem Strom. Wir sind ein winziges Moment im Kontinuum der Menschheitsgeschichte: der Mensch, ein erdgeschichtliches Akzidenz. Ein evolutionsbiologisches Faktum. Jede Biographie geht in der Menschheitsgeschichte auf.

Bezogen auf die drei Jahrzehnte meiner Lehr- und Wanderjahre bildet das Heidelberg-Buch eine Mitte. Es steht zwischen zwei anderen Büchern von mir, in denen ich mich zu erinnern versucht habe: *Jugend in Berlin* und *Pariser Lehrjahre*. Das eine endet 1943, mitten im Krieg, das andere setzt ein 1951, als ich zum ersten Mal in meinem Leben in Paris eintraf. Die Jahre dazwischen, meine Heidelberger Jahre, sind Jahre des Übergangs. Vieler Übergänge. Von ihnen will ich berichten.

Erster Teil

Das Wunder von Libau

Wie bist du eigentlich nach Heidelberg gekommen?

Ja, wie bin ich eigentlich nach Heidelberg gekommen? Eine Verkettung glücklicher Umstände, wie das Schicksal so spielt, um seine geheimen Pläne durchzuführen. Das Wunder meiner Rettung aus dem baltischen Kessel! Man erinnert sich: Eine völlig intakte Armee von 300 000 Mann war in Kurland, so hieß das damals, hängen geblieben. Über die Häfen Libau und Windau versorgt, saßen wir da noch, als Russen und Amerikaner sich an der Elbe trafen, als Hitler sich in seinem Bunker erschoss, als Berlin längst gefallen war – wir saßen da bis zum letzten Kriegstag.

Das Wunder von Libau! *Fortuna* war mir hold, und ich fragte mich später oft und frage mich noch heute: Hatte ich in dieser Stunde nicht den gesamten Lebensvorrat an Glück, der mir zugemessen war, verbraucht? In Libau war es mehr als unwahrscheinlich, dass Zeit, Ort und Umstände so zusammenstimmten, dass ich die Chance bekam, mein Leben zu retten.

Aber *Virtú* war auch im Spiele. Sie verdankte sich einem spontanen Akt von Insubordination, zu dem mich Geistesgegenwart, der Mut der Verzweiflung und Entschlossenheit befähigten – Eigenschaften, über die ich nur in sehr geringem Maße verfüge. Die Angst vor einem Lagertod in Sibirien muss einen Adrenalinschub freigesetzt haben, sodass die in unzähligen Wachstunden nächtens schon oft phantasierte Desertion in letzter Minute doch noch vollzogen wurde.

Es war, ehrlich gesagt, keine Heldentat, sondern ein Reflex meines Selbsterhaltungstriebes, einzustufen als Feigheit vor dem Feind oder, milder beurteilt, als ein von der allgemeinen Verwirrung profitierender Fall unerlaubter Entfernung von der Truppe. Unter anderen Umständen, eine Viertelstunde früher oder später, hätte die Ahndung eines solchen Tatbestands dazu führen können, dass ich als toter Mann an einem Ast oder einer Laterne baumelte. Es war also in gewisser Weise auch ein »Verdienst«, wenn ich mir auf einem der Schiffe, die im Hafen vor Anker lagen, auf eigene Faust und ohne jeden Marschbefehl einen Platz verschaffte.

Zustatten kam mir meine blaue Luftwaffenuniform mit den roten Spiegeln, die einem Marineoffizier genügte, mich zum Geschützführer eines Zwei-Zentimeter-Flak-Geschützes zu ernennen, das herrenlos auf dem vorderen Deck seines Minensuchbootes stand. Ich grüßte zackig mit der Hand an meinem Käppi und übernahm offiziell das Kommando über die Kanone, das einzige Kommando, das ich während dieses Krieges zu übernehmen hatte. Was damals in Libau geschah, wurde fünfzehn Jahre später von einem Chronisten so dargestellt:

»Die 9. Sicherungsdivision der Kriegsmarine sammelt seit 7. Mai ihre schwimmenden Einheiten. Die Minensuch-, Räum-, Vorpostenboote, Artillerieträger, Fischkutter, Fahrprähme und Hafenschlepper werden zu Geleitzügen geordnet. Nachdem die Besatzungen alles, was nicht niet- und nagelfest ist, über Bord geschmissen haben, beginnt am Vormittag des 9. Mai die eilige Verladung der Truppen.

Die Soldaten der Heeresgruppe legen in diesen schweren Stunden Zeugnis ihres Wagemutes, ihrer Disziplin und ihres Gehorsams ab. Unter dem Krachen von Bomben russischer Flieger und Tacken ihrer Maschinengewehre spielen sich an den Kais und Hafenanlagen Szenen ab, die ihrer Größe wegen von keinem Dichter besungen werden dürften. Nirgendwo ist Murren oder sind bittere Vorwürfe zu hören, wenn die Marineoffiziere das Betreten der Schiffe aufhalten, weil diese schon überladen sind. Viele junge Soldaten kehren freiwillig zurück, um älteren Kameraden den Weg in die Heimat frei zu machen ... Noch einmal leuchteten Disziplin, Treue und Gehorsam als Zeichen deutschen Soldatentums auf, bevor diese Tugenden ein Jahrzehnt lang in Schmutz und Schande gezogen werden.

Dann verlassen die ersten beiden Geleitzüge um 20.30 Uhr den Hafen. Im Rauschen der Heckwellen verklingen die Hurra-Rufe auf Truppe und Vaterland, auf die zurückbleibenden Kommandeure und auf das langsam den Augen entschwindende Kurland ... Gegen 21 Uhr lichten Dampfer ›Tsingtau‹, drei Räum- und zwei Flugsicherungsboote mit 3780 eingeschifften Heeresangehörigen als drittes Geleit die Anker ... Die Schiffe kämpfen sich mit schäumendem Bug durch die hochgehenden Wogen nach Westen. Als der Morgen graut, sind plötzlich 25 russische Flugzeuge da. Sie setzen zum Sturzangriff auf das dritte Geleit an, und während überall schon die Waffen schweigen sollen, stirbt noch mancher Soldat unter diesem Maschinengewehrfeuer ...

Doch auch die gegnerischen Motortorpedoboote liegen auf der Lauer. Sie können Anschluss an das fünfte Geleit finden und bringen einen Teil der Fischkutter auf. Gegen 17 Uhr ist das deutsche Führungsschiff ›Rugard‹ von drei Torpedobooten gestellt. Die zwei begleitenden Räumboote brechen aus, aber ›Rugard‹ muss gestoppt liegen bleiben.

1300 Soldaten beobachten gespannt die Entwicklung der Situation.« Von der »Rugard« aus wird mit einer schnell wieder schussbereit gemachten 8,8-Zentimeter-Kanone auf die russischen Schiffe geschossen. »Das nächststehende sowjetische Motortorpedoboot wird getroffen und braust davon, gefolgt von seinen beiden Begleitern. Das letzte Seegefecht des Zweiten Weltkrieges.«

Diese Sichtweise war, wie sich denken lässt, nicht die meine. Ich saß auf einem der letzten Boote, die von russischen Schnellbooten nicht abgeschnitten und zurückgeholt wurden, und dachte: noch mal Schwein gehabt! Als ich in den frühen Morgenstunden des 11. Mai zusammen mit über 25 000 Angehörigen der Heeresgruppe Kurland meinen Fuß auf die Kaimauer eines holsteinischen Hafens setzte, war der Krieg, der nie mein Krieg gewesen war, auch für mich endgültig zu Ende. Ich hatte überlebt, ich war gerettet.

Den 10. Mai, meinen 22. Geburtstag, hatte ich auf der Ostsee verbracht. Über ein Funkgerät hörte ich in der Nacht, wie Sphärenklänge aus einer anderen Welt, die großartige Siegesrede von Churchill. Ich war wohl der einzige, der das in der Lautstärke schwankende, immer wieder bis zur Unhörbarkeit abgeschwächte Gekrächze identifizierte und begierig in sich aufnahm. Ich hatte in der Kajüte Unterschlupf gefunden; um mich herum, zusammengekauert und in Decken gehüllt, lagen die Kameraden und schnarchten. Jeder von ihnen, der die triumphale Botschaft vernommen hätte, hätte mit größter Wahrscheinlichkeit darauf bestanden, den Feindsender sofort abzustellen. Mich durchströmte ein Gefühl heftiger Genugtuung. Und ich erinnerte mich an meinen Vater. Wenn im Goebbels'schen Rundfunk der britische Premier verunglimpft wurde, sagte er nur: Er ist der Mann, der Hitler besiegen wird. So war es gekommen. Mein Vater hat es allerdings nicht mehr erlebt, er ist ein Jahr nach Churchills Ernennung zum Kriegspremier, 1941, gestorben.

Für mich war Churchill während des ganzen Krieges der große Mann, die überragende Intelligenz, der unbedingte Wille, der providentielle Heros, der die gute Sache zum Siege führen würde. Allerdings ließ sich mit niemandem darüber sprechen. Meine Verehrung wurde auch nicht geringer, als die englischen Geschwader über den deutschen Städten ihre Leuchtzeichen setzten, denn ich wusste, wer diese gigantische Zerstörung in letzter Instanz zu verantworten hatte. Wie groß war darum mein Erstaunen, als ich wenige Tage nach meiner Rettung aus dem Munde eines englischen Wachsoldaten, dem ich schüchtern meine Bewunderung für seinen obersten Kriegsherrn zum Ausdruck brachte – ein bisschen Anbiederung war schon dabei, aber ich wollte ein paar englische Zeitungen von ihm schnorren –, im ordinärsten Cockney hören musste: »Churchill – that pig!« Seine Gesichtszüge verzogen sich zur Grimasse tiefsten Abscheus. Die Zeitungen, um die ich ihn bat, hat er mir dennoch gegeben.

Großenbrode in Holstein, eine Insel auf der Vogelfluglinie, zwischen Fehmarn und Festland. Die Engländer sammelten dort die Überreste der deutschen Armeen aus Norwegen, Dänemark, Ostpreußen. Kein Gefangenenlager, ein Entlassungslager. Ich brauchte nur zwei Monate zu warten, bis ich auf freien Fuß gesetzt wurde. Zur Entlassungsprozedur gehörte es, dass man nach dem Empfang einer Decke, eines Kommissbrotes und einer guten Dosis DTT, eines Wanzenbekämpfungsmittels, das zu den zivilisatorischen Errungenschaften der Alliierten gehörte, seinen Zielort angeben musste. Verdammt, daran hatte ich nicht gedacht. Wohin wollte ich entlassen werden? Nach vierjährigem Militärdienst, der von mir als unerträglicher Zwang, als unwürdige Entfremdung empfunden worden war, war ich so erfüllt von der Vorstellung, nun endlich die Freiheit zu erlangen, dass ich mir keine Gedanken darüber gemacht hatte, wohin ich eigentlich wollte.

Unser Berliner Haus war 1943 zerstört worden. Meine Mutter und meine Schwester hatten in unserem Bad Kösener Landhaus Unterschlupf gefunden. Da sich die Westalliierten entsprechend den Vereinbarungen von Jalta Ende Juni aus Thüringen zurückzuziehen begannen, saßen dort jetzt die Russen. Es kam nicht infrage, sich ihnen in die Hände zu liefern, nachdem man ihnen glücklich entkommen war. Aber wohin sonst? Ich hatte keine Ahnung. Da kam mir der Name Heidelberg in den Sinn wie eine Inspiration *out of the blue*.

Heidelberg, das hatte man irgendwie gehört, war die einzige unversehrte Stadt Deutschlands und zudem, das hatte man irgendwie im Kopf, Universitätsstadt. Ja, und lebte dort nicht seit einigen Jahren eine Freundin meiner Schwester, in die ich verliebt war, wie in viele Freundinnen meiner Schwester, eine der »Kriegsbräute«, mit denen man sich lange Briefe schrieb, Erika? Zu der konnte ich vielleicht fahren.

Doch das war noch nicht Grund genug, mich zu einem Ort, der mir völlig fremd war, aufzumachen. Den Ausschlag gab, dass sich für mich mit dem Namen Heidelberg der Name Alfred Weber verband, oft gehört aus dem Munde meines Vaters. Ein Professor, ein Gelehrter, ein Soziologe, wie er. Ich erinnerte mich an den Nachruf, den er meinem Vater 1941 in der *Neuen Rundschau* gewidmet hatte. Ein alter Herr, ob er noch lebte? Er würde mir seine Unterstützung sicher nicht versagen. So erklärte ich dem Sergeanten, der mich, ohne aufzublicken, fragte, wohin ich entlassen werden wollte: Heidelbörg. Da guckte er auf und lächelte mich freundlich an.

Das Bild eines jungen Mädchens, die Reminiszenz an den Namen eines Greises, den ich nicht kannte, die vage Vorstellung paradiesischer Zustände in einer intakten kleinen Universitätsstadt: Es war nicht die Entscheidung für etwas Bestimmtes, bewusst Gewolltes, Angestrebtes. Es war der Beginn eines Abenteuers, dem ich voller Spannung entgegensah, ein *Blind date*.

Es war aber auch die bewusste Entscheidung gegen etwas, was ich auf keinen Fall wollte. Es war eine Entscheidung gegen die Ruinen, gegen die Russen, gegen Preußen. Man könnte sagen, und so will ich das heute sehen: Es war eine Entscheidung gegen den Osten, für den Westen, und dabei ist es dann ein ganzes Leben geblieben. Was wäre gewesen, wenn unser Berliner Haus nicht zerstört worden wäre wie so viele Villen im schönen Grunewald, die ihren Besitzern erhalten blieben, wenn Thüringen nicht unter russische Oberhoheit geraten wäre? Ich wäre nie nach Heidelberg gekommen.

Ich machte mich also von Großenbrode auf den Weg an die Gestade des Neckars. Allgemeine Marschrichtung Südwest. Es war ein herrlicher Sommer. Ich war in seliger Taugenichtsstimmung, in meinen elenden, entlausten Kommissklamotten, Knobelbecher und Koppelschloss, Käppi auf dem Ohr, eine eingerollte Decke und einen Brotbeutel als einzigen Besitz. Jetzt würde das »Leben« beginnen, von dem ich so viele Jahre lang ausgeschlossen gewesen war. So lange war es eigentlich nicht gewesen, aber es schien mir wie eine Ewigkeit. Mit mir trug ich den Plan einer Geschichte, in der ich meine seltsamen Erfahrungen aus dieser Zeit der Verbannung erzählen wollte, die Geschichte des Studenten Tabe. Ich war wohlgemut, glücklich und dankbar, mit heiler Haut davongekommen zu sein.

Bis Würzburg rollte ich in einem Güterzug, der für den Transport der nach Süddeutschland Entlassenen bereitgestellt worden war. Meine letzte Fahrt in einem Viehwaggon. An der Ausladerampe fand ich einen amerikanischen Lastwagen mit einem netten Neger – so sagte man damals noch –, der mich bis Mannheim brachte. Von Mannheim nach Heidelberg fuhr ich mit einer regulären Straßenbahn – ohne Fahrschein.

Ich fragte mich durch nach der Märzgasse, wo meine Freundin wohnte. Ich flog die Treppe hinauf und klingelte bei Gießen; so hieß, wie ich wusste, ihre Zimmerwirtin.

Ein mir unbekannter, junger, gut aussehender Mann in Zivil, etwas älter als ich, öffnete die Haustür.

»Sie sind Nicolaus Sombart?«

»Ja – wieso?«

»Wir reden gerade von Ihnen. Treten Sie ein. Ich bin Erikas Mann. Wir haben gestern geheiratet.«

Das fing ja gut an.

Der junge Mann war Mediziner. Die beiden gehörten zu einer Clique junger Leute aus gutem Hause, die den Krieg in Heidelberg auf die angenehmste Weise verbracht hatten. Etappe, Fettlebe. Ihr Stammquartier war der »Europäische Hof«. Ich brauchte eine gewisse Zeit, um herauszubekommen, dass es in Heidelberg nicht wenige gab, für die der Krieg nichts Schreckliches hatte. Umso stärker traf sie der Schock, als sie nach seinem Ende erfahren mussten, was das für ein Krieg gewesen war.

Ich erinnere mich nicht daran, wütend geworden zu sein. Wieso, bitte schön, haben Sie meine Freundin Erika geheiratet? Hat sie Sie geheiratet? Glaube ich nicht! Ich sagte nichts dergleichen. »Oh ja, freut mich außerordentlich. Gratuliere!« Ich war nicht böse, ich war dankbar. Ich war dankbar, hier in der Märzgasse angekommen zu sein. An dieses Gefühl erinnere ich mich. Ich wurde aufgenommen wie ein Bruder.

Am nächsten Tag ging ich zu Alfred Weber, dessen Adresse ich im Telefonbuch gefunden hatte. Er bewohnte ein Dachgeschoss in einem bescheidenen Mehrfamilienhaus der Zwanzigerjahre im Vorort Handschuhsheim dort, wo das Siedlungsgebiet in die Rheinebene übergeht, am äußersten Stadtrand.

Ich hatte mich nicht angemeldet. Als ich an seiner Tür in der Bachstraße 24 klingelte, führte mich das Dienstmädchen in den Wohnraum einer alten Dame, von der ich nicht wusste, wer sie war. Als sie meinen Namen hörte, rief sie, als hätte sie mich seit langem erwartet: »Seien Sie uns willkommen«, nahm mich bei der Hand und führte mich in das Arbeitszimmer des Professors. Die alte Dame war Else Jaffé, geborene von Richthofen, die Geliebte von Max und die Lebensgefährtin von Alfred Weber. Der Anblick des aus der Kriegsgefangenschaft entlassenen Jünglings rührte sie zu Tränen. Während ich mit dem Professor sprach, verschwand sie einen kurzen Augenblick. Dann kam sie zurück mit einem frisch gebügelten alten Oberhemd. Das würde ich jetzt brauchen können.

Eine kleine Universitätsstadt

Heidelberg, die liebliche, die unzerstörte, die trauliche Stadt, eingebettet zwischen grünen Hügeln, offen zur Ebene des Rheins und ihren blauen Horizonten.

Am westlichen Stadtrand verlieren sich die Straßen übergangslos in den Obstgärten und Gemüsefeldern, in denen wir streunten. Dörfer mit lustigen Namen und gastlichen Wirtschaften liegen in unmittelbarer Nachbarschaft. Villen an den Hängen mit blüten- und weinlaubüberwucherten Terrassen, auf denen wir lange Abende verschwatzten. Zu unseren Füßen der gemächliche Strom, der im Winter zufror, gesellig belebt von den Spaziergängern und Eisläufern, die sich auf der weißen Fläche nach Herzenslust tummelten. Im Sommer schwammen wir in den braunen Fluten, stromauf gezogen von den Schleppkähnen, schwerelos stromabwärts treibend, der untergehenden Sonne entgegen, deren flach einfallende Strahlen sich golden in den Wellen brachen. Über dem Fluss krümmt sich wie eine kostbare Spange in üppigem Haar die Alte Brücke mit ihren Zwillingstürmen. Beim buckligen Türmer immer freundliche Aufnahme, ein Tee zum Gespräch.

Und dann die festlichen Nächte. Lampions in den Baumkronen. Das bengalisch beleuchtete Gemäuer des zerstörten Burgkolosses. Die Garben des Feuerwerks, die im Sommerhimmel verzischen; noch hält der letzte Schimmer des versunkenen Tages die Nacht zurück, während die Mondsichel schon wie eine silberne Lamelle auf veilchenfarbenem Grunde zu leuchten beginnt.

In diese Idylle waren wir eingebrochen, wir, jungenhafte Kriegsveteranen, die Kesselschlachten, Rückzüge und Gefangenschaft in irgendwelchen Lagern auf dem Buckel hatten, eingefleischte Obergefreite, eingestimmt noch auf den rauen Ton unsentimentaler Kameradschaftlichkeit, auf das primitive Soldatenleben. Keiner von uns war ohne weiteres bereit, auf die liebenswürdigen Umgangsformen bürgerlicher Gesittung einzugehen, sie gar zu übernehmen. Ganz unbekümmert nahmen wir an, was uns voller Nachsicht und Wärme, wie selbstverständlich entgegengebracht wurde, das behagliche Zimmer unter dem Giebel, die Mahlzeit am gedeckten Tisch, die willfährigen Mädchen – *le repos du guerrier*.

Wir blickten nicht zurück. Auch was draußen im Lande Schreckliches vor sich ging, wollten wir nicht so genau wissen. Besatzung, Lebensmittelknappheit, Schwarzmarkt, ein Winter ohne Kohlen fochten uns nicht an. Nach dem Sturm genossen wir die Süße eines neuen Lebensgefühls, gesättigt von der Illusion, die Welt stünde uns offen.

Das war die Stimmung der ersten Stunde, der Stunde der unbegrenzten Hoffnungen, der Neuanfänge. Dem Aufbruch folgte das Scheitern, die hoch gesteckten Erwartungen zogen zwangsläufig Enttäuschungen nach sich. Der Abstand zwischen beiden ist der Maßstab aller Lebenserfahrung.

Heidelberg war eine kleine süddeutsche Universitätsstadt mit einer großen Tradition, die Jahrhunderte zurückreichte. Das heißt, die Universität war die wichtigste, die zentrale Institution der Stadt. Ihr Name *Ruperto Carola* hatte weltweit einen guten Klang. Das Leben der Stadt kreiste um die Universität – geistig, sozial und wirtschaftlich. Während die Professoren und Studenten, der größte Teil der Bevölkerung, in der Regel nicht aus Heidelberg stammten, lebten die Alteingesessenen von ebendiesen Fremden, an deren Leben sie sonst wenig Anteil hatten. Was zur Universität gehörte, hielt sich, mit einem gewissen Dünkel, für etwas Besseres – und war es auch.

Beim Einzug der Alliierten in die Stadt war die Universität geschlossen worden. Aber schon wenige Monate nach Beendigung des Krieges, am 15. August 1945, wurde sie durch die amerikanischen Besatzungsbehörden wieder eröffnet, zunächst nur mit zwei Fakultäten: Medizin und Theologie.

Ich immatrikulierte mich sofort in der theologischen Fakultät. Das war kein reiner Opportunismus; schließlich blieb die Theologie die vornehmste der Geisteswissenschaften. Im Übrigen nahm es niemand so genau. Karl Jaspers, der Philosoph, hielt seine wichtigen Vorlesungen über die Schuldfrage in der alten Aula, die unter dem Massenandrang zu bersten drohte. Es waren nicht nur Studenten, die seine Botschaft hören wollten. Alfred Weber, der Kultursoziologe, kündigte sein erstes Seminar als Privatissimum in seiner Wohnung an.

Ich war bei beidem dabei. Zwei rüstige Greise, Professoren der besten deutschen Tradition, die sich den Spuk der Nazijahre, die sie in der inneren Emigration überlebt hatten, von der Stirn strichen und entschlossen darangingen, für ihr Volk und seine ratlose, obdachlose Jugend nach einem gangbaren Weg in die Zukunft zu suchen. Ganz unpathetisch, selbstverständlich, mit einem tiefen Pflichtbewusstsein und einem Enthusiasmus, dem keiner seinen Respekt versagen konnte.

Jetzt waren wir also Studenten. Was hätten wir anderes sein können? Wir entstammten bürgerlichen Familien, da war das Studium noch selbstverständlich, ohne dass damit ein Lebensplan, eine Berufsabsicht verbunden gewesen wäre. Wir sahen ein wenig auf diejenigen unserer Kommilitonen herab (vor allem auf die etwas älteren unter ihnen), die ihr Studium mit sturem Ernst betrieben: ein Staatsexamen oder den Referendar im Visier, mit einer genauen Übersicht über die noch zu absolvierenden Semester. Pflichtvorlesungen, Seminarscheine und Zwischenprüfungen: derlei kümmerte uns nicht. Wir richteten uns an der Universität wie selbstverständlich ein, hörten, was uns Spaß machte, gingen in die Seminare der Professoren, die uns gefielen, und schleppten, was wir an Büchern tragen konnten, aus den Seminarbibliotheken auf unsere Buden.

Unsere Lesegier war unstillbar. Lesen, viel lesen, schien fürs Erste noch wichtiger zu sein als zu leben. Wir kannten ja nichts, was über die dürftigen Kenntnisse von Kriegsabiturienten hinausging, hatten allenfalls eine vage, schöngeistige Vorstellung von Kultur, die wir aus dem Elternhaus mitbrachten. Nachholbedarf? Ein verdammt dürftiges Wort, um unsere Wissensgier zu bezeichnen. Wirklichkeitsexploration in alle Himmelsrichtungen, wie sie zu diesem Alter gehört.

Sobald es ging, schrieb ich mich in der philosophischen Fakultät ein, ohne mich dabei auf ein bestimmtes Fach festzulegen. Das Spektrum meiner Interessen war zu breit: Geschichte, Philosophie, Staatstheorie, Psychologie, Ethnologie, Soziologie. Humanwissenschaften, Kulturwissenschaften würde man heute vielleicht sagen, mit all ihren Aspekten, Facetten und Sonderheiten. Lediglich eines war für mich wie für die meisten meiner Kommilitonen klar: Im Zentrum unserer Interessen lag unsere Faszination durch die Geschichte. Durch sie würden wir uns unserer Zeitgenossenschaft innewerden.

Heidelberg, die unversehrte Stadt. War das nicht der ideale Platz, um sich über die Ursachen der Katastrophe Gedanken zu machen, sich Rechenschaft abzulegen über das Wie und Warum? Vielleicht war die Stadt ja nur zu diesem Zweck von der allgemeinen Zerstörung ausgespart worden, um als Standort der nationalen Selbstbesinnung zur Keimzelle einer neuen Ordnung im Chaos zu werden. *Ex integro nacitur ordo*. Der Gedanke war verführerisch. Eine Möglichkeit immerhin, eine Chance. Wir standen an einer epochalen Wende, daran konnte kein Zweifel sein. Aus der Bilanz des Scheiterns mussten Zukunftsperspektiven definiert werden. Nicht vielen Generationen war es gegeben, so frei, so bedingungslos an diese Aufgabe gehen zu können, die im Grunde jeder Generation gestellt ist. Der Weltgeist hatte uns in Heidelberg ein Stelldichein gegeben, und wir waren zur Stelle.

Die Grundbefindlichkeit unserer Existenz – das Wort kam damals gerade in Mode – war das berauschende Gefühl, an einem Anfang zu stehen. Die Welt musste neu gedacht, neu vermessen werden – wir waren dazu bereit.

Auch fähig dazu? Die Frage stellte sich damals nicht, obwohl wir gute Gründe gehabt hätten, an unserer Kompetenz zu zweifeln. Was wir zu bieten hatten, war recht wenig: unsere Neugierde, unser Enthusiasmus, unser Wunsch, aktiv und verantwortlich den Aufbruch mitzugestalten.

Heidelberg hatte uns freundlich aufgenommen. Ohne uns dessen bewusst zu sein, waren wir in einen geistigen Raum eingetreten, der seine Traditionen, seine Helden, seine Mythen und seine Rituale hatte. So gerieten wir in den Bannkreis eines *Genius loci* ganz besonderer Art. Wir waren hier, weil magnetische Kräfte uns angezogen hatten.

Der Genius loci

Soviel ist gewiss, Heidelberg ist mehr als ein Name für einen geographischen Ort. Es ist ein Topos des deutschen Geistes. Immer wieder wurde der Versuch unternommen, sich über das Besondere, das Eigentümliche, das Geheimnisvolle des Phänomens Heidelberg Rechenschaft abzulegen, den spezifischen *Genius loci*, der das Denken und Tun, das Lebensgefühl der Menschen prägte, die von ihm ergriffen wurden. Allgemein war die Rede vom »Heidelberger Geist«. Was war damit gemeint? Etwas Vieldeutiges, Vielschichtiges, Komplexes, Widersprüchliches, im Grunde nicht Fassbares.

Am Anfang war das Wunder der Landschaft, deren sublimer Charme immer wieder von Dichtern besungen wurde. Und nicht nur von ihnen. Hören wir Karl Jaspers: »Ob der Blick von den Bergen in die Ebene oder von der Ebene in das Neckartal hinaufgeht, immer die gleiche, in unendlichen Aspekten sich zeigende Geformtheit. Die Ebene ist wie das Meer, lebendig durch die Bewegung der Wolken und ihrer Schatten, der Lichter und Farben, von der Erhöhung der Berge her übersehbar, unterschieden von den Ebenen des Nordens nur durch die Unendlichkeit einschränkenden fernen Berge der Hardt. Aus den Heimlichkeiten in den Nebeltälern, an Wiesen, Quellen und Teichen, in den Wäldern, geht der Weg zurück in diese Weite, von der Geborgenheit in das Wagnis. Die in sanften Wellen abfallenden Berge, die Weite der Ebene, der Strom, der fortdrängt zum fernen Ozean, wirken, als ob ein Architekt diese Landschaft geformt hätte, um in den Ausgang des Tales die Altstadt, auf halbe Höhe die Schlossruine zu setzen.«

Ach das Schloss! »Die seltsame Schönheit dieses einzigartigen Monuments zeigt sich erst, wenn man sieht, wie Bauwerke und Garten, auf die Landschaft bezogen und von ihr getragen, immer nur mit dieser eigentlich existieren, wenn in der Zerstörung das Unzerstörbare fühlbar wird. Im Aufstieg über den alten Schlossberg und über den Friesenberg, im Wandeln vom Stückgarten bis zu der Terrasse, im Schlosshof und auf dem Altan, offenbart sich die leibhaftige Kraft dieses Gleichnisses menschlichen Schaffens in formender und geformter Natur. Hölderlins ›Heidelberg‹ hat die wundersamste Deutung gegeben. Welche Stadt besitzt solch ein Lied! Ihr Adel weist durch Hölderlin in den Grund des Menschen.«

Ach Hölderlin!

Lange lieb ich dich schon, möchte dich, mir zur Lust,
Mutter nennen, und dir schenken ein kunstlos Lied,
du, der Vaterlandsstädte
Ländlichschönste, so viel ich sah.

Das Gedicht ist der unübertroffene Höhepunkt der romantischen Verklärung Heidelbergs als heroische Landschaft. Es gehört zu den Klischees des deutschen Bildungsbürgertums und ist so wahr und so unausrottbar wie jede Lebenslüge.

Leider helfen Landschaftsdeutungen, so poetisch und tiefgründig sie sein mögen, nicht weiter. Sie verweisen allenfalls auf gewisse Berührungspunkte zwischen dem von der Natur Vorgegebenen und dem kulturell Entstandenen, auf die Faszination und Anziehungskraft, die eine landschaftliche Konfiguration auf einen bestimmten Typus von Menschen ausgeübt hat. Fast immer kamen diese Menschen von außerhalb, sie waren an diesem Orte nicht beheimatet, seine Besonderheit erlebten sie nicht als etwas Selbstverständliches, das ihnen seit ihrer Kindheit vertraut war, sondern als etwas Außergewöhnliches, Äußerliches, das sie überwältigte, als das Erhabene, das sie intellektuell und ästhetisch animierte, inspirierte, stimulierte.

Die liebliche Kulisse bezauberte viele, weil ihre Sehnsucht hier das Dekor des *Locus amoenus* fand, eine Spiegelung der tief in ihnen schlummernden Paradiessehnsucht, einen Widerschein des Gartens Eden, ähnlich wie in Capri oder Venedig. Heidelberg als der nördlichste jener privilegierten Orte eines kulturellen Europa, an denen sehr präzise, schwer definierbare Vorstellungen von Schönheit und Harmonie mit den Eigentümlichkeiten eines Landschaftsbildes oder einer Stadtphysiognomie kongruieren und den idealen Rahmen für eine gehobene, zivilisierte, das Alltägliche transzendierende Existenzweise zu bieten scheinen. Das Wonnegefühl, das den durchströmt, der von solchem Anblick überwältigt wird, findet seinen adäquaten Ausdruck in dem klassischen Ausruf: *Et in Arcadia ego*. Eine Vision auserlesener Möglichkeiten wahren Menschentums. Hier bin ich Mensch, hier darf ich's sein.

Das Landschaftserlebnis war gewissermaßen die Initialzündung für eine einzigartige Glückserfahrung. War es nicht auch mir so ergangen? Was dann daraus wurde, war allerdings nicht mehr an Blütenbäumen, Ziegeldächern, Simsen, Kaminen, lyrischen Sonnenuntergängen und einer verwitterten Schlossruine festzumachen. Meine Liebe zu Heidelberg hatte zu tun mit Individuen und ihren Schicksalen, Personen und Persönlichkeiten, Ideen und Idealen.

Ihr Objekt war etwas Immateriell-Numinoses, »Geistiges«, im Hegel'schen Sinne Weltgeistmäßiges. Es ging nicht um Natur und Folklore, es ging um Gesellschaft und Geschichte. Es ging um Biographien.

Heute könnte man vielleicht sagen, dass sich zwischen Strom und Hügeln, zwischen Alter Brücke und Schloss ein morphogenetisches Spannungsfeld befand, dessen Entstehung auf prähistorisch-geologische Formationen zurückgeht, wer weiß das schon. Vielleicht hatte sich hier, klimatisch bedingt, eine ökologische Nische gebildet, die ein bestimmtes geistiges Mikroklima erzeugt hat, das die Kreativität eines dazu prädestinierten Typus Mensch, eine überspitzte, kritische, libidinös gesättigte Intelligenz stimulierte und zu einer Kühnheit, einer Verwegenheit befähigte, zu der sie andernorts nicht im Stande gewesen wäre.

Von allen, die es versucht haben, ist es Alfred Weber am besten gelungen, das, was da in Heidelberg geschah, zu fassen. 1947, im Alter von 79 Jahren, erinnerte er sich an die Zeiten vor dem Ersten Weltkrieg, als er als junger Ordinarius von der Prager Universität an die *Ruperto Carola* berufen wurde. »Die Atmosphäre dieser kleinen Stadt war nicht bürgerlich, eng oder gesättigt. Sie war vollgesogen und wurde durchströmt von Neuem, das in Deutschland auf merkwürdige Weise seit der Jahrhundertwende sich zu entwickeln begonnen hatte. Sie war geistig und persönlich anregend und dabei nach allen Seiten geöffnet. Jener ›Geist Heidelbergs‹, wie ihn vor allem immer wieder Friedrich Gundolf zu bezeichen pflegte, war für den, der als Hinzugekommener an ihm teilnahm, etwas wie eine Art Offenbarung. Er zog die Geschichte, er zog die philosophische Existenz, er zog alle alte Tradition vor seinen Richterstuhl. Und das Besondere war, er war zugleich gesättigt von einer Skepsis gegenüber allem, was als Durchschnittliches dem

Tag sein Gepräge gab. Er suchte nach neuer Tiefe, nach neuen tieferen Fundamenten überall. Und für mich ergab sich alsbald, dass ich naturgemäß von ihm hingezogen wurde, von der Frage, wo stehen wir als Fragende eigentlich geschichtlich gesehen? Eine Frage, die ich nach dem Charakter des hier herrschenden Geistes gar nicht anders als universell, erdumfassend zu stellen vermochte.«

Der Geist von Heidelberg war, bei Lichte besehen, eine Sache von Nicht-Heidelbergern. Er war das Produkt eines sich von Generation zu Generation erneuernden und bestätigenden geistigen Erlebnisses von Menschen, die dem Typus des *Marginal man* entsprachen und auf mirakulöse Weise an diesem Ort zusammentrafen. Sie kamen als Einzelne, als Zugereiste, als Fremde und fanden hier ein neues sinnlich-übersinnliches Zuhause.

So hatten sie's in Träumen wohl gesehen,
Und jeden blickt's wie seine Heimat an,
Und keinem hat der Zauber noch gelogen.
(Eichendorff)

Trotz aller Verschiedenheit empfanden sie sich als eine Gemeinschaft. Sie schwebten »fünf Fuß über dem Boden«, wie Jaspers meinte, der »Geist«, der sie vereinigte, strebte über jede Realität hinaus. Übernational, überstaatlich, lebendig innerhalb der Universität, erhob er sich, wie nirgendwo sonst in Deutschland, auf ein Weltniveau, das er recht eigentlich erst konstituierte.

Nicht jeder fand Zugang zu dieser Höhensphäre. Der »Heidelberger Geist« war kapriziös. Dem einen versagte er sich, dem anderen schien er sich spontan zu offenbaren. Wer dazugehören wollte, bat gleichsam durch seine Lebensführung und seine Hervorbringungen, durch seine Denkungsart um Aufnahme, ohne dass eine Instanz da gewesen wäre, die den Antrag hätte gewähren oder abschlagen können.

Für jeden bedeutete dieser Geist im Übrigen etwas anderes. Alles war möglich und erlaubt. Das war natürlich nicht ohne Risiko. Der immer ängstliche Jaspers hat es ausgesprochen: Heidelberg sei gefährlich und ziehe das Gefährliche an. Die Radikalität des Denkens setzte manche Absurditäten frei, das Schicksal der Revolutionäre nahm mitunter einen tragische Ausgang. Für andere geriet das Spiel des Geistes aus dem Ernst in die Unverbindlichkeit des Abenteuers. Das ständige Weiter, der Drang über alles hinaus führte schließlich ins Nichts, der Wunsch, alles zu verstehen, in nihilistische Skepsis.

In dieses Kraftfeld mit seiner Tradition, seinen Helden und seinen Mythen traten wir ein. Auf geheimnisvolle Weise wurden wir in seine Strömungen hineingerissen, ahnungslos. Wir wussten nichts.

Wir wussten nichts von den Russen, die nach der fehlgeschlagenen Revolution von 1905 in großer Zahl nach Heidelberg gekommen waren, Dostojewski und Solowjew im Gepäck. Die Bewunderung für diese außerordentlich intelligenten, ständig diskutierenden, leidenschaftlich bewegten Männer und Frauen war groß. Sie bildeten eine Kolonie, schufen sich eine Bibliothek, gaben ihre Feste, zu denen jeder Alteingesessene, der geladen war, gerne kam. Die Radikalität ihres Denkens brachte einen neuen Ton in das geistige Leben, der als etwas Befreiendes empfunden wurde. Die Gemütlichkeit der Bildungszufriedenen hatte vor ihnen keinen Bestand. Sie forderten einen anderen Ernst – eine Provokation, der sich Max Weber willig stellte.

Wir wussten nichts von der Rolle, die Stefan George in Heidelberg gespielt hat, König eines »geheimen Deutschland«, der hier unnahbar residierte, Hof hielt, seine Truppen ordnete im Kampf um die geistige Suprematie im Deutschen Reich. Seine Verlautbarungen kamen Botschaften und Befehlen gleich. »Komm Gundl, regieren!«, pflegte er zu seinem Lieblingsschüler Friedrich Gundolf zu sagen.

In den Zwanzigerjahren, erinnert sich Karl Jaspers, kamen viele freie Literaten und potentielle Habilitanden nach Heidelberg. Unter ihnen waren auch Georg Lukács aus Budapest und Ernst Bloch aus Mannheim. Beide haben später als Marxisten einen Namen gewonnen. Damals waren sie Gnostiker, die ihre theosophischen Phantasien in geselligen Kreisen mitteilten. Nach einem Vortrag von Lukács sprach Bloch feierlich: Eben ging der Weltgeist durch diesen Raum, es ist etwas geschehen – und ließ eine Pause folgen, ehe er im gewohnten Verkündungsstil weitersprach. Lukács, der manchen als eine Art Heiliger galt, war ein feinsinniger Kenner der Dichtung und ein nicht uninteressanter philosophischer Ästhetiker. Bloch war eher ein elementarer, ganz aufrichtiger Junge, der durch seine Wärme und Unbefangenheit und seine geistreichen Ironien Sympathie weckte. Man sprach in Heidelberg von beiden. Der Philosoph Lask machte den Witz: Wer sind die vier Evangelisten? Matthäus, Marcus, Lukács und Bloch.

So wenig wie von Lukács und Bloch, so wenig wussten wir von Karl Mannheim und Norbert Elias. Wir lasen ihre Bücher – *Das Prinzip Hoffnung, Geschichte und Klassenbewusstsein* oder *Ideologie und Utopie* –, ohne die Autoren mit Heidelberg in Verbindung zu bringen. Wenn wir uns für Alexandre Kojèves *Introduction à la lecture de Hegel* begeisterten, ahnte keiner von uns, dass dieser Pariser Hegelianer, ein russischer Emigrant, in Heidelberg bei Jaspers promoviert hatte. Ein halbes Jahrhundert später, aus der Perspektive dessen, der nun vieles weiß, hat diese Unkenntnis etwas Groteskes.

Eine Ahnung davon, was in Heidelberg los gewesen sein muss, vermittelte uns eine Hand voll wunderbarer alter Männer und Frauen. Eine gewisse Atmosphäre, eine gewisse Weise zu sprechen, eine Aura: Viel mehr war es nicht. Die überlebenden alten Herrschaften sprachen nicht von der Vergangenheit. Sie sprachen vor allem nicht über sich selbst, über ihre spannenden Biographien, in denen der »Heidelberger Geist« sich doch so lebendig und oft dramatisch manifestiert hatte. Wenn ich bedenke, dass ich unzählige Male bei Else Jaffé zum Tee saß, ohne ihre Geschichte zu kennen! Die Rolle, die sie als junge Frau gespielt hatte im Leben von Max Weber, ihre Beziehung zu Otto Groß, dessen Geliebte sie war – gleichzeitig mit ihrer Schwester Frieda, die dann die Lebensgefährtin von D. H. Lawrence wurde – und von dem sie ein Kind bekam – gleichzeitig mit dem Kind, das eine ihrer besten Freundinnen von ihm erwartete. Sie war verheiratet gewesen mit Edgar Jaffé, der aus Berlin stammte, später von Heidelberg in die Schwabinger Boheme abwanderte und – ein Treppenwitz der Weltgeschichte – Finanzminister der Münchener Räterepublik wurde. Kein Sterbenswörtchen zu alledem kam je über ihre Lippen. Alfred Weber, dessen große Liebe sie war, hatte sie als hartnäckiger und verständnisvoller Verehrer wie ein Schatten bei all ihren Abenteuern begleitet, und seit zwanzig Jahren lebten die beiden nun in ihrer Dachgeschosswohnung zusammen, in wilder Ehe sozusagen, wenn auch im kanonischen Alter. Wir nahmen das als selbstverständliche Gegebenheit hin, ohne uns über das Lebensschicksal der beiden Gedanken zu machen. Das den bürgerlichen Konventionen Abgetrotzte einer freien Lebensform schockierte uns nicht. Sie waren ein wunderbares, sich zärtlich zugetanes Paar, Philemon und Baucis, das den Überfall der drei Raufbolde überlebt hatte.

Ohnegleichen, im Grunde unverständlich war die Legende von Max Weber, dem älteren Bruder von Alfred. Er war im Juni 1920 gestorben, aber sein Vermächtnis war unvergesslich. Wie kein anderer Gelehrter der wilhelminischen Ära beherrschte seine überragende Gestalt lange über seinen Tod hinaus die geistige Szene in Deutschland. Nach dem Krieg zirkulierten das hagiographische Porträt, das Karl Jaspers in den Zwanzigerjahren entworfen hatte, und die 1926 erschienene Biographie aus der Feder seiner Frau Marianne, eine Art Pflichtlektüre für uns. Aber von der Tragik dieses grandiosen und verfehlten Lebens hatten wir keine Ahnung. Das Geheimnis wurde streng gehütet von allen, die darum noch wussten, und erst zwanzig Jahre später brachte das sensationelle Buch von Martin Green die Wahrheit an den Tag. Mit diesem Buch über die Richthofen-Schwestern Else und Frieda, das ich mit meiner Besprechung im *Merkur* in Deutschland bekannt gemacht habe, begann, lange nachdem ich Heidelberg verlassen hatte, eine neue Phase der kritischen Auseinandersetzung mit dem Topos Heidelberg.

Der außergewöhnliche Reiz des Buches, so schrieb ich damals, liegt darin, dass es ein Buch der Demystifikationen und Enthüllungen ist. Es wäre unerträglich in seiner Indiskretion, wenn der Mut zur Grenzüberschreitung und Tabuverletzung nicht die methodologische Voraussetzung dafür wäre, Denkgewohnheiten und Konventionen zu durchdringen und zu einer höheren Stufe der Einsicht zu gelangen. Der Durchbruch ist einem entscheidenden Umstand zu verdanken: den Errungenschaften der Psychoanalyse. Sie liefert dem Autor die Methode für eine Gruppenbiographie, in der Gruppenanalyse und Familienanalyse im klinischen Sinne den wissenschaftlich sauberen Nachweis der Verbindung von Individualschicksal und Zeitgeist –

sonst immer nur Sache hypothetischer Vermutungen und Spekulationen – erlauben. Was sich da ganz harmlos als »Frauenbuch« anbot, war ein wichtiger Beitrag zur Wissenschaftsgeschichte um die Jahrhundertwende.

Um seine Figuren zu platzieren, entwirft Martin Green eine weiträumige Topographie der politischen und geistigen Landschaft des Deutschland der Jahrhundertwende. Das soziale, kulturelle und soziologische Kräftefeld, in dem sich die Personen bewegen, wird von drei geistigen Zentren beherrscht: Berlin, Heidelberg und München. Berlin, das ist die Zentrale der Macht, des Staates, einer patriarchalisch-autoritären Gesellschaftsordnung: der Mittelpunkt all dessen, was man mit dem Namen Preußen bezeichnen kann und dessen Symbolgestalt Bismarck heißt. Heidelberg, geographisch-politisch dem liberalen Südwestdeutschland zugehörig, bezeichnet den Ort der liberalen Opposition, die der Macht Aufklärung und Reform, der Herrschaft Rationalität und Wissenschaftlichkeit entgegenstellt und als dessen symbolische Figur uns, durchaus treffend, Max Weber vorgestellt wird. München (und innerhalb Münchens die Boheme Schwabings) markiert den Pol der antipreußischen, künstlerisch-ästhetischen, literarisch-unwissenschaftlichen, sexuell subversiven Revolte.

Gegen die Macht in Berlin setzt Heidelberg die Rationalisierung der Ohnmacht, Schwabing die Irrationalität der Machtverweigerung. Die eigentliche dialektische Polarität dieser asymmetrischen Dreieckskonstellation ist diejenige von hierarchischer, autoritärer, repressiver Vatergesellschaft und ihrer radikalen Negation durch die anarchistisch-emanzipatorische Utopie einer herrschaftsfreien Gesellschaft, die im Mythos des Matriarchats ihre Wurzeln hat. Der Gegensatz von Berlin – Schwabing beruht auf der Dichotomie von Patriarchat und Mutterrecht.

Diese Auseinandersetzung ist sozial die Auseinandersetzung mit der effektiv herrschenden Oberschicht – und gehört damit in den Zusammenhang der bürgerlichen Emanzipationsbestrebung. Vermittelt durch die Familienstruktur, die die Gesellschaftsordnung reproduziert, folgt sie dem Beziehungsmuster des ödipalen Konfliktes und erscheint immer auch als das Ringen um das Verhältnis zur eigenen Sexualität. Wo es sich um Männer handelt, geht es um deren Beziehung zu den Müttern und Frauen. Die innere und äußere Unfreiheit der Frauen reflektiert nur die politische und soziale Unterwerfungsstruktur der Männergesellschaft. Die Emanzipation der Frauen ist immer eine Infragestellung dieser Herrschaftsstrukturen. So ist es sinnvoll, dass die jeweilige Position der männlichen Protagonisten des Buches in der Bewältigung ihres Vaterkonfliktes (was immer auch heißt: ihre Einstellung zu Sex und Herrschaft) durch die Beziehung zu zwei Frauen verifiziert wird, die sich auf ihre Weise von der Männerherrschaft zu befreien suchen. Indem das Buch hinter das Selbstverständnis und Bewusstsein seiner Helden zurückfragt, gelingt es Green, in ganz privaten, ja intimen Bezügen die Grundmuster eines letzten Endes politschen Kampfes aufzudecken und dessen historische Dimensionen in ihrer aufregenden Aktualität sichtbar zu machen.

Wie vermittelte sich mir der »Heidelberger Geist«, von dem ich nichts wusste und der mich doch vom ersten Tag an in seinen Bann zog? Ich schnupperte ihn. Es gab in mir offenbar eine Antenne für das geheimnisvolle, pneumatische Etwas, das unfassbar, undefinierbar, eher wie ein Gerücht in dem Gemäuer dieser Stadt weste. Ich redete mit niemandem darüber, es war kein Thema, es war ein Gefühl, eine Sympathie, eine bestimmte unverwechselbare

Geistigkeit, nur emotional, nicht rational zu fassen, eine Einstellung dem Leben und der Welt gegenüber. Es hing zusammen mit diffusen Vorstellungen von »Freiheit« und »Offenheit«, einer ideosynkratischen Abneigung gegen Zwänge und geschlossene Systeme.

Zum semantischen Feld gehörten Zauberworte wie Abenteuer, Erkenntnislust, Emanzipation, Sexualität (wobei dieses zu den unaussprechlichen gehörte, es gab nur ein Bewusstsein für die Bedeutung des Bereiches der Geschlechtlichkeit). Ich-selbst-Sein, gegen jede Fremdbestimmung. Selbstbehauptung gegen Gewalt, Schmerz, Terror, Folter, intersubjektiv und innersubjektiv. Misstrauen gegen Hierarchien und Institutionen, alles Militärische, alles Bürokratische, den Staat. Etwas fundamental Anarchistisches im Grunde, verbunden mit dem generösen Elan, daran mitwirken zu wollen, die Welt besser zu machen, als sie ist.

Obwohl diffus und in vielen Facetten schillernd, von Widersprüchen nicht frei, keine Ideologie, sondern eine geistige Verfassung, lässt sich das, was mir seinerzeit als das Charakteristische, Quintessentielle des »Heidelberger Geistes« erschien, in fünf Punkten zusammenfassen:
– Das Universalhistorische – nicht nur geschichtlich, kulturgeschichtlich, sondern als ein an universelle Werte gebundener Bewusstseinshorizont.
– Das Zukunftsgerichtete, Offene – die positive Konnotation des Zivilisationsprozesses, das saint-simonistische Erbe, der »Optimismus«, das pragmatische Ethos des *savoir pour prévoir, prévoir pour gouverner*.
– Kulturkritik ohne Rankküne, Ressentiment und Klassenkampf, sondern als heuristische Methode, um die historisch-gesellschaftliche Realität transparent zu machen, als Situationsanalyse.

– Die liberale Attitüde als dominierende Geisteshaltung, das Pathos der Toleranz, des Verstehens, des Kompromisses.
– Last but not least, die erotische Atmosphäre, die Bejahung der Zusammengehörigkeit von Liberalismus, Liberalität und Libertinage. Eros, die Anerkennung des weiblichen Elements als konstitutiven Faktors der individuellen Lebensführung, als Ferment der politischen Kultur.

Heute neige ich dazu, mich zu fragen, ob die grandiose Vorstellung, die ich mir vom »Heidelberger Geist« gemacht hatte (und die ich noch immer in mir trage), nicht das Produkt eines Wunschdenkens war. Es war mein eigener Geist, den ich in Heidelberg zu finden glaubte. Was dazu passte, suchte und dichtete ich mir zusammen. Ich gehörte offensichtlich zum Typus der marginalen Sonderlinge, der Zugereisten, der Fremdlinge, die der liebliche Ort immer wieder verzaubert und zu gedanklichen Höhenflügen inspiriert hatte. Auch ich schwebte, abgehoben von der Realität, »fünf Fuß über dem Boden«. Da fand ich mich dann in der Gesellschaft Gleichgesinnter.

So viel steht fest: Der »Heidelberger Geist« war immer etwas Marginales, Subkulturelles, eine exzentrische Deviation. Er beruhte auf dem Wunsch, der »deutschen Misere« zu entfliehen, sich zu befreien von den Zwängen des Völkisch-Deutschnationalen, des Obrigkeitsstaatlich-Militaristischen, um Anschluss zu finden an eine universalistische Menschheitsphilosophie. Es ging um eine liberale, auf die Freiheit des Individuums bezogene Gesellschaftstheorie. Etwas für Deutschland durchaus Ungehöriges.

Das war nur möglich an der Peripherie des Reiches, wie es von Bismarck geschaffen worden war und sich als Bollwerk gegen den Geist der Aufklärung und eines demokratischen Politikverständnisses freier Bürger etabliert hatte. In subversiver Opposition zum Zentrum Berlin.

Schon in der wilhelminischen Zeit und dann in der Weimarer Republik wurden in Heidelberg die Ansätze für eine progressive Gesellschaftswissenschaft diskutiert. Im Mittelpunkt der Bemühungen stand die Auseinandersetzung um einen Kulturbegriff, der vielschichtig und weit genug gespannt war, um die widersprüchlichen Tendenzen des globalen Evolutionsprozesses, die konservativen und fortschrittlichen, die ideellen und materiellen, die nationalen und universellen, zu umfassen und zu erklären.

Die Machtergreifung der Nationalsozialisten machte dem allen ein Ende. In dem geistigen Trümmerfeld, das ihre Herrschaft hinterließ, fanden wir unversehrt ein Relikt der Bemühungen um eine universelle Kulturtheorie vor, das Werk von Alfred Weber, das in der Atmosphäre des »Heidelberger Geistes« entstanden war, seine »Kultursoziologie«. Eine historische Anthropologie, angesiedelt zwischen Kulturkritik und Geschichtsphilosophie, lieferte sie uns das wissenschaftliche Rüstzeug, das wir brauchten, um unsere einmalige geschichtliche Lage zu verstehen. Obwohl diese Anthropologie sich als großes Deutungsraster der Vergangenheit präsentierte, war sie ganz gegenwartsbezogen und zukunftsgerichtet.

Daran konnten wir anknüpfen und eine völlig in Vergessenheit geratene Tradition der deutschen Geistesgeschichte wieder aufnehmen. Dank der providentiellen Vermittlerrolle von Alfred Weber wurde so der »Heidelberger Geist« wieder zum Leben erweckt.

Die große Mehrzahl unserer Zeitgenossen, die heute mit verklärtem Blick von Heidelberg schwärmen, hat von diesen Zusammenhängen keine Ahnung. Für sie ist das Heidelberg-Bild geprägt durch die Erinnerung an die Sauf- und Fechtrituale der Korps und Burschenschaften, das ganze national-sentimentale Brimborium der Burschenherrlichkeit, den Postkartenkitsch von »Heidelberg, du Feine...« Wenn da überhaupt noch von »Geist« die Rede sein kann, wäre es füglich, vom »Ungeist von Heidelberg« zu sprechen.

Wie wir lebten

Schneekugel

Wenn ich an Heidelberg zurückdenke, wie ich es in den Jahren unmittelbar nach dem Ende des Zweiten Weltkrieges erlebt habe, als Zwanzigjähriger, erscheint es wie ein mir äußerliches Erinnerungsstück, das sich aus einer fernen Zeit in meine Gegenwart herübergerettet hat, wo es jetzt als kurioses Objekt zwischen anderen Reliquien, Souvenirs und Nippes auf einem Regal mit vergilbten Fotos verstaubt. Einer jener liebenswürdig-nutzlosen Gegenstände, die wir mitgebracht haben von einer Reise oder die uns geschenkt wurden von jemandem, an den wir uns nicht mehr erinnern, ungelegene, gut gemeinte Geschenke, Spielzeuge, erstanden auf irgendeinem Bazar. Der kleine steinerne Dämon aus Yukatan, der bunte Eselswagen aus Sizilien, eine braun-grün-glasierte Tonpfeife aus Rumänien, ein Splitter der Kathedrale von Straßburg, ein Skarabäus vom Nil, ein Kaleidoskop aus Venedig. Und dann steht da plötzlich diese Glaskugel aus Heidelberg, in der – wie in anderen ein Schneemann oder der Eiffelturm – das Schloss und die Türme der Stadt en miniature auf wunderbare Weise eingeschlossen sind. Wenn man die Kugel schüttelt, fällt Glitzerstaub – Schneeflocken oder Blütenblätter von Kirsch- und Apfelbäumen – auf die romantische Szenerie nieder und lässt sie aufleuchten, als entzünde sich im Innern der Kugel ein Licht. Ganz fremd und vertraut, wie jene irritierenden Erinnerungsfetzen, von denen man nicht mehr weiß, ob sie einem Traum oder einer realen Begebenheit zuzuordnen sind. Mit kindlicher Freude drehe ich die Glaskugel in meiner Hand – eine in sich geschlossene Welt. Alles ist mikroskopisch klein und mythisch verklärt, ganz weit, ganz winzig und doch ganz nah – übergroß und bedeutsam in den Dimensionen des Imaginären.

Eine Gruppe Gleichgesinnter

Wer ist eigentlich dieses »wir«, das sich dauernd zu Wort meldet? Kein *Pluralis Majestatis*, sondern Ausdruck des Wir-Gefühls einer kleinen Gruppe, einer Clique, einer Kohorte junger Leute beiderlei Geschlechts, die der Zufall an diesem besondern Flecken Erde zusammengeführt und für ein paar Jahre in Freundschaft verbunden hat. Was sie verband, waren ihre Jugend und ihr Status als Studenten; vor allem aber fühlten sie sich als Individualisten. Was sie zusammenführte, war die spontane Sympathie, der Respekt, den sie füreinander als Gleichgesinnte empfanden. Was sie suchten, war ein Spielraum, in dem sie ihre Individualität in Freiheit entfalten konnten. Das war damals etwas ganz Neues, wozu sie nicht erzogen worden waren. Ihre Erfahrung war die der institutionellen Zwänge eines totalitären Staates.

An der Universität waren wir, die Neuen, äußerlich daran erkenntlich, dass wir noch Kommissklamotten in Feldgrau und -blau trugen, während die Alten korrekt in Zivil gekleidet waren. Uns beschlich ein seltsames Gefühl, als Neophyten die ehrwürdigen Räume zu betreten, den großen, holzgetäfelten Vorlesungssaal, unzerstört, und die

Dachstube des alten Weber, in der mehrere Generationen von Studenten ihre akademischen Weihen empfangen hatten. Die Alten, Dozenten und Studenten, sahen mit einer Mischung von Mitgefühl und Misstrauen auf die Eindringlinge herab, die sie als Störenfriede empfanden. Sie hatten Recht: In den geregelten Studienbetrieb der Kriegssemester (und -trimester) mit seinen zackigen Umgangsformen würden wir einen frischen Wind bringen.

Wie wir gelebt haben? Den Zeitumständen entsprechend bescheiden. Unsere materiellen Ansprüche waren gering, Geld spielte keine Rolle. Bis zur Währungsreform fand jeder irgendwie sein Auskommen. Wie in jeder Mangelwirtschaft blühte der Schwarzhandel. Daran teilzunehmen galt als unfein, das war unsere Sache nicht. Die Raucher hatten es da etwas schwerer, wenn sie auf amerikanische Zigaretten aus waren. Zur Not qualmte man das einheimische Kraut.

Unser Alltag spielte sich zwischen drei Fixpunkten ab: den Hörsälen und Seminaren, den Weinstuben und den Buden.

Die Buden

In Heidelberg herrschten, was die Unterkunft der Studenten betraf, noch Vorkriegsverhältnisse, man hauste in »Buden«. Die Bude war ein Biotop mit genau feststehenden Komponenten, zu denen die Vermieterin, meistens eine Witwe in kanonischem Alter, in verschiedenen Graden der Komplizität und der Distanziertheit – Männer, wenn vorhanden, blieben im Hintergrund – ebenso gehörte wie ein unkomodes Mobiliar, zu kurze Betten mit eingebeulten Matratzen, Schränke, die zu schmal waren, um Anzüge darin ordentlich auf Bügel zu hängen, der Lesesessel mit Schondeckchen über den verschlissenen Polstern (an denen nicht zu rühren war), der sanfte Terror der Hausordnung (nach 22 Uhr keine Besuche), die Meinungsverschiedenheiten über den Stromverbrauch (der automatischen Beleuchtungsanlage im Hausflur zum Beispiel), die Benutzung der Waschgelegenheit und der mehr oder weniger gnädig gewährte Mietrückstand – Faktoren eines unerträglichen Dauerstresses, der das Wohngefühl erheblich beeinträchtigte, aber schließlich zur lieben Gewohnheit wurde. Auch da, wo der Komfort größer, die Einrichtung geschmackvoller, die Umgangsformen weniger kleinbürgerlich waren, blieb die Grundkonstellation dieselbe. Die Ausnahmen bestätigten die Regel.

Es gab damals noch keine WGs und schnuckeligen Studios. Der Versuch, unmittelbar neben der Universität, in einer alten Kaserne, die als Wehrkreiskommando gedient hatte, unter dem anspruchsvollen Namen *Collegium academicum* ein studentisches Wohnheim einzurichten, misslang à la longue. Vielleicht weil die Räume, ehemalige Dienstzimmer und Mannschaftsstuben, sich nicht eigneten, um darin eine freie studentische Wohnkultur zu entwickeln, was eigentlich beabsichtigt war. Kasernen sind nun einmal schwer zu recyclen.

Ich habe in unzähligen Buden gehaust. Alle waren verschieden, einige schäbig, die meisten bescheiden, andere originell, pittoresk und behaglich. Jede verbindet sich in der Erinnerung mit bestimmten Personen, den Wirtinnen, den Freunden und Frauen, die mich dort besuchten, den Büchern, die ich darin las, den Referaten, die ich darin schrieb. In einigen fühlte ich mich heimisch, andere waren mir unheimlich. Ich blieb nie sehr lange, ein paar Monate, ein Semester, es gab immer gute Gründe auszuziehen, und wenig Anlass zu verweilen. Ich empfand das als normal und nicht als das Los des Heimatvertriebenen, der sein Elternhaus durch Kriegseinwirkungen verloren hatte.

Ich konnte dankbar sein, nicht in Kellerräumen und Ruinen wohnen zu müssen. Buden befestigten allerdings das schmerzliche Bewusstsein, nirgends zu Hause zu sein. Ein Lebensgefühl, das mich freilich nie verlassen hat, auch dann nicht, als es mir möglich wurde, mich in Wohnungen einzurichten, die meinen Vorstellungen eines angemessenen Wohnsitzes, eines *chez moi*, eher entsprachen. So war ich in Heidelberg ein Herr ohne festen Wohnsitz, jemand, der sich nicht über sein Interieur definierte, sondern über seinen Status als *Studiosus cand. phil.*, so stand es auf meiner Visitenkarte.

Die Weinstuben

Wenn wir nicht auf unseren Buden lasen, trafen wir uns abends in den kleinen Weinstuben der Altstadt, dem »Roten Ochsen«, der »Schnitzelbank«, in denen noch das Dekorum der Burschenherrlichkeit die Wände zierte, das mir damals ebenso befremdlich und abstoßend wie lächerlich erschien, deutsche Folklore der schlimmsten Sorte. Dazu gehörten die Paukböden hinter der Kneipe, die jetzt leer standen. Man konnte sie besichtigen, in der Hirschgasse zum Beispiel, die Höhe hinauf zum Philosophenweg, einen Steinwurf weit von der Alten Brücke entfernt, und sich die strengen Bräuche und Regeln der Mensuren erklären lassen, als etwas, das zu einer fernen Vergangenheit gehörte, zu einer anderen Gesellschaft. Norbert Elias hat in seinem letzten Buch *Betrachtungen über die Deutschen* Endgültiges darüber gesagt, die Rolle der Mensur als Ritual der wilhelminischen Männergesellschaft, der sozialen Ab- und Ausgrenzung, der damit verbundene Begriff der »Satisfaktionsfähigkeit« als Markierung einer unüberbrückbaren Klassenschranke. Wir hatten keinerlei Beziehung mehr dazu und hätten uns auch nie träumen lassen, dass der ganze Zauber Jahre später fröhliche Urstände feiern sollte, mir graust bei dem Gedanken.

Eine direkte Beziehung dazu hatten freilich die ältlichen vollbusigen Serviererinnen, die eben noch die jungen Herren mit Tönnchen und Korporationsband bedient hatten und die uns in unserem etwas abgerissenen Räuberzivil als lästige Gäste empfinden mussten, zumal wir offensichtlich nie richtig bei Kasse waren und, wenn es ans Zahlen ging, die paar Mark umständlich zusammenkratzten, ohne an Trinkgeld zu denken. Hoch war die Zeche allerdings nie, denn der Wein war noch rationiert, und man hatte zunächst nur auf einen Schoppen Anspruch.

A propos: Wein war für uns sehr lange ein Luxusgetränk, auf unseren Buden tranken wir, wenn das Kleingeld nicht ausreichte oder wir es einfach vorzogen, unter uns zu bleiben, einen billigen deutschen Wermut, den man auch in der Drogerie kaufen konnte – fünf Reichsmark vor der Währungsreform –, ein scheußliches Gesöff, das aber seine Wirkung tat. Etwas ganz Besonderes war es natürlich, wenn einer aus der Runde, der familiäre Beziehungen zu den Weingütern in der Pfalz hatte, aus einer alten Aktentasche zwei oder drei Flaschen mit den vornehmen Etiketten einer guten Lage hervorzauberte. Wir wussten den Qualitätsunterschied durchaus zu schätzen, auch wenn wir uns den kostbaren Tropfen aus dem Zahnputzglas genehmigten.

Wir tranken alle ziemlich viel in dieser Zeit, muss ich gestehen, aber wir soffen nie. Der Zustand leichter Trunkenheit gehört zu den Grundvoraussetzungen des abendlichen

Gesprächs. Er beschwingt die Geister und befähigt sie zu Höhenflügen, zu denen sie im Zustand der Nüchternheit nur höchst selten in der Lage wären. Diese Abende ausladender Gespräche waren das Gegenteil der Saufgelage der Korpsstudenten, die uns als nichts anderes erschienen denn als Rituale der Verblödung, was sie wohl auch waren. Mit ihrem militaristischen Komment zielten sie auf Auslöschung und Erniedrigung der Individualität. Uns ging es darum, Individualität zu steigern.

Das Gespräch war uns Mittel der Wirklichkeitserschließung. Nicht die gewöhnliche Kommunikation, sondern das geistige, das hermeneutische Gespräch. Es gehört in das Register der Freundschaft. In ihm entsteht etwas, das weder der eigene noch der fremde Gedanke ist. Es stiftet eine innige Gemeinsamkeit, einen höheren Grad des Verstehens, der Erkenntnis, der Wahrheit, den als Einzelner zu erreichen unmöglich ist. »Das hermeneutische Gepräch ist mehr als das gewöhnliche Gespräch, weil ich mich mit einem gewöhnlichen Grad des Verstehens nicht begnüge, sondern zu erforschen versuche, wie sich wohl in dem Freunde der Übergang von einem Gedanken zum anderen gemacht hat, nachspüre, mit welchen Ansichten, Urteilungen und Bestrebungen es wohl zusammenhängt, dass er sich über einen besprochenen Gegenstand gerade so und nicht anders ausdrückt«, so hat es Wilhelm von Humboldt einmal formuliert. Der Entstehung eines neuen Gedankens beiwohnen, den neuen Gedanken als hervorbrechendes Lebensmoment erfahren, ihn als Produkt einer gemeinsamen Anstrengung, eines gemeinsamen Tuns erleben, als einen ekstatischen Moment, der höchstes Lustgefühl vermittelt. Darum ging es uns.

Das gemeinsame Trinken, der Rausch, war ein Ferment unserer Männerfreundschaften. Aber auch unsere Beziehungen zum weiblichen Geschlecht wurden dadurch bestimmt, sie gewannen an Heiterkeit und Freiheit. Frauen waren von den Kneipenabenden der Korps grundsätzlich ausgeschlossen. Zu unserer Runde gehörten sie immer als gleichberechtigte Partner. Wenn sie fehlten, fehlte ein ganz wichtiges Ingredienz unseres Wohlbefindens. Es konnte die richtige Stimmung nicht aufkommen.

Saure Wochen, frohe Feste

Ohne mich dessen rühmen zu wollen, kann ich feststellen, dass wir ein ziemlich geregeltes Leben führten. Trotz einer gewissen zur Schau getragenen Nonchalance verbummelten wir unsere Tage nicht. Ohne dass uns jemand dazu zwang, aus eigenem Antrieb, aus Freude an unserem Tun, das man definieren könnte als das lustvolle Eindringen in die Welt des Geistes, waren wir wirklich fleißig. Das hinderte uns nicht, wenn sich die Gelegenheit dazu bot, ausgiebig zu feiern. Es gab die großen und die kleinen Feste. Allen war gemeinsam, dass sie das Lebensgefühl steigerten: Einbrüche des Paradieses in das Jammertal.

Eine ganz wichtige Rolle spielten die großen Bälle, die regelmäßig, im Sommer wie im Winter, alten Traditionen gemäß, vornehmlich hoch über der Stadt, in den Sälen des Schlosses, stattfanden. Hier fand sich die studentische Jugend ein, die *Filia hospitalis* und die Couleurdame, das Erstsemester und die Doktorandin – alle in langen Kleidern. Die Herren in dem, was einem Abendanzug am nächsten kam, die Fliege fest gebunden. Der Höhepunkt des Abends war ein grandioses Feuerwerk. Das mächtige Schloss glühte in bengalischer Beleuchtung, Lichtkaskaden prasselten auf die Terrassen nieder, und in den Himmel zischten, von Jubel begleitet, die Raketen, die sich zu Lichterbäumen, zu Flammenrädern, zum Sternschnuppenregen entfalteten, bevor sie langsam im Dunkel verglühten. Die ganze Stadt war erleuchtet, ihre altehrwürdigen Dächer und Türme wurden zur Kulisse des festlichen Spektakels. Für einen Augenblick konnte es so scheinen, als sei dies ihre eigentliche Bestimmung. Nach dem Feuerwerk wurde bis in den frühen Morgen weitergetanzt. Das biedere Walzer-Orchester war ersetzt durch eine studentische Band, die nach amerikanischem Vorbild Jazz und Dixieland improvisierte – die Röcke flogen und die Binder lösten sich. Das Schönste war vielleicht, im frühen Morgengrauen, die Prozession der glückstrunkenen Paare, untergehakt, auf ihrem Weg zurück in die Stadt. Wenn ich nicht selber auf dem Fest gewesen war, konnte ich sie von meinem Zimmer, das ich am Schlossberg bewohnte, beobachten und mich an ihnen freuen.

Etwas anderes waren die intimen Feste, die besonders in der Faschingszeit an geheimen Orten, in privater Regie veranstaltet wurden und die sich manchmal über mehrere Tage und Nächte hinzogen: im Brückenturm, in dem Atelier von Willibald Kramm, in der Galerie der lebenslustigen Dame Griesebach, in deren Mittelpunkt ihre schöne Tochter Manon stand – ein zauberhafter Androgyn –, und die zu Schauplätzen eines anarchistisch-hedonistisch-erotischen, bis zur Ausschweifung gesteigerten Gemeinschaftserlebnisses wurden, bei dem alle Beteiligten zwischen Ekstase und Erschöpfung den Rausch des Außeralltäglichen genossen. Da war von Nach-Hause-Gehen nicht die Rede. Man verkroch sich in irgendeinen Winkel, um ein paar Stunden zu dösen, nicht allein, versteht sich, um sich dann wieder unter die Tanzenden zu mischen. Irgendjemand legte die Platten nach, sodass sich Stille keinen Moment einschleichen konnte. Ich erinnere mich an eines dieser Events, an dem drei Tage und Nächte hindurch die Zithermelodie aus dem *Dritten Mann* erklang. Heute würde mich das wahnsinnig machen, aber damals wirkte es auf mich – wie auf alle anderen, die dabei waren – wie eine Droge.

Richtige Drogen – ich meine Koks oder Haschisch, von LSD oder Ecstasy ganz zu schweigen – kannten wir nicht. Der Joint gehörte nicht zu unseren Ritualen. In puncto »Bewusstseinserweiterung« waren wir ganz auf die Exaltation unserer primären Sinneswahrnehmungen gestellt.

Etwas Besonderes war der geistige Rausch, der uns erfasste, wenn wir das Gefühl hatten, eine höhere Stufe der Erkenntnis erreicht zu haben, und der durchaus auch ein Gemeinschaftserlebnis sein konnte. Dieser euphorische Ausnahmezustand galt uns als das Höchste.

Wassermann positiv

Was höre ich da mitten in der Nacht? Einen Pfiff, sechs Töne, wohlvertraut. Ein Signal, ein Erkennungszeichen, ein Lockruf. »Komm heraus. Wir gehen noch einen trinken.« Das war die Botschaft, und los ging's, die Stiegen hinunter. Das Buch, der Brief, das Referat, über dem man gesessen hatte, blieb liegen.

Der Pfiff vermittelte Freude, Spannung, Neugierde, ein beglückendes Zugehörigkeitsgefühl – die sich damit verständigten, waren Freunde, Komplizen, Spießgesellen.

Es war, wie ich heute weiß, das Motiv aus dem *Fliegenden Holländer* »Steuermann, her zu uns«. Wir benutzten ihn, ohne seine noble Herkunft zu kennen. Er gehörte vermutlich seit Generationen zur Heidelberger Studentenfolklore.

Für uns waren dieser eindringlichen Sechstonfrequenz andere Worte unterlegt, die jeder im Ohr hatte, wenn er den Pfiff benutzte, ohne zu wissen, woher sie kamen, und sich die Frage zu stellen, was sie zu bedeuten hatten: Was-ser-mann-po-si-tiv.

Was sollte das heißen, »Wassermann positiv«? Mit dem Wassermann-Zeitalter hatte es nichts zu tun. Ein sinistrer Scherz, ein Stück schwarzen Humors: typischer Mediziner-Ulk! Den Geisteswissenschaftlern, die wir waren, vollkommen fremd. »Wassermann« – genannt nach seinem Erfinder – war der Name für den damals noch üblichen Syphilis-Test. War er »positiv«, hieß das: »Es hat dich erwischt.« Das Übelste, was einem passieren konnte. Nicht gerade ein sehr ermunternder Gruß.

Im Rückblick scheint mir das bedeutsam. Hinter der übermütigen Aufforderung zum geselligen Vergnügen, zum vertraulichen Gespräch verbarg sich eine Schreckensnachricht. Auf listige Weise drang da verschlüsselt ein *Memento mori* in unsere heile Welt. »Wassermann positiv« pfiffen wir munter drauflos. Die Mädchen, glaube ich mich zu erinnern, benutzten den Pfiff nie.

Reeducation

Ich könnte die Geschichte meiner Heidelberger Jahre auch als die Geschichte meiner Wohnungen erzählen. Meine ersten Wirtsleute, besser gesagt »Zimmervermieter«, Vermieter eines »möblierten Zimmers«, wohnten am Werderplatz in einem schmalbrüstigen Klinkerreihenhaus (ich glaube mit Schieferdach), das genau zu ihnen passte. Ich war zwangseingewiesen worden von einem Amt für Wohnraumbewirtschaftung, an das ich mich, wie jeder Wohnungssuchende, mit meinen Entlassungspapieren gewendet hatte. Wohnraumbewirtschaftung gehörte wie die Lebensmittelkartenzuteilungen und Bezugsscheine zum System der im Krieg entwickelten Planwirtschaft und funktionierte bis zur Währungsreform 1949. Man hatte sich bald so daran gewöhnt, dass man meinte, Planwirtschaft sei das Normale und würde ewig dauern.

Parallel dazu gab es den schwarzen Markt. Er war illegal, asozial, korrupt. Die Vorstellung, das gesamte Wirtschaftssystem des Landes könnte auf dem Prinzip der freien Marktwirtschaft beruhen, schien extravagant und blieb einigen unorthodoxen Wirtschaftstheoretikern vorbehalten, die niemand ernst nehmen wollte, so sehr waren die Mentalitäten durch die normative Kraft des Faktischen geprägt. Als dann, im Zuge der politischen und ökonomischen Neugestaltung Deutschlands, die westlichen Besatzungsmächte die Marktwirtschaft einführten, erwies sich das als der dezisive, revolutionäre Wendepunkt der Nachkriegsentwicklung. Es setzte sich nicht nur eine neue Valuta, sondern ein neues ökonomisches Dogma, eine neue Gesinnung, eine neue Sozialethik an die Stelle der alten Volkswirtschaft, die eine Kriegswirtschaft war, eine Plan- und Rüstungswirtschaft. Die Sowjetische Besatzungszone machte nicht mit. Damit waren die Weichen gestellt für die Teilung Deutschlands, den Kalten Krieg, die Inkompatibilität der Ideologien, die Frontstellung des Weltbürgerkrieges: Planung oder Nichtplanung.

Ich war etwas enttäuscht, nicht in der Altstadt untergekommen zu sein, aber Neuenheim hatte auch seinen Charme. Ein Villenvorort, durchwachsen von den ländlichen, dörflichen Arealen eines intensiven Wein-, Obst- und Gemüseanbaus.

Die kleinen Nazis

Meine Vermieter waren ein exemplarisches Paar der Heidelberger Urbevölkerung. Kleine Leute der schlimmsten Sorte, denen ihre politische Gesinnung ins Gesicht geschrieben stand, Nazis, Pg, SA und NS-Frauenbund. Er muss Blockwart gewesen sein, wenn nicht Schlimmeres. Von der Sorte, die in der Pogromnacht im November 1938 die Synagogen in Brand gesteckt hatte, im Braunhemd, mit Hakenkreuzarmbinde und Schulterriemen. Das jedenfalls glaubte ich mit einem Blick zu erfassen: Unser Luftschutzwart im Grunewald war genau derselbe Typ.

Die beiden waren mir so unsympathisch wie ich ihnen. Der Mann, Mitte Vierzig, ohne Stellung und Arbeit, in ein Entnazifizierungsverfahren verstrickt, saß schmollend zu Hause. Ein Wicht, ein Gartenzwerg, der rechte Arm mit automatischer Hitlergrußmechanik, im Arsch ein eingebauter Sprengsatz. Ganz unten auf der Stufenleiter der Menschheit angesiedelt, ganz unten auf der Stufenleiter der Bösewichte, ein Nichts verglichen mit den Bonzen, den Gauleitern, den hohen SS-Chargen, die ihn verachteten und auf ihm herumtraten. Das Einzige, das ihm blieb, war, auf den Juden herumzutrampeln.

Die Frau, etwa gleichen Alters, kompensierte ihre politische Frustration mit frenetischer Hausarbeit, sie putzte. Von morgens bis abends lief sie in einer blaurosageblümten Kittelschürze und braunkarierten Filzpantoffeln herum, den Staubsauger oder Eimer und Feudel zur Hand. Dabei schimpfte sie halblaut über die Amerikaner. Beide waren schlecht ernährt, was mit einer eingeschränkten Lebensmittelkartenzuteilung zusammenhängen mochte, aber auch vom Gesamthabitus her hager, ausgemergelt, grau, sie noch schärfer gezeichnet als er. *Mal baisée*, wie der Franzose treffend sagt, womit alles gesagt ist. Die knochigen Hände und die starren Pupillen der Fanatikerin. Spionin, Denunziantin, Scharfmacherin. Eine waschechte »Volksgenossin«, die schluchzend in Tränen ausbrach, wenn ihr Führer eine Rede hielt. Ja, so waren sie.

Beide erkannten in mir mit sicherem Instinkt sofort den Feind und waren entschlossen, es mich spüren zu lassen. Ostentativ putzte sie das spärlich möblierte Zimmer, das sie mir abtreten mussten, so als würde ich es ständig in ungehörigster Weise verunreinigen. Sie wollte mir unter die Nase reiben, welch tadellose Sauberkeit bei ihr herrschte, und dass ich es war, der den Schmutz ins Haus schleppte. Tags riss sie die Fenster auf, nachts hinderte mich der Geruch von Bohnerwachs und Lysol am Schlafen (nonverbale Kommunikation).

Meine Leidenszeit dauerte Gott sei Dank nicht lange.

Ich war noch keine vier Wochen im Haus, da erschien vor der Tür des Klinkerreihenhauses mein Befreier in Gestalt eines zwei Meter hohen, schlaksigen, rothaarigen, sommersprossigen, Kaugummi kauenden GIs. Er fuhr vor in einem Jeep, der nicht wie ein Kriegsfahrzeug, sondern wie ein Spielzeugauto wirkte, das sich ein Riese *just for fun* von einem Jahrmarktskarussell heruntergeholt und unter den Hintern geschoben hatte.

Ich stelle mir das entsetzte, kreidebleiche, panikgezeichnete Gesicht meiner Wirtsleute vor, die, vom Quietschen der Bremsen aufgeschreckt, hinter dem Vorhang versteckt den Ami beobachteten, der, einen Zettel in der Hand, die Hausnummer überprüfend, Sturm klingelte. Sie müssen überzeugt gewesen sein, dass er kam, um sie zu verhaften. Umso größer ihre Erleichterung, als sie erfuhren, dass es nicht um sie, sondern um mich ging.

Es war frühmorgens, ich war noch zu Hause. Ich muss gestehen, dass auch mir nicht geheuer war. Ich hatte einen neurotischen Horror vor Uniformen, welcher Farbe auch immer, verbunden mit einem undefinierbaren Schuldgefühl. Jede Polizeistreife lässt mich erzittern – heute noch.

»Are you Mr. Sombart?« Der Ami war nicht gerade liebenswürdig. Er komme mich abholen, ich müsste zu Major Sowieso, ins Hauptquartier der Militärregierung. Ich stieg ohne Gegenfrage in den Jeep und sehe noch den Anflug von Schadenfreude im Gesicht meiner Wirtsleute, die die Angst fast freundlich gestimmt hatte. Sie standen genau an der Stelle, von der sie, ungesehen, wie sie meinten, zwölf Jahre lang den Werderplatz überblickt hatten, um ihre Nachbarn zu bespitzeln.

Es wird Zeit, dass ich etwas über die Amerikaner sage, schließlich war Heidelberg damals mehr eine amerikanische als eine deutsche Stadt. Das war mir überhaupt nicht unangenehm, im Gegenteil. Anders als die meisten meiner Landsleute habe ich nie das geringste Ressentiment gegen die Amerikaner empfunden, weder gegen die Repräsentanten der Besatzungsmacht, vom GI bis zum General, noch gegen ihre Deutschlandpolitik, im Gegenteil. *Reeducation* ist inzwischen zu einem *dirty word* geworden und war auch damals außerhalb der Kreise, die die Notwendigkeit erkannten, die deutsche Bevölkerung über ihre Verblendung aufzuklären, negativ besetzt. Der Anspruch der Sieger, die Besiegten nicht zu bestrafen, sondern zu erziehen, wurde als Anmaßung empfunden. Dabei war es ein einmaliger Fall, das *Vae victis* in sein Gegenteil zu verkehren, die Besiegten nicht zu vernichten, sondern ihnen im Geiste der Toleranz eine Chance zu geben, sich zu läutern und zu würdigen Mitgliedern der zivilisierten Menschheit zu werden. Ein einmaliger Akt politischer Generosität, auf den nach einer bedingungslosen Kapitulation eigentlich niemand hoffen durfte.

Grässlich war mir das Pack auf der Anklagebank in Nürnberg, das, wie ich empfand, vollkommen zu Recht einer internationalen Strafjustiz zugeführt worden war. Über die Rechtmäßigkeit dieser Prozesse wurde viel diskutiert. Völlig unangebrachte nationale Empfindlichkeiten, die sich hinter formaljuristischen Argumenten – *nulla poena sine lege* – verbargen, verhinderten die Einsicht, dass hier das Völkerrecht mit der Einführung des Tatbestandes des »Verbrechens gegen die Menschlichkeit« (die Menschheit) einen gewaltigen Sprung nach vorn getan hatte, dem Begriff des Politischen eine neue Dignität verlieh und dem Opfer von Millionen einen Sinn gab. Den Sinn, dass es niemals wieder einem Volk erlaubt sein sollte, anderen Völkern mit Gewalt und Genozid eine hegemoniale Herrschaft aufzuzwingen.

Rückblickend kann man sagen, dass die Deutschlandpolitik der Amerikaner nach dem Kriege, trotz aller Ungeschicklichkeiten und Kursschwankungen, trotz des zähen Widerstandes, der ihr entgegengesetzt wurde, äußerst erfolgreich war. Ohne sie wäre es nicht gelungen, Deutschland zu einem demokratischen Sozialstaat zu machen. Der Gedanke ist furchtbar, was aus diesem Volk geworden wäre, wenn die Alliierten es in dem Geiste besetzt hätten, der nach dem Ersten Weltkrieg zum Versailler Diktat und zum Scheitern der Weimarer Republik geführt hat. Ein großartiges Beispiel dafür, dass man aus der Geschichte lernen kann.

Trotz der Nahrungs- und Wohnungssorgen erlebte Heidelberg in den Nachkriegsjahren dank der amerikanischen Politik so etwas wie eine kulturelle Blüte. Die Universität erfuhr eine unerwartete Neubelebung und wirkte mit ihren öffentlichen Vortragsveranstaltungen weit über den akademischen Lehrbetrieb hinaus. Es gab ein geradezu überreiches Konzertleben. Das Theater, vor allem in den Kammerspielen, erlangte zeitweilig höchsten Rang.

Eine wichtige Rolle spielte die im Herbst 1946 in den Räumen der Firma Edmund von König im Zentrum der Stadt, an der Ecke von Hauptstraße und Universitätsplatz, eröffnete *American Library* (aus der später das Amerika-Haus wurde). Die Bedeutung, die diese Institution für uns damals hatte, lässt sich kaum überschätzen. Verschwenderisch ausgestattet mit allen wichtigen Neuerscheinungen des transatlantischen Büchermarktes, bot sie dem interessierten Deutschen die ersten Hilfsmittel und Möglichkeiten, den Anschluss an das geistige Leben der westlichen Welt zu finden und das Missgeschick des eigenen Volkes zu hinterfragen – eine Chance, die ich dankbar wahrgenommen habe.

Besonders attraktiv war das fast unbegrenzte Zeitschriftenangebot, das uns in seiner Fülle und Vielseitigkeit eine kaum zu bewältigende Vielfalt von Informationen und Meinungen zugänglich machte. Wir lasen *Harpers Bazar, New Republic*, den *New Yorker* und natürlich *Time* und *Life*. In der grauen Stadt mit ihren ärmlich bestückten Schaufenstern wirkten die in den strahlend erleuchteten Auslagen der *American Library* ausgestellten Zeitschriften mit ihren grellbunten Glanzpapierumschlägen wie Paradiesvögel auf einem Hühnerhof.

Nicht nur ihrer zentralen Lage wegen, sondern weil sie hell, gut beheizt und bis in den späten Abend geöffnet war, wurde die *American Library* zu einem Treffpunkt, an dem wir täglich mehrere Stunden verbrachten, mehr als in den Universitäts- und den Seminarbibliotheken, die dunkel und kalt waren und frühzeitig geschlossen wurden.

Wahrscheinlich zählten die ersten Nachkriegsjahre in der Geschichte der Stadt wie der Universität zu den geistig anregendsten, die beide je erlebt haben. Man suchte nach einer Erklärung für das Wunder der Unversehrtheit von Heidelberg und glaubte sie darin zu finden, dass die amerikanischen Bomberstaffeln sich die liebliche Stadt als angenehme Nachkriegsunterkunft für ihre Stäbe hatten erhalten wollen. Das war plausibel, aber nicht zutreffend.

Die Amerikaner hatten zu Heidelberg schon immer ein romantisch-sentimentales Verhältnis. Es gibt einen amerikanischen Heidelberg-Mythos, der verbunden ist mit der generösen Vorstellung, die sich Amerikaner von einem geistigen, einem besseren, von dem »wahren« Deutschland machen. Es ist die Idee einer *Civil community*, geprägt von demokratischen Wertvorstellungen, ich wage nicht zu sagen: Idealen, wie freier Meinungsäußerung, Öffentlichkeit und Toleranz, die dem entsprach, was sie in ihrem eigenen Lande glaubten verwirklicht zu haben und, nicht zu Unrecht, denke ich, als vorbildlich empfanden.

Theateroffizier

Als ich von meinem Riesen am Werderplatz abgeholt wurde, ahnte ich nicht, was mich erwartete, und war auf das Schlimmste gefasst. Es stellte sich heraus, dass mir die Stellung eines »Beraters« des für den Bereich Heidelberg zuständigen Theateroffiziers angeboten wurde. Das verdankte ich natürlich Alfred Weber, der mich auf die Liste derer gesetzt hatte, die politisch nicht kompromittiert waren und von denen man erwarten konnte, dass sie bereit und fähig waren, den von Nazis gesäuberten regionalen Verwaltungsapparat gemeinsam mit den Amerikanern wieder aufzubauen.

Ich nahm das Angebot, für die Amerikaner zu arbeiten, ohne zu zögern an. Es eröffnete mir nicht nur die Aussicht auf eine Tätigkeit, bei der ich mich nützlich machen konnte, sondern war ein verlockendes Versprechen auf ein Leben jenseits von Zwangsbewirtschaftung, Lebensmittelmarken und Bezugsscheinen. Fettlebe, ein fabelhaftes Gehalt, freies Essen in der Offiziersmesse, Zugang zu den Schätzen der PX-Läden.

Noch am nächsten Tag zog ich in das für mich bereitstehende düstere Büro in der Hauptstraße. Es lag in demselben Gebäude, in dem die von den Amerikanern lizensierte *Rhein-Neckar-Zeitung* ihre Redaktionsräume hatte. Wenig später schon machte ich Bekanntschaft mit Theodor Heuss, der mich freundlich zur Mitarbeit bei seiner Zeitung aufforderte, eine Einladung, der ich gern Folge leistete, indem ich kleine Theaterkritiken verfasste. Damit begann gewissermaßen meine Laufbahn als Kulturbeamter.

Meine Aufgabe als Berater des amerikanischen Offiziers, der für Theater zuständig war (ich wüsste nicht mehr zu sagen, wie mein offizieller Titel lautete), bestand darin, die Anträge für eine Spielerlaubnis, welcher Art auch immer, zu sichten und zu prüfen und mit einem kurzen Kommentar, einer Empfehlung oder Ablehnung, meinem Boss vorzulegen, der alle paar Tage für eine Stunde in meinem kleinen Büro auftauchte, um die allfälligen Unterschriften zu leisten. Er interessierte sich nicht sonderlich für das Theater, fühlte sich aber als Repräsentant einer konstruktiven Besatzungspolitik, die das Konzept der *Reeducation* ernst nahm. Er sah seine Aufgabe darin, den Deutschen zu helfen, wieder anständige Menschen zu werden, und nicht darin, sie zu strafen und zu demütigen. Er liebte es, mit mir zu schwatzen – kettenrauchend. Zur Begrüßung schob er mir erst einmal eine Stange *Camel* über den Tisch. Da ich nie Zigaretten geraucht habe, setzte ich sie als Tauschmittel ein.

Unser Thema war Deutschland, und mein Offizier wollte von mir wissen, wie ich »das alles erlebt hatte«. Er sprach fließend Deutsch mit einem leichten, etwas affektiert wirkenden Akzent, wie er für jüdische Emigranten typisch war; er legte Wert darauf, um zu signalisieren, dass er Amerikaner geworden war. Es dauerte nicht lange, bis er mich darüber aufklärte, dass ich seine Unterschrift imitieren und die Schriftstücke für ihn zeichnen könnte. Das sei in der amerikanischen Bürokratie nicht rechtswidrig, keine Urkundenfälschung, sondern üblich.

Es gelang relativ schnell, das Stadttheater wieder in Betrieb zu setzen. Ich erinnere mich nicht, irgendeinen Antrag abgelehnt zu haben. Die lokalen Nazis, die es natürlich auch im Theaterbereich in Massen gab, meldeten sich erst gar nicht. Stattdessen zog es viele Theaterleute von außerhalb nach Heidelberg. Gern erinnere ich mich an die Begegnung mit dem mir noch aus Berlin als genialer Regisseur bekannten Karl-Heinz Stroux, einem vom Theater besessenen, überwältigenden Temperament, dessen Neubeginn in Heidelberg leider viel zu schnell ein Ende nahm. Er ging nach Darmstadt und Wiesbaden, dann nach Berlin und schließlich als Generalintendant nach Düsseldorf und starb nach einem aufregenden Leben 1985.

Die lustigste Episode war der überraschende Auftritt von Hans Albers in meinem düsteren Büro. Unangemeldet und unerwartet brach er eines schönen Tages herein, polternd, hoppla, hier komm ich, wie in seinen besten Rollen, nicht allein, sondern mit einem die Enge des Raumes sprengenden Gefolge von jungen Damen in luxuriösen Pelzen und Herren in Kamelhaarmänteln, Schauspieler, die allesamt aussahen, als kämen sie direkt von den Dreharbeiten in einem Ufa-Studio. Es roch angenehm nach *Eau de Cologne* und französischem Parfum. Zur Begrüßung nahm er sich sein blondes Toupet von der Glatze, stellte sich vor mir auf und sagte nur: »Ja, ich bin's!« Auch ihn hatte der Ruf Heidelbergs als unzerstörter Stadt hierher gelockt. Er wollte mit seiner Truppe das Stadttheater handstreichartig übernehmen. Daraus wurde dann nichts. Warum, wüsste ich nicht mehr zu sagen. Ich habe jedenfalls mitgeholfen, den Antrag auszufüllen, und für einen positiven Bescheid gesorgt.

Mit dem Antritt meiner Tätigkeit für die Amerikaner war der *Cauchemar* meiner Einquartierung bei den schrecklichen kleinen Nazis zu Ende. Ich suchte mir sofort ein neues Zimmer, diesmal in der Altstadt. Ich installierte mich in der Villa von Frau Ochs in der Klingenteichstraße.

Der Prachtsalon in der Klingenteichstraße

Wie war ich an dieses fulminante Objekt gekommen, das allem entsprach, was ich mir erträumte? War es ein Glücksfall? Ein Zufall? Eine günstige Konstellation von Umständen? Die unsichtbare Hand des Adam Smith? Mein höchstpersönlicher Schutzengel, der mich schon aus Kurland vor russischer Kriegsgefangenschaft gerettet hatte?

Auf ganz legale Weise, das heißt ohne Beamtenbestechung und Schwarzmarktwährung, also ohne amerikanische Zigaretten, Nescafé oder Kaugummi, hatte ich die Adresse ausfindig gemacht. Durch eine Annonce auf einem Stück farbigen DIN-A6-Kartons, wie man sie damals in den Schaukästen der findigen Agenturen fand, die sich die Vermittlung aller möglichen Güter und Dienstleistungen im generellen, von Wohnraum, der einen besonderen Raritätswert hatte, im Speziellen zur lukrativen Aufgabe gemacht hatten – parallel zu und unabhängig von Wirtschaftsämtern und Behörden und nach dem eisernen Gesetz von Angebot und Nachfrage. Derartige Schaukästen gab es an allen Ecken. Davor zu stehen und nach dem zu suchen, was man brauchte, war für jeden eine Notwendigkeit.

Ich muss allerdings gestehen, dass ich einen Insider-Zugang zu dem System hatte, da ich vor meiner Einstellung bei den Amerikanern, um mir ein bisschen Geld zu verdienen – ich war ja vollkommen mittellos –, für eine dieser Agenturen, die weitaus professionellste, ein paar Wochen gearbeitet hatte. *Baldi* war ihr Name. Dahinter stand ein flottes junges Ehepaar, Mitte dreißig, er mit pomadisierten Haaren, sie mit hohen Waden, hohem Busen, Stöckelschuhen und Wimperngeklimper, immer picobello gekleidet, mit leicht mediterranem Schlafzimmerblick, aber geborene Schmidt – das perfekte moderne Jungunternehmerpaar. Sie hatten den Ehrgeiz, das Anzeigengeschäft in Heidelberg unter Kontrolle zu bringen, indem sie das gesamte Einzugsgebiet der Stadt, bis hin nach Mannheim, mit einem Netz von *Baldi*-Filialen überzogen. Eine dynamisch-kreative Marketing-Idee, einen Notstand durch Notbehelf zur Grundlage der Wertschöpfung zu machen.

Meine Aufgabe war es gewesen, im Heidelberger Umland die optimalen Standorte für die Einrichtung von Außenposten des *Baldi*-Empire auszukundschaften, zu welchem Zwecke ich tagelang mit der OEG, der Oberrheinischen Eisenbahn Gesellschaft, zwischen Handschuhsheim und Weinheim herumgefahren bin, um in diesen traulichen Ortschaften am Fuße des Odenwaldes preiswerte *Locations* in verkehrsgünstiger Lage für die Anbringung von *Baldi*-Schaukästen anzumieten. Vor allem durch das Beschwatzen von Bäckersfrauen, die froh waren, ihre leeren Schaufenster mit einer attraktiven Auslage etwas zu beleben, gelang es mir mühelos, die Region mit dem verbraucherfreundlich-marktwirtschaftlichen Kommunikationssystem zu überziehen. Ich möchte bemerken, dass dies mein einziger und auch nur geringfügiger Beitrag zur Wiederbelebung der deutschen Wirtschaft war. Mit der Anstellung bei den Amerikanern wechselte ich dann ins Ressort »Kultur«, dem ich mein Leben lang treu bleiben sollte.

Als ich mich von meinen freundlichen Dienstherren verabschiedete, klimperte Frau Baldi mit den Wimpern, ging an den Schreibtisch, auf dem sich die Neueingänge der Anzeigen häuften, und kam mit einem blauen Kartönchen zurück, das sie mir huldvoll, mit einem Aufblitzen des bewussten Schlafzimmerblicks, in die Hand drückte: »Da habe ich das Richtige für Sie.« Es war die Annonce von Frau Ochs für ihren Salon in der Klingenteichstraße. Ein Geschenk?

Eine enorme Villa im englischen Landhausstil, Bauzeit Dreißigerjahre, die sich unter einem tiefgezogenen Walmdach kleiner machte, als sie war. Sie lag, ganz zwischen hohen Bäumen versteckt, am Ende der Klingenteichstraße, die sich an der Südflanke des Königsstuhls in Serpentinen emporschlängelt, ein äußerster Vorposten der Stadt. Den Amerikanern offenbar zu abgelegen, um sie für ihre Zwecke zu requirieren, wurde sie bewohnt von einer opulenten Dame des gehobenen Mittelstandes, die Seidenschals über der Schulter, zahllose goldene Armbänder an den Handgelenken und eine imposante Dauerwelle – die auch eine Perücke sein konnte – auf dem Kopf trug. Frau Ochs (»gnädige Frau«) war die Gattin eines renommierten Architekten, den sie in jedem Satz erwähnte (»mein Mann«), wie es besonders Witwen zu tun pflegen. Ich habe ihn nie zu Gesicht bekommen. Wahrscheinlich steckte er zur Entnazifizierung in einem Internierungslager. Frau Ochs hatte es natürlich nicht nötig zu vermieten, das Wohnungsamt zwang sie dazu.

Sie empfing mich mit größtem Misstrauen, was angesichts meiner schäbigen Kommissklamotten durchaus berechtigt war. Da ich mich aber bereit erklärte, die sehr hohe Miete zu bezahlen (was mir meine Anstellung bei den Amerikanern erlaubte), willigte sie nach einem kurzen Verhör ein, mich aufzunehmen. Was sie zu bieten hatte, war überwältigend: einen saalartigen Salon, ausgelegt mit orientalischen Teppichen, wie ich sie von zu Hause kannte, ausgestattet mit geschmackvollen Stilmöbeln, die es bei uns zu Hause nicht gab. Was mich aber in höchstes Entzücken versetzte, war der breite, kelimbedeckte Diwan mit seinen bunten Kissen, der als Schlafstatt diente. Kein Bett, ein Diwan! Ich fühlte mich sofort heimisch und ließ mich nicht durch die Frage irritieren, die diffus in meinem Hinterkopf auftauchte: Wie kam dieses exquisite Möbel in das Interieur einer Dame, die so gar nicht dazu passte? Das war kein »möbliertes Zimmer« im üblichen Sinne, sondern ein luxuriöses Appartement, wie es meinen leicht megalomanen Vorstellungen von einer menschenwürdigen Behausung entsprach.

Leider habe ich nicht lange dort gewohnt. Als nämlich der Winter kam, stellte sich heraus, dass die Villa, die natürlich eine Zentralheizung hatte, mangels der dafür notwendigen Tonnen an Kohle nicht zu heizen war. Der Prachtsalon wurde zum Eispalast. Das gehörte zur Signatur der Zeit. Ich floh. Da war mir eine kleine Bude lieber, deren Kanonenofen mit zwei Briketts jederzeit mollige Wärme erzeugen konnte.

Trotzdem behalte ich die Villa in der Klingenteichstraße in allerbester Erinnerung. Dort trugen sich nämlich zwei Ereignisse zu, die sich unauslöschlich in mein Gedächtnis eingegraben haben – zwei Feste ganz besonderer Art, von denen jedes eine Glückserfahrung präfigurierte, die für mein weiteres Leben prägend bleiben sollte, so unterschiedlich beide auch waren.

Über das Erinnern

Es ist seltsam: Warum gibt es Erlebnisse, die wir so schnell vergessen? Welche sind die, die sich für immer unserer Erinnerung einprägen? Solche, von denen nur ganz schattenhaft kurze Momente, eine Geste, ein Wort, eine Stimmlage, ein Beleuchtungseffekt in unser Gedächtnis eingeschrieben sind, ohne dass wir noch ein Gesicht erkennen können (geschweige denn einen Namen wissen), allenfalls ein schmerzliches oder süßes Gefühl, von dem nicht mehr zu klären ist, durch welche Umstände es erzeugt wurde? Oder solche, die ganz klar vor unseren Augen stehen, in ihrem Dekorum, in ihrem Ablauf, in dem uns jedes Detail gegenwärtig ist wie aus einem Film, den wir am Vortag gesehen haben? Waren diese Ereignisse bedeutsamer als die anderen, die verblasst sind oder schlicht aus dem Gedächtnis gelöscht?

Aber um welche Art Bedeutsamkeit handelt es sich? Die Wichtigkeit vielleicht, die sie für die eigene Biographie haben – aber die erweist sich doch erst sehr viel später. Sie kann nicht das Selektionskriterium sein, nach dem die eine Person, Episode oder Geschichte sich in unserer Erinnerung ein für alle Mal etabliert, während die andere verworfen wird. Und doch muss da irgendein Sinn walten. Mit den Erinnerungen, die sich in uns lebendig erhalten, das heißt, die in unser Bewusstsein abrufbar sind, bauen wir unsere Lebensgeschichte auf, die immer ganz einmalige, die abgetrotzt ist der ungeheuren Fülle dessen, was wir durchlebt, gesehen, gehört, aber vergessen haben, der Masse dessen, was wir, unter anderen Umständen, auch hätten sein und werden können – als ein anderer. Mein Leben ist das, dessen ich mich erinnere. Mein Ich konstituiert sich als das Substrat meiner Erinnerungen, aber ich bin nicht frei, sie zu wählen. Die Wahl trifft jene Instanz in uns, die Herrin des Vergessens ist.

Wenn man älter wird und lebenskundiger, kann man es zu einer gewissen Fertigkeit darin bringen, Erinnerungen zu konstruieren, das heißt, Geschehnisse in seinem Leben so einzurichten, dass daraus eine schöne Erinnerung wird (vielleicht schöner als das Erleben selbst). Die Jugend weiß davon noch nichts und ist der Willkür der okkulten Selektionsmechanismen ausgeliefert. Das gilt auch für die schlechten Erfahrungen, die sich einprägen, obwohl man sie lieber vergessen hätte.

Ich denke natürlich in erster Linie an die lange Kette der Begegnungen mit Frauen, die uns geliebt haben und die wir geliebt haben oder zu lieben glaubten. Was ist das Spezifische, das Besondere, das Bedeutungsvolle, das der einen einen Platz in unserer Erinnerung sichert und der anderen nicht? Sollte es der Grad sein, in dem sie sich einer tief in uns verborgenen Wunschvorstellung von Seligkeit und Glück genähert hat?

Ein privilegierter Platz kommt dabei auf jeden Fall – das gilt für Männer und Frauen – dem ersten Menschen zu, mit dem man die Urerfahrung der sexuellen Vereinigung als *Unio mystica* erprobt hat. Nie ist man abhängiger von äußeren Umständen, gesellschaftlichen Konventionen, eigenen Obsessionen und Idiosynkrasien, der ebenso obstinaten wie obskuren Alchemie der Triebe – kurz: von einer ephemeren Konstellation von Gegebenheiten, deren Konfiguration keiner inneren Notwendigkeit entspricht, sondern das reine Produkt dessen ist, was wir einmal den Zufall nennen wollen. Doch was heißt hier Zufall? Wir sind von einer verhängnisvollen Ahnungslosigkeit über das, was eigentlich geschieht. Zufälle sind unser Schicksal, und was immer geschieht, entspricht einer Notwendigkeit. Dieser schicksalhafte Zufall waltet in allem, auch wenn sich herausstellt, das alles nur ein großes Missverständnis war.

Die Zeiten, in denen tradierte Initiationsriten dem Novizen vorgaben, was ihn erwartete und was er zu tun hatte, sind lange vorüber. Jetzt muss er sehen, wie er zurechtkommt, und er kann von Glück sagen, wenn kein Malheur passiert. Dass es für sein ganzes Leben von nachhaltigen Folgen sein wird, kann er in vollem Ausmaß noch nicht erfassen. Die Wahrscheinlichkeit aber ist groß, dass es zu jenen Erlebnissen gehören wird, deren er sich immer erinnert.

Ich habe Glück gehabt.

»Freie Liebe«

Zu unserer Clique gehörte ein gutes halbes Dutzend junger weiblicher Wesen (oder wie immer wir sie nennen wollen), die studierten wie wir, Mittelstandskinder wie wir. Sie führten dasselbe freizügige Leben wie wir. Ihre Liebesgeschichten gehörten zum gemeinsamen Erfahrungs- und Erlebnisfundus, an dem alle teilhatten. Es herrschte innerhalb des Kreises eine undogmatische Promiskuität, ohne Ideologie, ohne Frivolität, nicht ohne Poesie. Das Bäumchenwechsel-dich-Spiel, das Wer-mit-wem?, Eifersuchtskrisen der einen, kurze Triumphe der anderen, Ernüchterungskater der dritten, vehemente Verliebtheitszustände, Trennungsschmerzen, Tränen, Listen und Launen des Sich-wieder-Findens – das ganze Repertoire der Suche nach Liebe und Lust war mit verteilten Rollen die Sache aller.

Keine Beziehung war auf Dauer angelegt, was nicht ausschloss, dass sie Jahre dauern konnte. »Sex« (das Wort war damals völlig ungebräuchlich) war kein Problem, sondern eine Selbstverständlichkeit, die ohne falsche Scham und Scheu und ohne große Geheimniskrämerei ausgelebt wurde. Die jungen Frauen bestanden nicht weniger darauf als wir, ja sie waren es, die im Zweifelsfall das einforderten, von dem sie meinten, dass es ihnen zu Unrecht verweigert wurde. Die Initiative lag immer bei ihnen, sie gaben Ton und Tempo an.

Das Problem war das Wo. Die Moralvorstellungen des Heidelberger Spießbürgertums waren weniger progressiv als die unseren. Man wohnte auf Buden, unter dem wachsamen Auge einer Wirtin, die streng darauf achtete, dass die Regel, nach der Herren- (bzw. Damen-) besuche nach 22 Uhr nicht mehr gestattet waren, strikt befolgt wurde. Es gab das Institut der so genannten »sturmfreien Bude«. Glücklich der oder die, die darüber verfügten.

Unvergessliche Erinnerungen an nächtliche Besuche durch das Fenster, an schnarchenden Wirtinnen vorbei, über knarrende Dielenböden, die kleinen Schreie, die unter einem Kissen erstickt wurden. Der Jubel, nach einer Liebesnacht im fahlen Morgenlicht, begleitet vom Gezwitscher der Vögel, in einem Gefühl von Seligkeit durch die noch schlafende, menschenleere Stadt nach Hause zu wandern. Es war die Stunde, in der sich die Schönheit der Stadt unverhüllt offenbarte. Die Poesie triumphierte über das Philistertum.

Wir vögelten fröhlich, ohne eigentlich zu wissen, was wir taten. Wir fühlten uns frei von Tabus, aber waren unbeleckt von jeder erotischen Kultur. Dazu gehört Erfahrung und ein gewisser Komfort. Beides hatten wir nicht. Unsere geistige Tätigkeit und unsere Vögelei waren, trotz aller schönen Gespräche und aller geschlechterübergreifenden Kameradschaftlichkeit, nach überkommenem Muster total voneinander getrennt. Wir hatten noch keine Ahnung, dass unsere sexuellen Erfahrungen ein Weg der Erkenntnis, der Königsweg zum Wissen um die Geheimnisse des Lebens, der Welt, der Geschichte sind. Wir hatten kein Bewusstsein davon, dass das Verhältnis der Geschlechter, *das Geschlechterverhältnis*, der Schlüssel zum Verständnis der gesellschaftlichen Verhältnisse, das zentrale Problem der Kulturentwicklung ist.

Die »sexuelle Emanzipation« war kein Thema für uns. Wir hatten auch keine Sprache dafür. Trotzdem war die Freiheit, die wir genossen, die wir uns nahmen, die wir mit den jungen Frauen teilten, sicher eine Voraussetzung des Freiheitskultes, den wir damals zum Maßstab unseres politischen und sozialen Selbstbewusstseins machten. Die Freizügigkeit *in sexualibus* wirkte befruchtend auf unser Lebensgefühl, wenn nicht auf unser Denken. Wenn Geschichtsphilosophie konkret wird, wird sie Soziologie. Wenn Soziologie konkret wird, ist ihr Zentralproblem die Geschlechtlichkeit des Menschen in seiner Zweihäusigkeit.

Ich frage mich, während ich das schreibe, von der Erinnerung fortgerissen: War das nun typisch für das Heidelberg der Nachkriegsjahre? War das nicht immer und überall so? Wir waren doch nicht die erste Generation Jugendlicher, die die bürgerlichen Konventionen, Zucht und Sitte der patriarchalischen Gesellschaft ignorierte und dagegen das Ideal der »freien Liebe« setzte. Das gab es seit hundert Jahren, nicht überall, doch unter Künstlern und Studenten. Gerade Heidelberg war immer schon eine Enklave erotischer Freizügigkeit, die Libertinage ein Ferment seiner liberalen Atmosphäre, eine Komponente des »Heidelberger Geistes«.

Aber Zonen der sexuellen Freiheit waren immer Randzonen der Gesellschaft gewesen. Jetzt, in der Ausnahmesituation unmittelbar nach dem Kriege, gewannen sie eine zentrale Bedeutung als Laboratorium der Veränderung der menschlichen Verhältnisse. Unser Verständnis von »Gesellschaft im Wandel« wurde dadurch geprägt, dass es diese Freiheitsräume gab. Rückblickend müssen wir erkennen, dass das Terrain, das wir unbekümmert besetzten und für uns in Anspruch nahmen, sehr schnell wieder von regressiven, repressiven Verhaltensmustern überwuchert wurde und wie eine Phantasmagorie verschwand. Es tauchte erst zwanzig Jahre später wieder auf, im subversiven Diskurs der revolutionären Linken.

In jeder promisken Gruppe bildet sich eine »Hackordnung« heraus, die ein Beziehungsmuster ergibt, das das Verhalten der einzelnen Mitglieder stärker bestimmt als deren eigene Entscheidungen. So hatte sich in unserem Kreis eine *Opinio communis* gebildet, ich müsste die schönsten Mädchen zu Freundinnen haben. Ich war nicht sonderlich versessen auf diesen Ruf, man muss es mir glauben, aber ich hatte nichts dagegen. Ich wurde gar nicht gefragt, auch die schönen Mädchen nicht. Sie folgten dem Diktat der Vorurteile, und mir blieb nichts übrig, als *to live up to my reputation.* Aus meiner Berliner Pubertät brachte ich eher romantische Vorstellungen mit, in denen sich Verliebtheit auf Liebe reimte und nicht auf Sexualität. Auf diesem Gebiet hatte ich keinerlei Erfahrungen. Was ich in Heidelberg erlebte, war etwas mir vollkommen Neues, Unerwartetes. Ich verführte nicht, ich wurde verführt.

Initiationsritus

Ich kann mich nicht mehr genau erinnern, wie sie sich ausdrückte. Ich erinnere mich aber noch ganz genau an den

Teller, den ich vor mir hatte. Wir waren zum Mittagessen in ein bescheidenes Gasthaus am Eingang der Hauptstraße gegangen, in dem Studenten einkehrten und wo es immer zusätzlich zu den Tagesgerichten, für die man Lebensmittelmarken hergeben musste, eine »markenfreie« Sättigungsbeilage gab, amerikanische Konserven, die am Schwarzmarkt gehandelt wurden. An diesem Tag gab es Maisgemüse, sämig und etwas süß, exotisch, eine Delikatesse. Maisgemüse und Peanutsbutter waren die kulinarischen Errungenschaften der Amerikaner, die den Speisezettel der deutschen Haushalte und der studentischen Mittagstische anreicherten.

Sie sagte etwa: »Hast du nicht Lust . . .?« oder »Findest du nicht, dass es Zeit wird . . .?« oder was immer es gewesen ist, ich kann mich wirklich nicht an irgendwelche Worte erinnern, schon gar nicht an solche, die konkret das bezeichneten, was sie meinte. Es ging, daran war kein Zweifel, um etwas sehr Ernstes, Persönliches, Intimes, etwas, was ihr überaus wichtig war, ein Vorhaben, das sie eigentlich nur ganz allein anging, zu dessen Durchführung sie aber meine Unterstützung brauchte. Sie war vollkommen cool. Ihr Ton war sachlich, der Sinn ihrer Rede eindeutig. Sie wollte – ja, was wollte sie? Sie wollte der platonischen Phase unserer Beziehung (das sage ich jetzt) ein Ende setzen. Wir kannten uns vielleicht vierzehn Tage.

Ich erschrak, als ich begriff, was sie mir da vorschlug, und war keineswegs entzückt, eher bestürzt: Das war kein freibleibendes Angebot, es war ein Ultimatum.

»Ja – meinst du wirklich?« Ich suchte nach einer Ausflucht.

»Wo denn, denkst du? Doch nicht bei euch?«

»Du hast doch jetzt das neue Zimmer in der Klingenteichstraße.«

Ich hatte es ihr stolz gezeigt, und es hatte ihre Zustimmung gefunden. Sie muss sofort gedacht haben, hier kann es passieren. Sie hatte einen fertigen Plan parat. »Wir sagen, du gibst eine Party; dann kann ich über Nacht bleiben.«

Man muss wissen, dass die *Overnight party* im Heidelberg dieser Jahre zu einer stehenden Einrichtung geworden war, weil die Besatzungsmacht die Sperrstunde auf neun Uhr abends gelegt hatte. Niemand durfte nachts auf die Straße, erst morgens um sieben war sie wieder frei. *Curfew* hieß diese Maßnahme, die für nächtliche Besuche sehr hinderlich war. Die Streifen der *Military Police*, die in Jeeps durch die nächtlichen Straßen fuhren und darüber wachten, dass das Verbot strikt eingehalten wurde, waren unerbittlich, wenn sie jemanden erwischten. So richtete man es ein, dass man dort, wo man war, übernachtete – aus der Not wurde eine Tugend. Man veranstaltete kleine Feste, und niemand empfand es als lästig, bis früh in den Morgen durchzuschwofen.

Flori, so hieß meine Freundin, würde also der Frau Mama erklären, wie schon so oft, dass sie auf eine *Overnight party* gehe; dass nur wir zwei daran teilnehmen würden, brauchte niemand zu wissen und konnte auch niemand kontrollieren. Es lag jetzt an mir herauszufinden, wann Frau Ochs nicht zu Hause sein würde, was kein Problem war, da Madame regelmäßig ein paar Tage der Woche in Mannheim verbrachte, wo sie eine Zweitwohnung hatte. Wie sich herausstellte, war das ihr eigentliches Domizil. Die Villa in der Klingenteichstraße war ihr zu groß und ihrer exzentrischen Lage wegen wohl auch zu unsicher. Dem Mieter fiel stillschweigend also auch die Aufgabe zu, das Haus vor allem nachts zu hüten.

Was sagte ich? Etwa: »Du, Flori, das ist ja eine wunderbare Idee«, um sie in die Arme zu nehmen und innig an mich zu drücken, ihr zu danken für ihre Initiative, für das Geschenk, das sie mir so freimütig wie unerwartet machen wollte? Nichts davon. Ich fürchte, ich war eher mürrisch und brummte so etwas wie »Ich will sehen, was sich machen lässt« und stocherte in meinem Maisgemüse herum.

Wir waren verliebt, wir küssten uns, das war es; an mehr hätte ich nicht einmal zu denken gewagt. Es ist unfassbar, aber ich stand vor demselben Problem wie sie, auch für mich würde es das »erste Mal« sein. Im Grunde hatte das, was sie zu wünschen und herbeizusehnen schien, weil sie jetzt »in dem Alter dafür« war und nicht hinter ihren Freundinnen zurückstehen wollte, mit mir nichts zu tun. Sie hatte gerade das Abitur gemacht, und jetzt musste die nächste Hürde auf dem Weg zum Erwachsensein genommen werden. Was für mich in den Bereich nächtlicher Phantasien gehörte, war für sie eine praktische Maßnahme, die sie ausführlich mit ihren Schulkameradinnen diskutiert hatte. Pensionatsmädchen! Was die Kenntnis technischer Details betraf, bildeten sie einen Erfahrungspool, in den jede ihre neuesten Entdeckungen einbrachte. Immer war eine dabei, die schon wusste, wie das lief. Erste Voraussetzung: Man musste einen »Freund« haben, das gehörte nun einmal dazu. Ganz instrumental und unsentimental. Ein Abenteuer war es allemal, das hatte schon damit angefangen, dass sie als Primanerinnen nachts über die Mauer kletterten, die das feudale Internat umzäunte, in das ihre Familien sie gesteckt hatten, um sie vor den Gefahren des Lebens zu schützen.

Es wurde eine wunderbare Nacht. Ich hatte Kerzen aufgestellt (gefunden in der Schublade einer der bauchigen Barockkommoden von Frau Ochs), Flori eine Flasche echten französischen Champagners mitgebracht (aus dem

Weinkeller ihres Vaters geklaut, *Moët et Chandon*, ich kann mich nicht genau daran erinnern, welche Marke es war). In einer Vitrine fanden sich ohne Schwierigkeiten die dazu passenden Gläser. Wenn uns jemand beobachtet hätte, so wie ich es jetzt tue mit dem voyeuristischen Blick der Erinnerung, hätte er den Eindruck gewonnen, die beiden Hübschen da bereiten einen Schabernack à la Max und Moritz vor.

Ich war aufgeregt und neugierig, aber ich brauchte mir über das Szenario keine Gedanken zu machen, weil Flori ganz genau wusste, was sie wollte, und mich gewissermaßen bei der Hand nahm. Letztlich war sie mit ihren achtzehn Jahren »aufgeklärter« und tapferer als ich. Wir sprachen kein einziges Wort. Unsere Körper bewegten sich wie in einem Traum.

Für mich war es die Entdeckung der Schönheit, die meine junge Freundin, etwas champagnertrunken, mit narzisstischem Wohlgefallen vor meinen Augen zelebrierte. Ich, der ich nicht gewagt hätte, ihre nackten Knie zu streicheln und mit meiner Hand unter den Schottenrock zu fahren, den sie wie eine Uniform trug (dazu blaue Kniestrümpfe), sah jetzt fasziniert zu, wie sie sich langsam entkleidete, schließlich das kleine, blütenreine Baumwollhöschen abstreifte und sich mit einem einladenden Lächeln – der Ernst war aus ihren Zügen gewichen – splitternackt vor mich stellte. Natürlich hatte ich mich in sie verliebt, weil sie hübsch war, das hübscheste Mädchen, das in Heidelberg herumlief, dafür war sie berühmt, und weil sie diese Schwindel erregend langen Beine hatte. Jetzt aber sah ich, wie vollkommen schön sie war. Für sie war es das Selbstverständliche, für mich war es eine Offenbarung. In dieser Nacht prägte sich mir ein Begriff weiblicher Schönheit ein, der mich ein ganzes Leben lang geleitet hat. Wann immer ich dieser Schönheit später begegnete, erlebte ich sie als Epiphanie, als Erscheinung der Göttin, doch von solchen Gedanken war ich auf der *Overnight party* in der Klingenteichstraße noch weit entfernt. Ich glaube mich gut zu erinnern, dass ich mit einer gewissen Andacht Flori assistierte, den *Rite de passage* zu vollziehen, für dessen Exekution sie mich, ohne Widerspruch zu dulden, auserwählt hatte.

Das Register unserer Empfindungen war schwer zu bestimmen. Alles spielte sich ab in einem wortlosen Raum. Wir erlebten etwas Außerordentliches, voller Musik, Zärtlichkeit und Poesie. So verloren wir beide in festlichster Stimmung, ich möchte sagen, keusch wie Kinder, unsere Unschuld. Wobei keinen von uns der Anflug eines Verdachtes berührte, in den Stand der Sünde getreten zu sein. Alles war vollkommen, nur unter dem Gesichtspunkt der sexuellen Techniken zeigten wir uns, was normal war, noch etwas unbeholfen. Das Erstaunliche war, dass das überhaupt keine Rolle spielte. Es wäre uns auch nicht in den Sinn gekommen zu denken, wir hätten »Sex gehabt«, wie man heute sagen würde.

Bestürzt waren wir erst, als wir im Morgengrauen feststellen mussten, dass die Bettlaken von Frau Ochs blutbefleckt waren. Vergeblich versuchten wir, sie unter dem Wasserhahn zu reinigen. Wir hätten sie rühmlich aus dem Fenster heraushängen können, aber das kleine Missgeschick löste uns aus dem Bann der Verzauberung, in dem wir die Nacht verbracht hatten, wir konnten wieder lachen und sprechen. Die Kerzen waren heruntergebrannt. Meine kleine Göttin war höchst zufrieden und zog sich umstandslos an, wie sie es in der Umkleidekabine ihres Tennisclubs getan hätte. Ich begleitete sie nach Hause, sie wohnte gar nicht weit entfernt in einem Häuschen am Schlossberg.

Sie verabschiedete mich mit einem schelmischen Lächeln und einem Küsschen auf die Wange.

Ich war ihr dankbar, dass sie durch ihre unterkühlte Haltung, die an Gefühllosigkeit zu grenzen schien, durch ihr nachsichtiges Gewährenlassen den Raum geschaffen hatte für die Entstehung unverfälschter Emotionen, frei von Sentiments. Durch ihre androgyne Keuschheit hatte sie meine Männerängste besänftigt, ausgetrickst und außer Kraft gesetzt und mir so die Chance gegeben, mich auf das Wesentliche zu konzentrieren: die ästhetisch zerebrale Wahrnehmung des Vorgangs als erotischer Choreographie, als allegorischer *Pas de deux,* bei dem sich die Körper rituell und nicht triebhaft-willkürlich begegnen und berühren.

Exkurs über die Liebe

Die Hingabe der Frauen ist ein Geschenk, dessen man sich würdig erweisen muss, ein Gnadenakt. Die Verfügungsgewalt darüber ist das Geheimnis der Frauen. Bis heute ist mir die Vorstellung fremd, dass die Beziehung der Geschlechter zueinander ein Kampf sein soll, in dem der Mann als Eroberer, als Räuber, als Raubtier von seiner Beute Besitz ergreifen und sie seinem Willen unterwerfen muss.

In den Genuss dieser Gabe zu kommen, ist die höchste Form sinnlicher Glückserfahrung. Aber die Idee des Glücks ist eine Männeridee, die den Frauen fremd ist. Sie suchen etwas anderes, sie suchen nicht die Lust, sondern die Liebe. So geschieht es immer wieder, dass das Geschenk zum Danaergeschenk wird, zur Quelle tiefsten Unglücks. So erklärt es sich aber auch, dass Beziehungen, bei denen die Liebe ins Spiel kommt, so oft von Unglück gezeichnet sind. Es gibt Frauen, aber auch Männer, die es darauf angelegt zu haben scheinen. Es gibt nicht nur Lanzelot, dem die Zauberin Morgana den goldenen Helm verleiht, der ihn – für Männer und Frauen – unwiderstehlich macht, sondern auch den schwarzen Ritter, der mit seiner negativen Ausstrahlung die Frauen fasziniert. Da ist dann von Glück nicht mehr die Rede, sondern ein dunkles Verhängnis nimmt seinen Lauf.

Zu diesen Unheilbringern gehörte in unserer Runde mein Freund Kesting, der eine geradezu magische Wirkung auf die Frauen ausübte, die ich mir lange Zeit nicht erklären konnte. In seiner Begleitung fanden sich immer weibliche Wesen von melancholischer Schönheit, die sich im Typus ähnelten: madonnenhafte Gesichter, von lang herabfallenden schwarzen Haaren gerahmt. Er behandelte sie ausgesprochen schlecht, was ich unmöglich fand, aber sie waren ihm demütig ergeben, was ich nicht verstehen konnte. Später hörte man von Nervenzusammenbrüchen, Einlieferungen in psychiatrische Kliniken, Psychoanalysen, Selbstmordversuchen. Nur langsam begriff ich, was die Erfahrung eines langen Lebens immer wieder bestätigte: Es gibt Frauen, die es lieben zu leiden. Sie wenden sich dorthin, wo sie Gewalt wittern, eine natürliche Disposition zum Unglücklichsein zieht sie unwiderstehlich in Affären, in denen sie die Befriedigung ihres uneingestandenen Bedürfnisses finden, gequält zu werden.

Das sollte man wissen, bevor man von Liebe spricht.

Die Liebe ist schrecklich. Auf jeden Fall gehört sie in ein anderes Register als die Sexualität. Sie ist kein Vergnügen, kein Zuckerschlecken, sie ist ausgestattet mit so exquisiten Leidensmöglichkeiten wie der Eifersucht und den Spasmen des *Amour fou*, eine Krankheit. Sie betrifft nicht den anderen – das Objekt der Begierde –, sondern ganz egozentrisch das eigene Ich, das stolz und wehleidig, grandios oder demütig das Passionsspiel inszeniert, zu seiner eigenen höchsten Befriedigung, zu seinem eigenen Schmerz. Es gibt nichts Schlimmeres als die »unglückliche Liebe«, die nicht auf den großen Verwerfungen (er/sie liebt mich nicht) beruht, sondern auf infinitesimalen Differenzen, in der unterschiedlichen Intensität des Begehrens, die zu messen es kein Instrument gibt. Dabei sind die Intensitätsnuancen meist eingebildet, nicht zu fassen, nicht zu beweisen, nur zu erleiden. »Und wem es just passieret, dem bricht das Herz entzwei.«

Sex ist Lust oder Frust, aber eine klare Sache. Liebe ist Hölle oder Paradies und findet im Kopf statt. Sex ohne Liebe ist ein schönes Spiel. Liebe ohne Sex ist etwas Absolutes, Exklusives, Superlatives, im Grunde Leibfeindliches, das in der Nichterfüllung seine höchste Weihe findet: Ich liebe dich, was geht es dich an. Sex ist ein Abkommen, sich gegenseitig Freude zu bereiten. Liebe, könnte man denken, eine Vereinbarung, sich gegenseitig um einer hohen Idee von nicht erfüllbarer Zweisamkeit willen leiden zu lassen. Die Vernunft, die Lebensklugheit lehrt, dass alles seine Zeit hat, was heißen soll, dass allem im Leben eine beschränkte Zeit zugemessen ist, an erster Stelle dem Leben selbst. Die »Passion« (*Amour passion*) klagt für sich die Ewigkeit ein, und das kann nur bedeuten: den Tod – einen Tod allerdings, der ewig ist. Die »Ewigkeitsforderung« steht für einen Totalitäts- und Absolutheitsanspruch, den keine Wirklichkeit einlösen kann – die Beziehung von Totalität und Absolutheit zum Tod.

Die Todessehnsucht ist der Ausdruck für einen äußersten Intensitätsgrad des Erlebens. Ein Siedepunkt ist erreicht. Ein Siedepunkt, an dem der Übertritt in einen anderen Aggregatzustand möglich scheint, der Schritt aus der Endlichkeit in etwas, was dann nur Unendlichkeit sein kann, aus der immer begrenzten Zeitlichkeit hinaus in einen Zustand, in dem diese Zeitlichkeit aufgehoben wäre. Keiner soll die Erfahrung dieser ekstatischen Augenblicke missen, man muss nur rechtzeitig begreifen, dass es immer nur Augenblicke sind.

Dann darf man aber auch von Liebe sprechen.

Ein Leseabend mit Folgen

Das andere Schlüsselerlebnis in der Villa in der Klingenteichstraße war ein Leseabend. So verschieden die beiden Ereignissse waren, so gehörten sie doch zusammen. Sie waren Teile des Lernprozesses, in dem sich uns die Komplexität des Lebens erschloss. Die Sphäre der Sinnlichkeit hier, der Bereich des Politischen dort. Beide sind komplementär, die sexuelle und die politische Emanzipation sind Zwillingsschwestern.

»Ich erinnere mich noch genau an den Abend im Herbst 1945, an dem ich in der Wohnung von Nicolaus Sombart Dolf Sternberger kennen lernte«, schreibt Geno Hartlaub 1988 in einem kleinen autobiographischen Text, in dem sie von der Entstehung der *Wandlung* berichtet. Davon soll gleich noch die Rede sein.

Genoveva war die Tochter des 1933 entlassenen Direktors der Mannheimer Kunsthalle, Gustav F. Hartlaubs. Hartlaub, ein temperamentvoller kleiner Herr mit dezidierten Meinungen, galt als bedeutender Kenner und Förderer des Expressionismus, jener typisch deutschen Kunstrichtung, die von den Nazis mit dem Prädikat »entartet« stigmatisiert wurde. Obendrein hatte er eine jüdische Frau. Etwas älter als ich, hatte Geno das harte Schicksal eines »Mischlings« zu erdulden gehabt; da sie keine Studienerlaubnis erhielt, wurde sie kaufmännischer Lehrling in einer Frankfurter Maschinenfabrik und überdauerte später im

Krieg als dienstverpflichtete Wehrmachtsangestellte unter demütigenden Bedingungen. Sie kam geradewegs verwildert, wie sie sagte, aus der offenbar nicht nur Männern vorbehaltenen Kriegsgefangenschaft nach Heidelberg, der »stehen gebliebenen Stadt«.

Ihre Eltern hatten die bösen Jahre hier überstanden. Jetzt gehörte ihr Haus am Wolfsbrunnenweg, in dem auch ich oft zu Gast war, zu den Treffpunkten einer Gruppe von Menschen, die man als waschechte Antinazis bezeichnen konnte. Während ich zunächst gedacht hatte, es handle sich dabei um den Kern der Heidelberger Gesellschaft, musste ich sehr bald feststellen, dass es nicht mehr als eine Randgruppe war, die den Status einer Fremdenkolonie hatte. Von der Majorität der akademischen Bildungsschicht, zu der auch die vielen, jetzt aus politischen Gründen zu Recht suspendierten Professoren zählten, wurden sie mehr oder weniger gemieden. Wenn sie jetzt, nach ihrer Verfolgung durch die braunen Machthaber, dank der Protektion der Amerikaner gewisse bescheidene Privilegien genossen, war das nur ein neuer Grund, sie auszugrenzen.

Für Geno war es ein wichtiger Tag, der über ihr künftiges Leben entscheiden sollte. Ich zitiere sie weiter: »Sternberger las einem kleinen Kreis von jungen Leuten *Die Maßnahme* von Brecht vor, ein Stück, das ich noch nicht kannte. Selten ist mir eine Lesung so nahe gegangen, vielleicht auch deshalb, weil es die erste war, die ich nach Krieg und Gefangenschaft hörte. Sternberger ging in seiner Objektivierung des Textes so weit, dass ich mir über seine eigene (politische, nicht literarische) Meinung nicht klar war und ihm deshalb an einem der nächsten Tage einen Brief mit vielen Fragen schrieb. Beantwortet hat er mir diese Fragen nur indirekt, indem er mich fragte, ob ich Lust hätte, an der von ihm und seinen Mitherausgebern begründeten literarischen Monatszeitschrift *Die Wandlung* mitzuarbeiten.«

Sie nahm das Angebot an, und wenn man über *Die Wandlung* spricht, muss auch von ihr die Rede sein. Dass sie sich später einen Namen als Autorin empfindsamer Romane machte, die abseits vom Literaturbetrieb, das heißt der Einflusssphäre der »Gruppe 47«, einen kleinen Leserkreis zu fesseln vermochten, steht auf einem anderen Blatt. Wichtig für uns ist, dass durch ihr Zeugnis jener denkwürdige Lesenachmittag im orientalischen Salon von Frau Ochs in die Geschichte der Heidelberger, was sage ich, der deutschen Nachkriegszeit eingeschrieben wurde: eine Anekdote aus der Gründungsphase der *Wandlung*.

Ich bräuchte weiter kein Aufhebens davon zu machen, wenn dieser Nachmittag nicht auch für mich persönlich in vielfacher Hinsicht bedeutsam gewesen wäre, mehr, als mir an diesem Tag bewusst war. War die Nacht mit Flori intim, privat und dazu bestimmt, ein Geheimnis zu bleiben, so war dieser Leseabend seiner Natur nach politisch und konstituierte ein Stück »Öffentlichkeit«. Es ging hier nicht mehr um das höchste Glück zweier Individuen, sondern um »das größte Glück der größten Zahl« – die delikate Frage nach den Grundwerten der zivilen Gesellschaft. Es war eine Improvisation ohne Hintergedanken, angeregt durch den *Genius loci* des Raumes, der für eine solche Veranstaltung der ideale Rahmen zu sein schien.

Die Maßnahme

Ich hatte ziemlich wahllos Freunde und Bekannte zu einer literarischen *Soiree* gebeten. Vorgelesen werden sollte *Die Maßnahme* von Brecht. Ich weiß nicht mehr genau, wie wir ausgerechnet auf diesen Text gekommen sind, er stand zur Diskussion, und das war symptomatisch für den Geist der Stunde. Die Wahl hätte nicht besser sein können. Wenn man sich heute rückblickend einen Text aussuchen müsste, der unter den gegebenen Umständen brisant genug wäre, das polemische Potential eines Kreises diskussionsbegieriger junger Leute zu entfesseln, man würde keinen besseren finden als das provokante Lehrstück von Bert Brecht.

Es ergab sich, ganz ohne vorhergehende Absprache – vielleicht, weil er der älteste meiner Gäste war, vielleicht, weil er die Aura einer natürlichen Autorität ausstrahlte, vielleicht aber auch nur, weil er sich ganz selbstverständlich in dem komfortablen englischen Ohrensessel, der zur Ausstattung des Salons von Frau Ochs gehörte, niedergelassen hatte, ganz lässig, die langen Beine übereinander geschlagen –, dass Dolf Sternberger das verantwortungsvolle Amt des Vorlesers übernahm. »Er las« – erinnert sich Geno Hartlaub – »ohne jedes Pathos, sachlich, fast kühl, wie es der Brechtschen Diktion entsprach. Sein Vortrag hatte für mich eine solche Überzeugungskraft, dass ich ihn, ehe dieser Irrtum beseitigt war, für einen Marxisten hielt. Er erklärte nichts, er brachte nur zu Gehör. Die jungen Leute, die Sombarts Wohnzimmer füllten, sollten selber über die Brechtsche Variation des alten Themas, das an den *Prinzen von Homburg* erinnerte, nachdenken. Sternberger interpretierte und analysierte nicht, er bediente sich eher der sokratischen Methode, die von jedem Zuhörer eine eigene Meinung und Fragestellung verlangt.«

Genos Bericht bringt die Situation genau auf den Punkt. Das Gruppenbild: Dolf Sternberger, *Die Maßnahme* von Bert Brecht vorlesend, in einem Kreis junger Leute. Die kühle Atmosphäre der geistigen Arbeit, die Diszipliniertheit des Vortrags, die Anstrengung des Zuhörens, die Herausforderung durch die skandalöse Botschaft, die Perplexität vor der Komplexität der aufgeworfenen Fragen – die äußerste Anspannung vor dem Ausbruch der Leidenschaften in der Diskussion. Es war das Klima, in der das Projekt der *Wandlung* entstand (die erste Nummer erschien in diesen Tagen).

Die »jungen Leute«, die auf dem Diwan und auf den Perserteppichen von Frau Ochs am Boden kauerten, vielleicht zwanzig junge Männer und junge Frauen, waren in der Mehrzahl Studenten wie ich, die die Freiräume der unmittelbaren Nachkriegszeit nutzen wollten, um sich über den Stand der politischen und geistigen Diskussion in Deutschland zu orientieren. Ein Luxus, um den nachfolgende Generationen von Kommilitonen sie beneiden würden und der die Ärmlichkeit ihrer Lebensbedingungen weidlich kompensierte. Sie waren offen, vorurteilslos und ignorant, besonders was die politischen Fragen und ihre Vorgeschichte betraf. Völlig neu war für sie die Begegnung mit dem Gedankengut des Marxismus-Leninismus, seine für Deutschland so ausschlaggebende geistesgeschichtliche Bedeutung, die für sie hinter der fratzenhaften Maske des bolschewistischen Kommissars völlig ausgeblendet gewesen war. Hier lag vielleicht der tiefste Kontinuitätsbruch zu allem, was vorher war, hier war der Nachholbedarf am dringlichsten. Für alle begann hier eine Auseinandersetzung, deren Ausgang für die Stellung eines jeden im politischen Leben entscheidend werden sollte.

Für mich war besonders die Anwesenheit von Flori wichtig, die malerisch am Boden hingekauert war, wie es nur eine junge Dame ihrer Herkunft vermag. Während ich Sternberger zuhörte, versank ich entzückt im Anblick ihrer langen Beine. Ihr schmaler Kopf war leicht nach vorne geneigt, und eine blonde Strähne fiel ihr über Stirn und

Wange. Sie sah ganz so aus, als ob sie angestrengt nachdachte, aber sie tat wohl nur so. Flori hatte nicht das Zeug zu einer Intellektuellen und auch nicht den geringsten Ehrgeiz in dieser Richtung. Sie entstammte einer anderen Welt, sie war keine Professorentochter. Ihr Vater, auf den sie sehr stolz war, war Generalstäbler und zur Zeit in einem Internierungslager, ihr Bruder Leutnant in russischer Kriegsgefangenschaft. Die Fragen, die das Stück von Brecht aufwarf, waren ihr total fremd, sie war politisch völlig uninteressiert. Ihr gesunder Menschenverstand sagte ihr wahrscheinlich, dass das alles höherer Blödsinn war, der sie nicht betraf. Was sie beunruhigte, war das Interesse, das ich dafür zeigte.

Ich sah sie da sitzen, in der Pose der kleinen Seejungfrau, ohne Fischschwanz. Ich musste an dieses Bild denken, als vor einigen Jahren die Nachricht durch die Presse ging, Feministinnen hätten der Allegorie weiblicher Hingabe im Hafen von Kopenhagen den Kopf abgeschlagen, um sie als Sehnsuchtsfigur männlicher Phantasien untauglich zu machen.

Wir lauschten gespannt. Worum ging es? Um die Rechtfertigung der Tötung eines Menschen aus übergeordneten Zwecken des politischen Kampfes. Die Tötung nicht eines Feindes, sondern eines Genossen aus den eigenen Reihen, und zwar, das ist die Pointe, mit dessen Zustimmung. Er ordnet sich den höheren Zwecken unter, indem er sein Leben, um der »guten Sache« willen, opfert. Sachwalter der »guten Sache« ist die revolutionäre Partei, deren Urteil unfehlbar ist und die absoluten Gehorsam in der Durchführung ihrer Anordnungen verlangt. Die aus taktischen Gründen notwendig werdende Tötung ist ein Akt der kollektiven Disziplin und unterliegt keinen moralischen Prinzipien, sondern Opportunitätserwägungen, die sich ausrichten an den ideologischen Zielen des politischen Kampfes.

Das Stück ist angelegt als Prozess vor einer höchsten Instanz der politischen Führung, die prüfen soll, ob der Mord an dem jungen Genossen gerechtfertigt war. Er ist es, denn hätte man ihn aus humanitären Gründen, die durchaus in Erwägung gezogen wurden, unterlassen, wäre das gesamte revolutionäre Vorhaben gescheitert. Der Mord wird gerechtfertigt als Korrektur eines individuellen Fehlverhaltens in der Durchführung des vom Zentralkomitee entworfenen Planes, als bedauerliche, aber notwendige »Maßnahme«. Der Genosse, der gefehlt hat, weil er seine Instruktionen nicht genau befolgte, salviert sich dadurch, dass er sich schuldig bekennt und sich freiwillig dem Verdikt unterwirft.

Es war unmöglich, sich der stringenten Logik dieser Argumentation zu entziehen, die man in ihrer Kohärenz nicht widerlegen konnte. Es war die Logik eines Wahnsystems. Gleichzeitig war es emotional unmöglich, sie zu akzeptieren. Dramaturgisch erreicht diese antinomische Struktur der Beweisführung ihren Höhepunkt in dem Moment, in dem das Tribunal sich über die Köpfe der Akteure, der kleinen Gruppe von Berufsrevolutionären, die vor die Notwendigkeit gestellt waren, ihren Kameraden umzubringen, hinweg direkt an das Publikum wendet mit der Aufforderung: »Denkt nach über eine bessere Möglichkeit!« Das Stück war geschrieben, um den Nachweis zu erbringen, dass es eine bessere Möglichkeit nicht gibt.

Genau an dieser Stelle setzte die Diskussion ein, die Zuhörer machten sich Luft in einer Reihe von emphatischen Bekundungen: »Das kann, das darf das letze Wort nicht sein.« Was rebellierte in uns? Es gab keinen in der

Runde, der mit der politischen Philosophie, die Bert Brecht verkündete, übereinstimmte, der sie verteidigte. Aber die Proteste waren eher hilflos. Keiner von uns beherrschte das Vokabular der Menschenrechte, mit dem er das Brecht'sche Plädoyer hätte aus den Angeln heben können. Sternberger hielt sich zurück. Es wurde beschlossen, eine Arbeitsgruppe zu schaffen, um nach der »besseren Möglichkeit« zu suchen und das Lehrstück umzuschreiben. Mit anderen Worten, die Fortsetzung der Diskussion wurde an einen Ausschuss überwiesen. Der Ausschuss trat nie zusammen, aber die Diskussion wirkte noch lange fort. Sie ist bis heute nicht beendet.

Die Frontstellung ist klar: Zwei Begriffe von Menschheit stehen sich gegenüber. Zwei Begriffe des Politischen, zwei Anthropologien, zwei Geschichtsphilosophien. Die eine, nach der man »im Namen der Menschheit« den einzelnen Menschen, das Individuum, das Subjekt, gering schätzt, verachtet, als ein Nichts behandelt. Das ist die Position der Realpolitik, des Klassenkampfes. Man hat für »den Menschen« nur Hohn. Die andere, nach der man »im Namen der Menschheit« den Einzelnen hoch schätzt, für unantastbar erklärt, das Individuum als Repräsentanten der Menschheit, als ihren Verwirklicher versteht. Als Inhaber unabdingbarer Rechte, einer unverletzbaren Würde. Das ist die humanistische, die liberale Position. Die eine ist die Negation der anderen, sie sind dialektisch nicht zu vermitteln. Auf der einen Seite klingt aus dem Menschheitscredo die »Stimme der Humanität« – alle Menschen sind Brüder. Im anderen Fall erscheint die Menschheitsidee als Instrument ideologischer Täuschung (und Selbsttäuschung), geeignet, den politischen Gegner zu disqualifizieren und zum »Unmenschen« zu machen. »*Qui dit humanité, ment*«, sagt Bismarck.

Die Ablehnung der Menschheitsidee ist der Kern der politischen Philiosophie der Rechten, es ist die Ablehnung der Vorstellung eines gesamtgesellschaftlichen historischen Kontinuums mit einem Entwicklungsziel. Diese Fixierung hat sie paradoxerweise gemeinsam mit der Linken, die allerdings das Gegenteil behauptet. Das revolutionäre Dogma des Klassenkampfes negiert die universalistische Menschheitsidee nämlich genauso, obwohl sie sie als ideologische Phrase benutzt. Es genügt nicht zu sagen, das »Proletariat« sei die Avantgarde der Menschheit, wenn dadurch der Klassenfeind zum »Unmenschen« wird, der ausgerottet werden muss. Wenn der politische Kampf in der Vernichtung eines Teiles der Menschheit sein Ziel sieht, wenn es notwendig erscheint, im Namen des politischen Ideals einen Menschen zu töten.

Ich verdanke der Lektüre der *Maßnahme* den Keim eines politischen Bewusstseins, eines Bewusstseins für die auf die Menschheit bezogene, soziale Verantwortung des Individuums in der Gesellschaft. Im Grunde blieb ich jedoch ein total unpolitischer Mensch, ein Bourgeois mit falschem Bewusstsein, ein freischwebender Intellektueller, ein hedonistischer Anarchist.

Eine Richtigstellung

Ich möchte diese Gelegenheit nutzen, um einer Irrmeinung entgegenzutreten, die sich im Unterholz des deutschen Literaturbetriebes wie ein Lauffeuer verbreitet hat. Kolportiert wird ein Satz von Carl Schmitt: »Menschheit ist ein besonders brauchbares ideologisches Instrument imperialistischer Expansion ... Die Führung des Namens ›Menschheit‹, die Berufung auf die Menschheit, die Beschlagnahme dieses Wortes, alles das könnte, weil man nun einmal solche erhabenen Namen nicht ohne gewisse Konsequenzen führen kann, nur den schrecklichen Anspruch manifestieren, dass dem Feind die Qualität des Menschen abgesprochen ... und dadurch der Krieg zur äußersten Unmenschlichkeit getrieben werden soll.« Mit anderen Worten, die logische Konsequenz einer Berufung auf die Idee der Menschheit, auf Menschenrechte, sei die Stigmatisierung des Feindes zum Unmenschen. Hierin, so Schmitt, liege die der Menschheitsidee inhärente Unmenschlichkeit.

Das ist politische Rhetorik, reine Begriffsverwirrung, eine infame Entstellung in der Logik des politischen Freund-Feind-Denkens. Es ist eine deutsche Spezialität. Der natürliche Feind dieser politischen Theorie ist der liberale Humanismus, der zum absoluten Feind erklärt werden muss, um vernichtet werden zu können. Niemals aber ist eine Unmenschlichkeitserklärung, die Degradierung des Gegners zum Unmenschen, von liberalen Positionen ausgegangen. Konzentrationslager, GULag, *Fatwa*, jede Spielart des Terrorismus, all das sind nicht Produkte einer Menschheitsideologie, sondern der Leugnung, der Verhöhnung, der Verachtung des humanistischen Menschheitsgedankens. Dieser Menschheitsgedanke ist eben keine politische Kategorie und taugt nicht als politische Ideologie. Wenn das politische Denken ihn für seine machiavellistischen Zwecke in sein Schema zwängt, ist das intellektueller Missbrauch.

Was ist der Menschheitsgedanke aber dann? Ein ästhetisch-moralisch-soziologisches Entwicklungsmodell, eine Projektion der ins kollektive Unbewusste der Gattung eingeschriebenen höchsten Aspirationen des Menschen, deren langsames Auftauchen aus dem Bereich des Spekulativ-

Virtuellen zum Konkret-Reellen wir heute erleben. Als regulative Idee alles historisch-gesellschaftlichen Geschehens ist er der Kern der liberalen Utopie – ich scheue das Wort nicht. Ein Thema der Philosophie, der Kulturanthropologie, der Soziologie. Keiner wusste das damals besser als unser Vorleser.

Die Wandlung

Dolf Sternberger

Wer war eigentlich dieser Dolf Sternberger? Als ich ihn kennen lernte, ein junger Mann von knapp vierzig Jahren. Kein Kriegsheimkehrer, sondern einer von denen, die, von den Nazis verfolgt, auf mirakulöse Weise in der inneren Emigration überlebt hatten. Verfolgt nicht nur wegen seiner Gesinnung und seiner Meinung, sondern auch wegen seiner Frau, die Jüdin war. Wieweit das im Kopf eines Nazis zusammenfiel, bleibe dahingestellt. Man wusste, dass er zum Stab der *Frankfurter Zeitung* gehört und sich einen Namen gemacht hatte als feinsinniger Feuilletonist, Essayist. Ein Mann, der schreiben konnte. Ein Zivilisationsliterat. Man begegnete ihm mit Sympathie und Respekt. Ich war beeindruckt von der großen Bibliothek, die zwei durch eine Schiebetür verbundene Räume in seiner Wohnung einnahm, die sich in einer herrschaftlichen Villa in Neuenheim befand. Unter den Bedingungen der Wohnraumbewirtschaftung ein Luxus. Das gefiel mir – wie die eleganten Anzüge, die er lässig zu tragen pflegte.

Im Heidelberger Kontext der unmittelbaren Nachkriegszeit stellte Sternberger die Kontinuität her zwischen dem geistigen Leben der Zwanzigerjahre und den Neuanfängen nach 1945. Geboren anno 1907, stand er dazwischen: zwischen den alten Herren, den »wilhelminischen

Greisen«, die, nachdem sie während der Nazizeit so gut wie völlig in Vergessenheit geraten waren, unverhofft wieder ins Rampenlicht traten, *postum* gewissermaßen – und mit ihnen die Erinnerung an ihre Schüler aus der Weimarer Zeit, vergessen wie sie, die Lukács, Mannheim, Elias, Bloch –, und uns, den fast noch als Knaben aus dem Kriege Zurückgekehrten, die von alledem nichts wussten.

Man macht sich keine richtige Vorstellung von der geistigen Verheerung, die das Dritte Reich hinterlassen hatte und die zu messen war an der Ignoranz in den Köpfen der jungen Menschen, die nichts anderes kannten, als was sie die offizielle Propaganda gelehrt hatte. Die Leere in den Köpfen war so schlimm wie die Zerstörung der Städte. In Heidelberg, der »stehen gebliebenen Stadt«, schien es einen Augenblick lang die Chance zu geben, an das Vergangene, Verlorene, Verbotene, Vergessene unmittelbar wieder anknüpfen zu können. Der Bruch lag zwar nur wenige zwölf Jahre zurück. Den Zugang konnten aber nur diejenigen vermitteln, die aus eigenem Erleben eine Erinnerung an die Zeit davor bewahrt hatten. Es gab deren nicht mehr viele im Lande, die meisten waren tot, emigriert oder politisch kompromittiert. Dolf Sternberger war einer der wenigen aus der mittleren Generation, die übrig geblieben waren, ein Glücksfall.

Mit uns, den Jungen, wie mit den ganz Alten verband ihn das Solidaritätsgefühl eines Neuanfangs, der nicht allein darin bestehen konnte, gewisse Traditionen fortzuschreiben. Es mussten die Gründe dafür untersucht werden, warum sie abgebrochen waren. Das war unsere Aufgabe. Wir mussten für das Werk der Erneuerung eine neue geistige Basis erarbeiten (wir dachten tatsächlich in solch hochtrabenden Kategorien). Zu diesem Zwecke gründete Sternberger seine Zeitschrift, *Die Wandlung*. Ein mutiges Experiment.

Sternberger repräsentierte in Reinkultur den Typus des süddeutschen Liberalen. Er war es auch auf Grund seiner Herkunft; er stammte aus Wiesbaden und hat nie versucht, seinen Heimatdialekt zugunsten eines reinen Hochdeutsch zu verleugnen. Sein Erscheinungsbild war für uns ganz ungewöhnlich: Im Habitus zivil und zivilisiert, im besten Sinne bildungsbürgerlich, war er ganz und gar unpreußisch. Unmöglich, ihn sich in einer Uniform vorzustellen, schnarrend irgendwelche Befehle artikulierend. Er näselte. In der Sprache des Unmenschen war er ein »Unsoldat«. Wenn man den seit hundert Jahren dominierenden Phänotyp dessen, was als deutsch gilt, zum Maßstab nimmt, gänzlich undeutsch.

Dabei verkörperte er den Genotyp des »guten Deutschen«, der unter der Oberfläche der nationalen Selbstdarstellung stets vorhanden war, innerhalb der Reichsgrenzen aber ein Dasein im Verborgenen fristete. Er schien einer unterdrückten Minorität anzugehören, die genau dem Bild entsprach, das man sich seit Madame de Staël im europäischen Ausland von den Deutschen machte, die man sich vorstellte als ein friedfertiges Volk von Dichtern und Denkern. Wo waren sie geblieben, diese Deutschen? Gute Frage. Ihr allmähliches Verschwinden, um nicht zu sagen: ihre Ausrottung, begleitete seit Bismarck den Prozess der deutschen Staatswerdung, der, wie sich herausstellen sollte, ein Prozess der Selbstzerstörung war, der in den Untergang geführt hatte, dessen Konsequenzen wir jetzt ausbaden mussten. Sternberger war ein letzter Repräsentant dieser Minorität. Als solcher stand er immer ziemlich allein, auch nachdem er es in der Bundesrepublik zu Amt und Würden gebracht hatte.

Dass Sternberger sich gegen den NS-Staat und seine Ideologie als immun erwies, beruhte auf seiner geistigen und charakterlichen Disposition. Er konnte kein Nazi sein. Von den drei Eigenschaften Anständigkeit, Intelligenz und Nazi, so hieß es schon in meinem Elternhaus in den Dreißigerjahren, könne ein Deutscher immer nur zwei unter Ausschluss der dritten in sich vereinen. Sei er ein Nazi und intelligent, dann sei er nicht anständig; Nazi und anständig, dann sei er nicht intelligent; intelligent und anständig, dann sei er eben kein Nazi. Das war einer der »Witze«, die damals kursierten, und jeder wusste, wie er gemeint war. So einfach ist es im Grunde noch immer, die Grenzen zwischen den verschiedenen Typen von Deutschen zu ziehen.

Sternberger war ein *Liberaler*. Was heißt das? Ein Mann der Vermittlung, der Versöhnung, des Ausgleichs, der Toleranz. Politik, wie er sie verstand, diente der Herbeiführung des Friedens. Die Mittel dazu waren nicht Krieg, Feindschaft und Herrschaft, sondern »Vereinbarung«. Er perhorreszierte das Gewaltpragma. Jede Anwendung von Gewalt war für ihn böse, und Gewalt das Böse schlechthin. Kein heroisch-dämonisch-tragisches Imponiergehabe. Keine Spur von bündischem Männlichkeitspuschel. Kein »geistiger Militarismus«, keine konservative Revolution. Kein Ressentiment, kein Affekt, keine Mystifikationen, keine »Heilsbotschaft«. Jedes Pathos war ihm peinlich, er pflegte bewusst das *Understatement*. Trotz seines ausgeprägten Selbstwertgefühls fiel er auf durch seine Bescheidenheit.

Sternberger war ein Literat, ein *Homme de lettres*, im akademischen Bereich wirkte er eher wie der Don eines Oxforder Colleges. So wollte er grundsätzlich keinem seine Meinung aufzwingen, sondern suchte die Zustimmung des anderen zu gewinnen. Sein Denken war konsensuell, nicht dezisionistisch. Er war darin der Gegenpol eines Carl Schmitt, aber auch eines Max Weber. In Kontrast zu ihnen war er keine charismatische Figur, aber ein *Honnête homme*, der in seiner Person auf eindrucksvolle Weise den Gelehrten und den Literaten, den Philosophen und den Publizisten miteinander versöhnte. Sein Erscheinungsbild hat sich bis ins hohe Alter nicht verändert. Schlank und hoch gewachsen, wenn auch immer etwas gebückt, mit leicht zur Seite geneigtem Kopf, ein ironisches Blitzen in den Augen, einen Mundwinkel spöttisch heruntergezogen, war in ihm immer der Melancholiker zu erkennen. Er war der geborene Vermittler mit höchstem ethischen und intellektuellen Qualitätsanspruch. Das war sein Geheimnis. Das Projekt der *Wandlung* konnte nur gelingen, weil Sternberger es verstand, Persönlichkeiten aus beinahe allen Teilen der Welt, bekannte und unbekannte, von ihm entdeckte, zusammenzuführen und in ein Gespräch zu verwickeln. Vielleicht kommt man seinem Wesen am nächsten, wenn man in ihm den mildtätigen Fürsten sieht, dem es gelungen war, Caliban zu zähmen: einen Prospero.

Zeitschrift im Niemandsland

Die Wandlung, die von 1945 bis 1949 erschien, war die schönste, die letzte Blüte des »Heidelberger Geistes«. Wie ein Wunder knospte sie auf einem schon verdorrten Strauch. Die kurze Geschichte der Zeitschrift ist eine Allegorie der Hoffnungen und Versprechungen, der Täuschungen und Enttäuschungen jenes kurzen welthistorischen Augenblicks der unmittelbaren Nachkriegsjahre, den man etwas irreführend als die »Stunde null« bezeichnet hat. Es gab weder staatliche Institutionen noch eine Öffentlichkeit, weder eine strukturierte Gesellschaft noch ein System der Meinungsbildung, nur ein in Zonen zerteiltes und regional gegeneinander verbarrikadiertes Land, dessen Bewohner in ihrer Bewegungsfreiheit und ihren Möglichkeiten, sich zu informieren, drastisch eingeschränkt waren. Diesem Notstand sollte abgeholfen werden durch die Herausgabe einer repräsentativen, meinungsbildenden und qualitativ hoch stehenden deutschen Kulturzeitschrift. Es ging um die Klärung der inneren, geistig-sittlichen Verfassung der Deutschen, die den Boden für eine neue Politik bereiten sollte.

Im Konzept der Zeitschrift konvergierten die Absichten der Amerikaner, das deutsche Volk zu demokratisieren, mit den Intentionen eines deutschen Publizisten, die völlig desorientierten Deutschen aufzuklären und zu informieren. Beide sahen ihre Aufgabe in der Erziehung zur Demokratie. »Es geht darum, ebenso sorgfältig wie entschieden den Anfang damit zu machen, dass die Deutschen gewissenhaft und selbstständig denkende, ihres Rechts und ihrer Pflicht bewusste Personen werden, die nicht bloß befehlen, gehorchen, sondern das Wahre selbst einsehen, die nicht Schlagworte nachplappern, sondern eine eigene Sprache reden.« Obwohl die Aufgabe, die *Die Wandlung* sich gestellt hatte, mit dem Ziel der amerikanischen *Reeducation* übereinstimmte, konnte von einem Auftrag mit entsprechenden Durchführungsbestimmungen nicht die Rede sein. Die Redaktion der Zeitschrift war vollkommen selbstständig und autonom. Das Verdienst der Amerikaner, das nicht vergessen werden sollte, lag darin, den Deutschen diese Chance zu geben.

Rückblickend kann man nur staunen über die rasende Geschwindigkeit, mit der das Projekt realisiert wurde. Die erste Nummer erschien bereits am 30. November 1945, ein halbes Jahr nach Kriegsende. Heute würde die Vorbereitung eines vergleichbaren Vorhabens gut und gern zwei Jahre dauern. Man brauchte Druckmaschinen und einen

Chefredakteur. Beides fand sich in Heidelberg. Hier fanden sich auch die würdigen Persönlichkeiten, die mit ihrem Namen für Geist und Inhalt des Unternehmens bürgen konnten.

Um den Absatz brauchte man sich nicht zu sorgen, angesichts der wenigen Lizenzen, die die amerikanischen Presseoffiziere vergaben, ging der Verlag mit der *Wandlung* kein Risiko ein. Zu ihrer besten Zeit hatte sie eine Auflage von 35 000 Exemplaren. Die Probleme waren andere: Papierzuteilung, die Auslieferung über die Buchhandlungen, die Verschickung in andere Besatzungszonen ebenso wie ins Ausland. All das wurde von den Behörden kontrolliert und oft unmöglich gemacht.

Die Zeitschrift war nach Zuschnitt, Auswahl der Beiträge und der Autoren ganz Sternbergers Idee. Dolf Sternbergers »Plan« entsprang dem Ethos und weit ausgreifenden Elan eines Publizisten, der, geschult an den Maßstäben der *Frankfurter Zeitung*, wusste, was von einer kulturpolitischen Zeitschrift höchsten Niveaus erwartet wurde. Sein Konzept war an angelsächsischen Zeitschriften orientiert, *sophisticated*, intellektuell anspruchsvoll, aber leicht lesbar, weil gut geschrieben. Sternberger hatte sich der Mitwirkung der beiden alten großen Männer versichert, die jetzt in Heidelberg endlich wieder ihre Stimmen erheben konnten: der Kultursoziologe Alfred Weber und der Philosoph Karl Jaspers. Dazu kamen als weitere Herausgeber der Romanist Werner Krauss und Lambert Schneider, der auch der Verleger der Zeitschrift wurde.

Essays, Berichte und literarische Texte sollten publiziert werden – eine Komposition aus politischen, sozialwissenschaftlichen und ästhetischen Reflexionen. »Überall wird es sich nicht allein um Darstellung und Analyse, sondern zugleich immer um das Maßstäbliche handeln, um die

Normen des Denkens, Sprechens und Betragens in Recht, Sitte, Wirtschaft und Gesellschaft.«

Ein wichtiges Mittel der Aufklärung sah Sternberger in der Offenlegung und Präsentation von Originaltexten von historischer Bedeutung. So erschienen in der *Wandlung* u. a. das Kommuniqué der Potsdamer Konferenz, der Vollzugsbericht des SS-Gruppenführers Jürgen Stroop über die Vernichtung des Warschauer Ghettos im April und Mai 1943, Dokumente über den deutschen Widerstand, Protokolle der Nürnberger Prozesse oder eine Dokumentation über die tödlichen medizinischen Experimente von SS-Ärzten. Das waren genau die Texte, die ein breites Publikum nicht zur Kenntnis nehmen wollte. Besonders originell war die Rubrik »Tagebuch«, in der Sternberger Beobachtungen über den Alltag und die Lebensverhältnisse im Nachkriegsdeutschland sammelte und ironisch kommentierte.

Die Wandlung war perfekt. Sie konnte nicht besser konzipiert sein, und man konnte sie nicht besser machen. »Es ist das Beste, Eindeutigste, moralisch Mutigste, was mir aus dem neuen Deutschland (ja, wie neu ist es eigentlich?) bisher vor Augen gekommen ist«, schrieb Thomas Mann im März 1946. Die Zeitschrift war damals gerade vier Monate alt. Sie wurde zu einer Art intellektueller Institution der Jahre zwischen Kriegsende und Gründung der zweiten Republik. *Die Wandlung* bewahrte auf, was jene denkwürdige Epoche bewegte, als Deutschland zwar noch ein staatsrechtlicher Begriff, aber keine politische Realität mehr war. Und so ist sie selbst ein Stück dieser frühen Nachkriegsgeschichte geworden, an der sie leidenschaftlich teilgenommen, um deren Neuerung und Verwandlung sie gerungen hat, ein heute fast vergessener Gegenstand der Zeitgeschichte.

Trotzdem musste die Zeitschrift nach knapp vier Jahren ihr Erscheinen einstellen, weil sie nicht mehr genug Leser fand. Die Währungsreform, die Gründung der Bundesrepublik, die Teilung Deutschlands, der Kalte Krieg schufen eine neue Situation, in der es nicht mehr darum gehen konnte, die Herrschaft der Ideologien zu hinterfragen, um an ihre Stelle ein republikanisches, bürgerlich-liberales Staatsbewusstsein zu stellen, sondern alles darauf ankam, den Kampf der Ideologien mit neuen Mitteln fortzusetzen und zu verschärfen. Die letzte Nummer der *Wandlung*, in der Sternberger und seine Mitherausgeber Bilanz zogen, ist getragen von nobler Resignation.

Die Wandlung war mehr als eine Zeitschrift, sie war ein Kontinent des Geistes, den zu betreten immer wieder Lust und Gewinn an Erkenntnis versprach. Ihr Leserkreis konstituierte eine Gemeinde – keine Öffentlichkeit. Sie war so etwas wie eine Fata Morgana, eine durch geologische Umwälzungen eruptiv an die Oberfläche des Meeres getretene Insel, auf der sich ein Völkchen Gleichgesinnter zur Verwirklichung der alten Utopie, eine Republik des Geistes zu begründen, ohne Herrschaft und Fehl, zusammengefunden hatte. Sie verschwand so plötzlich, wie sie aufgetaucht war. Man muss sie einreihen in die Geschichte der Utopien.

Die Wandlung war der vollendete Ausdruck einer geistigen Minderheit – jener Minderheit, die sich gegen den NS-Staat und seine Ideologie als immun erwiesen hatte. Sie hatte nach 1945 eine kurze Chance, aus dem Schatten, in dem sie überlebt hatte, hervorzutreten und sich zu Wort zu melden. Es gelang ihr aber nicht, in der politischen und kulturellen Diskussion während der Gründungsphase der Bundesrepublik eine führende Rolle zu übernehmen. Im Grunde war das Unternehmen zu deutsch und zu provinziell, zu heidelbergisch.

Die Rolle, die *Die Wandlung* hätte übernehmen können, übernahm mit Bravour ein anderes Blatt. Nicht in der unzerstörten Stadt am Neckar, unter der wohlwollenden Protektion der Amerikaner, sondern im völlig zerstörten Berlin verfocht *Der Monat* zehn Jahre lang – in amerikanischer Eigenregie und im Dienste einer globalen Strategie des ideologischen *Rollback* – die Ideen der kulturellen Freiheit und der Menschenrechte. Die technischen und finanziellen Mittel, die diesem Unternehmen zu Verfügung standen, waren auf der Höhe seiner Ambitionen und sicherten ihm den Erfolg in einer der größten kulturpolitischen Kampagnen, die je geplant und durchgeführt wurden. Es gab ja nicht nur den *Monat* in der Bundesrepublik, sondern ebenso die Zeitschrift *Preuves* in Paris und das politisch-literarische Magazin *Encounter* in London sowie entsprechende Organe in Spanien und Italien. Es gab Kongresse, die auf eindrucksvolle Weise die kulturelle Elite der westlichen Welt mobilisierten und der totalitären Verführung des Ostens ein liberales Credo entgegenstellten.

»Ich wünschte, ein Bürger zu sein«

Sternbergers Karriere als Staatsrechtslehrer und Politologe – er machte seine akademische Laufbahn an der Universität Heidelberg (was nicht ohne Schwierigkeiten war) – begann erst lange nach der Zeit, in der er Herausgeber der *Wandlung* war. Sie erreichte ihren öffentlichen Höhepunkt, als Dolf Sternberger 1979 den ebenso überraschenden wie eindrucksvollen Begriff »Verfassungspatriotismus« prägte (in der *Frankfurter Allgemeinen Zeitung* vom 23. Mai 1979). Eine Verlegenheit, die das ganze Dilemma eines neuen Staatsbewusstseins, eines deutschen Patriotismus nach

1945 widerspiegelt. Richard von Weizsäcker, der später Präsident der Bundesrepublik werden sollte, meinte dazu lakonisch und treffend: »Ein Patriotismus, der sich der Verfassung verpflichtet fühlt, taugt nicht dazu, Massen zu begeistern.« In der Tat, er hilft allenfalls, einen nüchternen Gemeinschaftssinn zu entwickeln, und mehr wollte man auch nicht.

Sehr früh schon hatte Sternberger in einem grundlegenden Essay zum Thema »Patriotismus« die tragenden Pfeiler des modernen Verfassungsstaates – wie er ihn verstand – deutlich gemacht: »Der Begriff des Vaterlandes erfüllt sich erst in seiner freien Verfassung, in der wir alle uns als Bürger dieses Landes befinden, an der wir täglich teilnehmen und weiterbilden, in der wir leben.« In der *Wandlung* hat er eindringlich betont, dass es die Bürger sind, die zum Gelingen des (neuen) Staates beitragen müssen. Die Rolle und das Selbstverständnis des Bürgers im Staat, das war sein Thema. Er hat es in immer neuen Variationen seines gelehrten, schriftstellerischen und publizistischen Werkes entfaltet.

»Ich wünschte, ein Bürger zu sein«: Das Motto seiner Aufsatzsammlung *Neun Versuche über den Staat* – von denen zwei erstmals in der *Wandlung* erschienen waren – hatte Sternberger Theodor Mommsens Testament von 1899 entnommen. Es war 1948 in der *Wandlung* aus dem Nachlass erstmals veröffentlicht worden, was »eine ausgesprochene Sensation« darstellte. Mommsen, ein großer Gelehrter der wilhelminischen Ära, vielleicht der bedeutendste, bekennt: »Ich wünschte, ein Bürger zu sein. Das ist nicht möglich in unserer Nation, bei der der Einzelne, auch der Beste, über den Dienst im Gliede und den politischen Fetischismus nicht hinauskommt.«

Der Einleitungsessay dieser Sammlung, »Aspekte des

bürgerlichen Charakters«, stellt den Versuch dar, den »Bürger« als Begriff vom Odium jahrhundertealter Vorurteile (bis hin zu Marx und Nietzsche) zu befreien, sein geplagtes Selbstgefühl wiederzubeleben, Bürgerlichkeit »im schönsten, einfachsten, allgemeinsten und ehrwürdigsten Sinn des Wortes« begreifbar zu machen. »Die bürgerliche Gesellschaft«, heißt es da, »ist ein gutes Ziel, das obendrein den Vorzug der Neuheit für sich hat: Sie ist bei uns niemals hergestellt worden. Sie ist ein politisches Ziel. Das wahre Ziel aller Politik. Je mehr wir Bürger werden, die in Gesellschaft und Geselligkeit ihr Geschick selber leiten und ihren Staat selber bilden . . . desto ›ziviler‹ kann es zugehen.« Der Staat wird konstruiert, nicht vom Begriff der Herrschaft und des Feindes her, sondern vom Begriff des »Freundes« und der »Vereinbarungen«: der Staat als »Freundschaftsverband«. Der Begriff der »politischen Freundschaft« wird bei Sternberger durch den Begriff der »Geselligkeit« ersetzt. Diese gesellige Freundschaft ist der emotionale Ausdruck für das politische Engagement des Bürgers. Staatsbewusstsein und Bürgersinn als Verwirklichungsform bürgerlicher Sozialität.

Das leuchtete mir ein, damit konnte ich mich identifizieren. Auch ich wünschte, ein Bürger zu sein. Allerdings war der Bürger in mir nur mehr ein Entwicklungsziel, ein Ideal, bei dem die individualistisch-anarchistischen Anteile die altruistisch-staatstragenden bei weitem überwogen. Man sieht, ich war ein total unpolitischer Mensch.

Im Brückenturm

Lesezirkel gab es viele in dieser Zeit, Lesezirkel aller Art, sowohl was das Thema wie die Teilnehmer betraf; auch marxistische, wie ich erst vor kurzem erfuhr, damals wußte ich nichts davon – wie von so vielem nicht. Dabei gehörte die Marx-Lektüre durchaus zu unserem »Pensum«. Lesezirkel waren Mode. Sie gehörten zu dem regen Kulturleben Heidelbergs der Nachkriegsjahre und dienten einem generellen Bedürfnis nach Gedankenaustausch und sinnvoller, wenn nicht sinnlicher Geselligkeit. Der Reiz, neue Bekanntschaften zu machen, übte dieselbe Anziehungskraft aus wie der Wunsch, Vertrautes wieder zu finden. Improvisationen wie meine *Maßnahme*-Lesung in der Klingenteichstraße gehörten ebenso dazu wie die Institution der Mittwochabende im Brückenturm.

Zu den Wahrzeichen der Stadt gehört seit jeher der Zwillingsturm der Alten Brücke mit seinen beiden barocken Dachgauben. In der Verdoppelung schamlos phallisch, wie deutlich erkennbar bei William Turner, dem welligen Rhythmus der den Fluss überspannenden Bögen Höhepunkt und Endpunkt zugleich. Wer kennt ihn nicht?

Am Ende des Krieges von deutschen Truppen sinnlos zerstört, genauer gesagt in letzter Minute gesprengt vom Unteroffizier der Pioniere Schlicksupp aus Mannheim-Neckarau, nachdem die Stadt bereits regulär den Amerikanern übergeben war. Der Wiederaufbau zusammen mit dem der Brücke wurde schnell in Angriff genommen. Diese Arbeiten leitete mit großer Sachkenntnis und Einfühlungsvermögen der Stadtarchitekt Rudolf Steinbach – ein klein', bucklig' Männlein aus dem Rheinland –, der, ohne Akademiker zu sein, auf Grund seiner ausgeprägten geistigen Interessen Eintritt in die höheren gesellschaftlichen Sphären gefunden hatte. Dies verdankte er wohl vor allem seiner Freundschaft zu der alten Marianne Weber, die ihn, um einer Zwangseinweisung zuvorzukommen, als eine Art Untermieter mit Familienanschluss in ihrer Villa in der Ziegelhäuser Landstraße beherbergte, wo er sich durch seine hilfsbereite Aufmerksamkeit und artige Rücksichtnahme beliebt und unentbehrlich gemacht hatte.

Als ich ihn dort kennen lernte – Marianne Weber stellte mich ihm vor, bei dem Antrittsbesuch, den ich ihr auf Anweisung ihrer alten Freundin und Rivalin Else Jaffé pflichtschuldig machte –, bezauberte er mich sofort mit seiner Liebenswürdigkeit. Er ging in sein Zimmer, um mit einer alten Tweedjacke zurückzukommen, die er mich dringend als bescheidenen Beitrag zu meiner Ausstattung mit Zivilkleidung anzunehmen bat, was ich ohne Umstände tat. Steinbach, noch relativ jung, zwischen vierzig und fünfzig, schätze ich, gehörte zu dem Typus, der alte Damen verehrt und junge Männer liebt. Seine Vorliebe galt freilich strammen jungen Burschen aus dem Volk, in Uniform, Polizisten und vorzugsweise Feuerwehrmännern. Das war allgemein bekannt, und niemand, auch nicht die gestrenge Marianne Weber, nahm den geringsten Anstoß daran.

Er hatte die Idee, die nur mit einer steilen steinernen Wendeltreppe zugänglichen, unwirtlichen Innenräume des Brückenturms, die seit Menschengedenken nur als Werkzeugdepots gedient hatten, zu einer Wohnung auszubauen, die er dann, in Absprache mit der Stadtverwaltung, als eine

Art Dienstwohnung selbst bezog. Tatsächlich gelang es ihm, mit Hilfe einiger schöner Biedermeier-Möbel und Regale für seine gepflegte Büchersammlung aus den unpraktischen Turmgelassen ein behagliches Domizil zu machen, ein wahres Schmuckkästchen. Er hatte damit erreicht, was nicht jedem gegeben ist: sich die Nische zu schaffen, die den eigenen Bedürfnissen und Träumen entspricht, den angemessenen Rahmen der ästhetischen Selbststilisierung. Der Brückenturm mit seinem »Quasimodo« gewann im Heidelberg der Nachkriegsjahre schnell einen legendären Ruf.

Wie durch Magie wurde Rudolf Steinbach zum Mittelpunkt eines bunten Kreises jugendlicher Besucher, die bis in die späten Nachtstunden Zutritt und Aufnahme bei dem Herrn Stadtbaumeister fanden, der sich ein Vergnügen daraus machte, sie bei der Bewältigung ihrer allfälligen Lebensprobleme zu beraten. Da saß er dann mit seiner kleinen Gestalt und dem fein geschnittenen Schädel mit der mächtigen Stirn, die Augen hinter einer dicken Brille versteckt, vor dem Fenster, dessen Ausblick sich weit über die Dächer der Altstadt hin zum First der Heilig-Geist-Kirche öffnete, und hörte seinem Beichtkind geduldig zu. Ganz sokratisch-mäeutisch half er ihm, seine Wahrheit zu finden. Er war, muss man sagen, ein Genie des Zuhörens. Wenn er selber sprach, dann mit einem prononciert kölnischen Akzent, in Rilke nachempfundenen, wohlgesetzten Sentenzen. Der Austausch vollzog sich auf der Ebene eines höchsten geistigen und moralischen Anspruchs. Ich selbst habe das im Laufe der Jahre immer wieder dankbar und mit Bewunderung erlebt. Die Feuerwehrleute kamen zu anderen Stunden, und das *Setting* war, vermute ich, ein anderes.

Einmal in der Woche, am Mittwochabend, waren alle

Plätze in der Bibliothek, dem einzig größeren, über zwei Geschosse gehenden Raum der Turmbehausung, belegt. Wer keinen Stuhl oder Sessel mehr fand, hockte am Boden oder kauerte auf den freischwebenden, geländerlosen Treppenstufen, die zu den höherliegenden Gelassen führten. Alles junge Männer zwischen achtzehn und fünfundzwanzig. Es herrschte eine andächtige Atmosphäre, wie in einer Kapelle. Man lauschte der mehr oder weniger melodischen Stimme des für den Abend designierten Vorlesers, dafür war man gekommen.

Das war das Ritual bündischer Kameradschaftsabende, im Heim bei Kerzenschein oder auf Fahrt am Lagerfeuer, mir wohlvertraut aus der Zeit meiner Zugehörigkeit zu einer Jungenschar. Die Kontinuität von der Bündischen Jugend zu den Leseabenden im Brückenturm war mir umso auffälliger, als sich der Kreis der Berliner Knabenjahre für einen Winter fast vollständig in Heidelberg zusammengefunden hatte. Ich wüsste den Grund nicht anzugeben, aber alle hatte es irgendwie nach Heidelberg gezogen; die meisten blieben zwar nur für kurze Zeit, aber der Turm wurde zum Ort, an dem sie die unvergleichliche Stimmung ihrer jugendlich-romantischen Gemeinschaftserlebnisse wieder fanden.

Die Brüder Schubart, Ching und Chang, die Brüder Schlaginweit, Fred Geyer und andere, deren Namen mir entfallen sind. Die meisten waren etwas älter als ich und aktiv durch den Krieg gegangen, hatten ihn als Deutsche bejaht, hatten es selbstverständlich gefunden, als junge Offiziere dem Vaterland zu dienen, Gefahren und Strapazen ausgesetzt zu sein. Sich tapfer zu schlagen gehörte zum heroisch-martialischen Ethos, in dem sie erzogen worden waren. Das war mein Fall nicht, aber uns verband bedingungslose Kameradschaftlichkeit.

Jetzt waren sie Zivilisten und mussten sich in einem faulen Frieden dazu bequemen, eine bürgerliche Existenz aufzubauen – das, was sie am tiefsten verachteten. Nach dem Ersten Weltkrieg hätten sie erst einmal einige Jahre in irgendwelchen Freikorps gewildert. Was sie bedrückte, waren nicht die materiellen Schwierigkeiten, der Verlust ihrer Häuser und Familien, ihrer Heimat, sondern die Schande der Niederlage, die Konfrontation mit den Verbrechen. Wie wir alle standen sie vor der Frage: Wie ist es möglich gewesen?

Keiner hätte behauptet, dass er nichts gewusst hat, Mikroerfahrungen, Gerüchte, aber sie hatten weggesehen und geschwiegen. Keiner hatte eine Anschauung von dem Ausmaß und der Systematik der Verbrechen. Was sie sahen, reichte nicht für einen Gesinnungswandel, eine Gewissensprüfung, aber es war genug, um den Glauben an die Ideale, denen sie sich verpflichtet gefühlt hatten, zu verlieren. Wie sollte man jetzt als Deutscher mit diesem Makel leben?

Einer erzählte, dass er auf einem Fronturlaub seinen verehrten Lehrer Nicolai Hartmann aufgesucht hatte, um ihm von grauenhaften Erschießungen zu berichten, deren unfreiwilliger Zeuge er geworden war. Er sei aufgewühlt und empört gewesen, und als besonders schlimm habe er es empfunden, dass er mit niemandem darüber sprechen konnte. Er suchte bei dem berühmten Ontologen, dessen Vorlesungen ich selbst noch in Berlin mit Bewunderung gehört hatte, moralischen Zuspruch. Der aber – es ist kaum zu glauben – wollte nichts davon hören, schüttelte den Kopf und sagte nur: »Wir sind Philosophen, das betrifft uns nicht, das gehört in den Bereich der Kontingenz.«

Keiner von den jungen Männern hatte akademische Ambitionen, keiner strebte eine Universitätslaufbahn an. Sie waren keine Intellektuellen. Sie wollten so schnell wie möglich eine solide Berufsausbildung hinter sich bringen, als Mediziner oder Juristen. Viele von ihnen wanderten aus, nach Kanada, Südafrika oder Australien. Geprägt waren sie durch jenes Lebensgefühl der »bündischen« Jugendbewegung.

Man versteht nichts von der deutschen Kulturentwicklung, wenn man nicht dieser sonderbaren Geistesströmung und ihrer spezifischen Gesellungsform – des Jungenbundes – gedenkt, die in den Jahren vor dem Ersten Weltkrieg mit dem »Wandervogel« ihren Anfang nahm. Ein kollektives Geschehen von tief greifender Wirkung, ein sittlicher und geistiger Erneuerungselan, eine Absage an die bürgerliche Lebenswelt, ein Aufstand gegen die Väter, ein Aufbruch zu neuen Horizonten, verquast und verträumt, unpolitisch und blauäugig, antiwestlerisch und konterrevolutionär – fundamentalistisch, würde man heute sagen, beflügelt von der konfusen Idee eines »Neuen Menschen«, nicht denkbar ohne Nietzsche und Langbehn.

Dergleichen hat es in keinem anderen Land Europas gegeben. Immer in Opposition zur herrschenden politischen Ordnung, gehörte der Erneuerungsglaube zum festen Bestand eines spezifisch deutschen Sendungsbewusstseins. Quer zu den sozialen Klassen, politischen Parteien und Konfessionen war er durch die Jahrzehnte in kleinen Freundesgruppen lebendig geblieben. Und siehe da, jetzt, nach Weimarer Republik und Hitlerreich, nach dem definitiven Zusammenbruch aller Hoffnungen auf eine kulturelle Wiedergeburt Deutschlands, feierte er hier in Heidelberg, im Brückenturm, fröhliche Urständ – ein letztes Mal.

Das Glasperlenspiel

Was lasen wir in diesem Winter? Hermann Hesse, *Das Glasperlenspiel*, das, geschrieben während der bösen Jahre, damals gerade erschienen war, ein wunderliches Buch und vielleicht das letzte authentische Dokument, in dem der typisch deutsche Kulturbegriff seinen emphatischen Ausdruck gefunden hat.

»Für mich gehört dies im Heimatlich-Deutsch-Romantischen wurzelnde Lebenswerk bei all seiner manchmal kauzigen Einzelgängerei, seiner bald humoristisch-verdrießlichen, bald mystisch-sehnsüchtigen Abgewandtheit von Zeit und Welt zu den höchsten und reinsten geistigen Versuchen und Bemühungen unserer Epoche«, so Thomas Mann, der Autor des *Doktor Faustus*. »Langweilige Limonade« für den *Alexanderplatz*-Autor Döblin, der um dieselbe Zeit versuchte, in der Rolle eines französischen Besatzungsoffiziers vom benachbarten Baden-Baden aus das kulturelle Leben in Deutschland, das heißt in der französischen Besatzungszone, in Schwung zu bringen. Wie man weiß, vergeblich. Er verließ sein Heimatland, mit guten Gründen, sehr bald ein zweites Mal. Döblin war ein Remigrant der ersten Stunde, der enttäuscht darüber war, dass er das Deutschland, das er geliebt und verlassen hatte, das Deutschland der Zwanzigerjahre, nirgends wieder fand. Hesse war ein *Revenant* aus einem »anderen Deutschland«, das es so nie gegeben hat.

Worum geht es im *Glasperlenspiel*? Um die Sehnsuchtsfigur eines geistigen Bezirks, einer abgeschirmten Enklave, in der die kulturellen Schätze der Menschheit gehütet und gepflegt werden, von Menschen, die sich dies zur alleinigen Aufgabe machen, um ein Reich der Bildung und der Gebildeten, eine pädagogische Provinz, wie sie schon Goethe imaginierte, in einer Zeit der Barbarei, des Ungeistes, des kruden Materialismus, der Kriege und Bürgerkriege, der Gewalt und Verrohung. Ein verlockendes Projekt – die Utopie eines gelehrten Männerbundes.

Das Glasperlenspiel, sagt uns Hermann Hesse, »ist ein Spiel mit sämtlichen Inhalten und Werten unserer Kultur, es spielt mit ihnen ... Was die Menschheit an Erkenntnissen, hohen Gedanken und Kunstwerken in ihren schöpferischen Zeitaltern hervorgebracht, was die nachfolgenden Perioden gelehrter Betrachtung auf Begriffe gebracht und zum intellektuellen Besitz gemacht haben, dieses ganze ungeheure Material von geistigen Werten wird vom Glasperlenspieler so gespielt wie eine Orgel vom Organisten. Und diese Orgel ist von einer kaum auszudenkenden Vollkommenheit, ihre Manuale und Pedale tasten den ganzen geistigen Kosmos ab, ihre Register sind beinahe unzählig, theoretisch ließe mit diesem Instrument der ganze geistige Weltinhalt sich im Spiele reproduzieren.«

Wir waren verzaubert. Kann man sich etwas Schöneres, Nobleres, Menschenwürdigeres vorstellen? War das nicht der Inbegriff und die Vollendung der alteuropäischen Kulturidee, zur Lebensform, zum Lebensinhalt gesteigert, erhoben zum selbstreferentiellen Universalsystem? Es war, auf die Spitze getrieben, der Traum einer menschenwürdigen, den höchsten Werten verpflichteten Existenz in einer geistigen Gemeinschaft Gleichgesinnter, den wir als Erbe unserer bildungsbürgerlichen Herkunft in uns trugen. Wir vernahmen die Botschaft wie Sirenenklänge. Nicht ohne uns gleichzeitig bewusst zu sein, dass es sich um einen Abgesang handelte, nicht um Zukunftsmusik. Wir mussten nach anderen Leitbildern suchen, wenn wir unser Dasein sinnvoll gestalten wollten. Wir hatten durch ein Wunder die Katastrophe überlebt, die uns als Waisenkinder zurückließ. Jetzt standen wir vor der Aufgabe, uns in einer Wirklichkeit zurechtzufinden, die ebenso inakzeptabel wie unverständlich war. Wir durften nicht träumen, wir mussten hinaus ins tätige Leben, was auch immer uns da erwartete.

Bildungsbürger

Ohne weiter darüber nachdenken zu müssen, ohne eine bestimmte Berufsvorstellung damit zu verbinden und ohne mir darüber Sorgen zu machen, hatte ich mit dem Studium begonnen. Studieren, das war der durch meine bürgerliche Sozialisation vorgezeichnete Weg: Nach dem Abitur kam das »Studium«, eine Periode des Lernens. Die wurde nach einiger Zeit abgeschlossen mit einer Promotion, einem *Rite de passage*, der einen in den Stand des Akademikers beförderte und einem für den Rest des Lebens einen bestimmten sozialen Status sicherte. Mit dem »Doktor« wurde man zu einem privilegierten Mitglied der bürgerlichen Gesellschaft.

Unter ökonomischen Gesichtspunkten war die Bourgeoisie eine Klasse, von der Bildung her eine Kulturgemeinschaft, der anzugehören bedeutete, dass sich der Lebensentwurf, der Lebensstil, der Beruf, die Verkehrsformen nicht ausschließlich an materiellen Werten orientierten, sondern geprägt wurden durch ein besonderes Verantwortungsbewusstsein. Das Ziel lautete, aktiv an der Förderung des geistig-sittlichen Aufstiegs der Menschheit aus der Barbarei in die Kultursphäre mitzuwirken, was politisch dem Ideal der Konstitution einer zivilisierten Gesellschaft entsprach, heute würden wir sagen, einer zivilen Gesellschaft. Einer Gesellschaft von »Bildungsbürgern«?

Das, was diese Gesellschaft auszeichnete (und voraussetzte), war das zivilisatorische Niveau, was ihren Inhalt ausmachte, war ihre »Kultur«, will sagen, die Summe der Kulturleistung dreier Jahrtausende, wie Goethe es formuliert hatte.

Das waren so etwa die Vorstellungen, mit denen im Kopf ich, völlig unreflektiert, in Heidelberg mein Studium antrat. Sie strukturierten mein Bild von Mensch und Gesellschaft. Als Professorensohn war ich in einem Milieu groß geworden, in dem solche Vorstellungen selbstverständlich waren, der Professor war in meinen Augen eine besondere, hochgezüchtete Variante des Bildungsbürgers, und seine soziale Stellung war durch den Grad gerechtfertigt, in dem seine Lebensleistung sich der Verwirklichung dieses Ideals näherte.

Was zählt zur materiellen Grundausstattung des Bildungsbürgers? Was bedeutet diese »Bildung« quantitativ? Im Zeitalter der Datenverarbeitung ist das die Frage nach der Anzahl an Informationen, die er in seinem Gedächtnis wie auf einer Festplatte gespeichert haben muss. Das Minimum an Kenntnissen, das es braucht, um zur Gemeinschaft gehören und am »Glasperlenspiel« teilnehmen zu können, würde ich wie folgt beziffern:

10 000 Bücher
drei Dutzend philosophische Systeme
2000 Werke der Musik
20 000 Werke der bildenden Kunst
10 000 Geschichtsdaten (»Ploetz«)
5000 Biographien
20 001 naturwissenschaftliche Erkenntnisse

In der Regel stehen zwanzig Jahre zur Verfügung, um sich dieses Basiswissen anzueignen. Das ist nicht nur ein memotechnisches Problem, sondern auch ein arbeitsökonomisches. Wusste ich, auf was ich mich einließ, als ich mein Studium noch verstand als den Weg zum »Bildungsbürger«, der zu werden ich für das einzig erstrebenswerte Ziel eines zivilisierten Menschen anzusehen gelernt hatte?

So weit, so gut. Aber konnte das Ideal des Bildungsbürgers überhaupt noch Gültigkeit für sich beanspruchen? Mussten wir uns nicht eingestehen, dass es das Produkt einer nationalen Fehlentwicklung war? Ergebnis der Entpolitisierung des Bürgers als *Citoyen*, seiner Entmachtung als politischer Akteur, als Protagonist eines von politischen Idealen getragenen Herrschaftsanspruchs? Der »Kultur«-Begriff des Bürgers war defensiv, reaktionär und regressiv. Sein Versagen vor den politischen und sozialen Realitäten war selbstverschuldet und programmiert – nicht ein Symptom, sondern das zentrale Faktum des katastrophalen Zusammenbruchs der Nation.

Wenn Heidelberg als Universitätsstadt vor und nach dem Ersten Weltkrieg zwei Jahrzehnte eine Hochburg dieses bildungsbürgerlichen Ideals gewesen war, so war es in den Dreißigerjahren der Schauplatz seiner Zerstörung geworden. Nach dem Krieg konnte es einen kurzen Augenblick so scheinen, als könnte hier sich das Wunder seiner Regeneration vollziehen, als könnten Bildungsbürger und *Citoyen* sich zu einer neuen, zeitgemäßen Synthese verbinden, der Phönix verjüngt aus der Asche steigen. Das erwies sich sehr schnell als Illusion.

Die Frage war, was von den Überresten eines humanistischen Bildungsideals in den Versuch einer Neuordnung gerettet werden konnte. Wenn man den Bildungsbürger vergessen musste, welches war dann das Menschenbild (ja, »Menschenbild«), an dem sich ein Versuch, den definitiven Abstieg der Menschheit in die Barbarei zu verhindern, orientieren konnte?

Nicht ohne Nostalgie, wenn auch mit zwiespältigen Gefühlen denke ich an die literarischen Séancen im Brückenturm zurück, deren Hintergrund das zerstörte Deutschland war. Darüber nachzudenken, sich Rechenschaft darüber abzulegen, wie es dazu gekommen war, dazu kommen konnte, war unser Anliegen. Wie reimte sich das Erbe des deutschen Humanismus zusammen mit dem Versagen der Deutschen als Kulturnation? Das war die zentrale Frage, die Schicksalsfrage für uns überhaupt. Aber in den Gesprächen, die wir nach den Lesungen hatten, wurde sie nicht laut. Wir artikulierten in der konspirativen Stimmung eines männerbündlerischen Gemeinschafserlebnisses allenfalls so etwas wie eine diffuse Sehnsucht nach dem Schönen, Edlen und Wahren, nach Kamaradschaft und geistiger Führerschaft. Es fehlte jeder Anflug eines kritischen Bewusstseins. Auch ich vermochte damals nicht, mein Unbehagen auf den Begriff zu bringen.

Und doch enthielt das *Glasperlenspiel* eine Lehre, die sich dem künftigen Soziologen unauslöschlich einprägen musste, einen Satz, der ihm zur Maxime aller künftigen Erforschung geschichtlich-gesellschaftlicher Zusammenhänge wurde, der seine Gültigkeit bewahrt hat, welches auch immer die Veränderungen der sozialen Strukturen und ihrer Dynamik sein mochten: »In der Gesellschaftsgeschichte geht es um den Versuch der Adelsbildung. Sie ist deren Spitze und Krone, und irgendeine Art von Aristokratie, von Herrschaft der Besten, scheint das eigentliche, wenn auch nicht immer zugegebene Ziel und Ideal aller Versuche der Gemeinschaftsbildung zu sein.« Der Kern des *Glasperlenspiels* war eine Elite-Theorie.

Rückblickend ist mir klar geworden, dass die Leseabende im Brückenturm noch eine ganz andere Filiation hatten als die bündische, ich meine den Bezug zu den Riten des George-Kreises, der vor dem Ersten Weltkrieg und in den Zwanzigerjahren, gleichzeitig und aus den gleichen Ursprüngen wie die Jugendbewegung, das geistige Leben Deutschlands entscheidend mitgeprägt hat, vor allem auch in Heidelberg, wo der Meister auf seinen Peregrinationen regelmäßig in einer Villa am Schlossberg Aufenthalt zu nehmen pflegte, um die ortsansässige Schar seiner Jünger zu betreuen: eine um den charismatischen Führer gruppierte esoterische Kultgemeinde. Was da ablief, war offenes Geheimnis. Zum Mythos geworden, zählt die Wirksamkeit Stefan Georges zu den konstitutiven Elementen des »Heidelberger Geistes«, Gegenpol zur »geistigen Diktatur« Max Webers auf der anderen Neckarseite, der, ebenfalls zum Mythos geworden, die geistige Tradition Heidelbergs mitbestimmt hat. Rivalen, Gegenspieler, Antipoden, sich gegenseitig in ihrer Eigenart und Wesenheit anerkennende und verneinende Geistesheroen, der Dichter und der Denker, der Magier und der Gelehrte. Es ist bis heute nicht entschieden, welchem von beiden die Palme gebührt.

In den Vierzigerjahren, unmittelbar nach dem Kriege, war die Gestalt Max Webers uns ferner als die Stefan Georges, dessen Verse ganz selbstverständlich noch zu den Bildungserlebnissen der meisten Teilnehmer von Rudolf Steinbachs Leseabenden gehörten, ohne dass darüber weiter gesprochen wurde. Keiner war sich der engen Beziehung Georges zu Heidelberg bewusst.

Der Stadtarchitekt hatte keine Prätention, ein charismatischer Führer zu sein, er war ein Sprachkünstler, aber kein »Magier«. Er beschied sich mit der Rolle eines Magister Ludi. Gleichwohl herrschte im Turm, bei aller Vorliebe für den Sprachduktus Rilkes, der »Geist« Georges, »der immer mann ist«.

Ich war immun geblieben gegen den Führungsanspruch einer selbstherrlichen Sekte mit esoterischem Priesterkult. Irgendetwas in mir, der anarchistische Anteil meiner Individualität vermutlich, sträubte sich dagegen. Das »geheime Deutschland«, als dessen Repräsentanten und Wächter sie sich gerierten, war in meinen Augen nicht deckungsgleich mit jenem anderen, »besseren« Deutschland humanistisch-weltbürgerlicher Prägung, dem ich mich zugehörig fühlte, sondern eine extreme Ausformung jenes ominösen deutschen Wesens, vor dem ich einen unerklärlichen idiosynkratischen Horror empfand.

»Die verlorene Generation«

Die Wandlung war eine vornehme alte Dame, die Trauer trug. Aus nächster Nähe und von der ersten Stunde an habe ich der Entstehung und Veröffentlichung dieser ebenso mutigen wie würdigen Zeitschrift beigewohnt. Die Herausgeber, Karl Jaspers und Alfred Weber, waren meine Lehrer, mit Dolf Sternberger, dem *Spiritus Rector*, und seiner rechten Hand Geno Hartlaub war ich freundschaftlich verbunden. Im Umkreis der *Wandlung* lernte ich Marie Luise Kaschnitz und Hannah Arendt kennen, zwei wunderbare, ganz verschiedene Frauen, die beide durch ihre Mitarbeit an dem Monatsmagazin einem breiteren Publikum in Deutschland bekannt wurden. Alexander Mitscherlich versuchte hier als Erster, die völlig opake soziale und politische Zeitproblematik mit dem Instrumentarium psychoanalytischer Begrifflichkeit zu durchleuchten. Um selber zum Kreis der Autoren zu gehören, war ich zu jung und zu ignorant: Ich war der ideale Leser.

Und trotzdem war *Die Wandlung* meine Sache nicht. Nicht die Sache meiner Generation. Sie beurteilte die »geistige Situation« der Zeit mit den Kriterien der Vergangenheit und setzte ein Wissen um diese Vergangenheit voraus. Sie war nicht für junge Leser gemacht, die von dieser Vergangenheit nichts wussten, für die Worte wie Schuld, Republik, Freiheit, Humanität inhaltslos waren, mit nichts aus ihrem eigenen Erfahrungsschatz in Verbindung zu bringen.

Nicht sosehr aus Protest, sondern aus einem diffusen Gefühl des Ungenügens, das sich zum ätzenden Unbehagen steigern konnte, keimte in meinem Kopf die kühne Idee, eine andere Zeitschrift zu machen – eine »Anti-Wandlung« gewissermaßen, eine Zeitschrift der Jugend, durch die Jugend, für die Jugend – nur für die Jugend.

Wie musste eine Zeitschrift beschaffen sein, fragte ich mich, die junge Menschen lesen und verstehen, weil sie ihren Erfahrungen und ihrer Sprache gemäß ist? Zunächst einmal musste man ein klares Bild von der seelischen und geistigen Befindlichkeit dieser Generation der Zwanzig- bis Dreißigjährigen gewinnen. Diese »junge Generation« stand unter Schock. Diesen Zustand zu beschreiben und ins Bewusstsein zu heben, wäre die erste Aufgabe, nicht nur, damit die Alten wüssten, mit wem sie es zu tun hatten, sondern damit die Jungen erfuhren, wie es um sie bestellt war. Ich wollte ein publizistisches Organ schaffen, das die Stimme dieser Jugend wäre, ihre Ängste und Wünsche artikulierte, ihre politischen Vorstellungen definierte, den Mut hätte, ihre Idiosynkrasien aufzudecken – der Sprachlosigkeit zur Sprache zu verhelfen.

Wie war das möglich? Indem man diese Jugend zu Wort kommen ließ. Im Grunde war mein Zeitschriftenprojekt konzipiert wie das Programm einer soziologischen Enquete, bei der aus zehntausend Lesern zehntausend Testpersonen werden, auf Herz und Nieren befragt, hinter die Bewusstseinsschwelle zurück, bis man ihrem Geheimnis (ihrer Identität) auf die Spur gekommen war. Wie denkt die Jugend? Das Röntgenbild einer Generation.

In meiner Zeitschrift wollte ich weniger zu der Jugend sprechen als auf sie hören. Horchen auf die Befindlichkeiten, die »neu«, die anders, die bemerkenswert waren. Dass sie vorhanden waren, setzte ich voraus. Der Blick durfte nicht in die Vergangenheit, sondern musste in die Zukunft gerichtet werden. Die Jungen hatten ihr Leben vor sich, aber sie waren so tief gefallen, ohne eigenes Verschulden, dass etwas geschehen musste, sie aufzurichten. Sie brauchten Ermunterung, Perspektiven, Hoffnung. Sie waren ausgehungert, sie brauchten Nahrung.

Das Bild, das ich mir von der »verlorenen Generation« machte, war natürlich eine Ausgeburt meiner eigenen Ängste, meines Gefühls der Verlorenheit, der Deklassierung. Indem ich meine Altersgenossen über ihre Befindlichkeit befragte, wollte ich mir selber Klarheit darüber verschaffen, wo ich stand.

Das Konzept meiner Zeitschrift, die den Titel »Die verlorene Generation« haben sollte, gefiel dem amerikanischen Presseoffizier, dem ich es vorlegte. »Das können wir aber nicht in Heidelberg machen«, sagte er mit Bedauern. Er schickte mich zu seinem Kollegen nach München. Ich stieg also in einen der heillos überfüllten Züge, ohne Sitzplatz, im Gang auf meinem Koffer hockend, und fuhr acht Stunden in die bayrische Hauptstadt, die das unretouchierte Bild eines Ruinenfeldes bot.

In München war es mir nicht möglich gewesen, ein Zimmer zu finden, ich hätte es auch gar nicht bezahlen können, und so schlief ich jede Nacht irgendwo anders, auf Matratzen, Biedermeiersofas und Chaiselonguen, bei Freunden und Freunden von Freunden. Ich wurde, das muss ich sagen, immer nett aufgenommen, durfte auch manchmal beim Frühstück mitessen. Es gibt aber auch heute noch Leute, die sich erzählen, dass ich in ihrem Badezimmer die Rasierseife des Hausherrn ohne weitere Umstände benutzt habe. Andere erzählen sich, ich hätte mich auch seiner Krawatten bedient. Das kann nicht stimmen. Ich trug damals ja noch gar keine korrekte bürgerliche Kleidung und lief ungeniert in meinen verschlissenen Kommissklamotten herum. Darunter trug ich das Oberhemd – zu groß und geflickt –, das mir die gute Else Jaffé am ersten Tag, an dem ich in der Bachstraße in Heidelberg beim alten Weber meinen Antrittsbesuch machte, geschenkt hatte.

Was ich in Heidelberg noch mit einem gewissen Stolz als angemessenes Outfit einer unbürgerlichen, über allen Klassen stehenden, geistigen Existenz empfand, schmerzte mich in München als Stigma einer sozialen Deklassierung. Ohne es mir eingestehen zu wollen, litt ich darunter – eine traumatische Erfahrung. Sicherlich stammt aus dieser Zeit meine gesteigerte Sensibilität für vestimentäre Fragen. »Richtig« angezogen zu sein, wurde mir in meinem späteren Leben zu einer Herzensangelegenheit, aber auch zu einem wichtigen Kriterium soziologischer Differenzierungen. Jede Gesellschaftsordnung spiegelt sich auch in ihrer Kleiderordnung: Der abschätzende Blick des Portiers eines Grandhotels richtet sich nicht auf deine Brieftasche, sondern auf deine Schuhe – oder: Sage mir, was du anhast, und ich sage dir, was du bist.

Die Probenummer der *Verlorenen Generation* wurde in der von den Amerikanern requirierten, inmitten des Trümmerfeldes wie durch ein Wunder intakt gebliebenen Druckerei des Eher-Verlages gesetzt, in der wenige Monate zuvor noch *Der Völkische Beobachter* und *Mein Kampf* über die Walzen gelaufen waren und in der wenig später die *Neue Zeitung* gemacht wurde und die *Süddeutsche*. Entzückt verfolgte ich am Marmortisch die Umbrucharbeit eines alten Metteurs, der mich unter seine Fittiche genommen hatte. Die Typographie war grauenhaft, das Blatt im A4-Format sah aus wie eine Kleinstadtgazette aus der Akzidenzpresse – unbeleckt von jeder Ahnung von graphischer Gestaltung.

Der Lizenzantrag lag im Büro des amerikanischen Presseoffiziers; unabhängig von meinen Heidelberger *Credentials* hatte er dort die wohlwollende Förderung eines deutschen Beraters gefunden – Erich Kubys, ohne den nichts gelaufen wäre. Die Begegnung mit ihm in den ersten Tagen meines Münchener Aufenthaltes war einer von den unvorhersehbaren Glücksfällen, die das Unmögliche möglich machen und die man einfach nicht als Zufälle qualifizieren kann.

Erich Kuby hat in seinem Erinnerungsbuch *Aus schöner Zeit* erzählt, wie er mich während einer Theaterpremiere kennen gelernt hat, auf der er mich vor der Lynchjustiz eines Publikums retten musste, das empört darüber war, dass ich es mir erlaubt hatte, die weihevolle Premierenstimmung durch Pfiffe zu stören. Es ging um die Uraufführung von Rüdiger Syberbergs *Lilith* – einem unvorstellbaren Kitsch.

Kuby nahm mich zu sich auf seine Bude. Wir diskutierten die Nacht durch, und ich entwickelte ihm mein Projekt. Ihn entzückte mein Widerspruchsgeist. Endlich, so schrieb er später, habe er einen Vertreter jener jungen Generation gefunden, die eigene Ideen zu haben schien – bis dahin habe er in seinem Büro sehnsüchtig und vergeblich auf deren Manifestationen gewartet. Meine Zeitschrift müsste gemacht werden, er würde sich persönlich dafür einsetzen, was er auch tat.

Alfred Andersch

Die Sache komplizierte sich dadurch, dass den amerikanischen Besatzungsbehörden, die für die Lizenzerteilungen zuständig waren, die Rückkehr eines gewissen Alfred Andersch avisiert worden war, der in Fort Philip Kearney (Rhode Island) die Lagerzeitung betreut hatte. Man hielt ihn für den geeigneten Mann, in Deutschland ein demokratisches, »antifaschistisches«, besonders für die Jugend bestimmtes Blatt zu machen. Könnte diese Idee nicht im Rahmen meines Projektes verwirklicht werden? Wir könnten doch als Team zusammenarbeiten! Ich hatte nichts dagegen. Im Gegenteil: Da ich vom Zeitungsmachen überhaupt keine Ahnung hatte, fand ich den Gedanken vortrefflich, dass jemand die Sache in die Hand nehmen sollte, der etwas Erfahrung mitbrachte.

Ich erinnere mich noch sehr deutlich an meinen ersten Besuch bei Andersch. Er war zehn Jahre älter als ich. Obwohl gerade erst als Kriegsgefangener aus Amerika zurückgekehrt, verfügte er nicht nur über ein Zimmer – schon das war in meinen Augen ein unerhörter Luxus –, sondern über eine ganze Wohnung, allerdings im Dachgeschoss ohne Fahrstuhl. Der große Raum, in dem er mich empfing, war vollkommen leer, aber es war sofort zu sehen, dass das nicht auf einem Mangel an Mobiliar beruhte; Andersch wollte offensichtlich eine puritanisch-puristische Arbeitsatmosphäre schaffen. Nur ein Bücherregal. An den Wänden sparsam Graphiken und künstlerische Fotos und in der Mitte, frei im Raum, ein Stehpult – wie ein Hausaltar. Darauf ausgebreitet, sorgfältig geordnet, ein Set von scharf gespitzten Bleistiften verschiedener Länge. Eine Rose in einem Glas? Ich kann es nicht beschwören. Auf dem Pult lag die Probenummer meiner Zeitschrift.

Andersch erklärte mir ohne Umschweife, dass erstens der Titel für ihn inakzeptabel sei, *Verlorene Generation*, das klänge viel zu pessimistisch, kein Mensch erinnere sich im Übrigen noch an Hemingway, geschweige denn an Gertrude Stein, von der das Schlagwort von der verlorenen Generation stammte, außerdem sei die Situation in Deutschland jetzt eine andere als im Paris der Zwanzigerjahre. Sein Titelvorschlag war *Der Ruf*. So hatte die Lagerzeitung von Fort Philip Kearney geheißen. Zweitens: Was ich da als erste Nummer zusammengestellt hätte, sei zu larmoyant, spätbürgerlich verquast. Wir brauchten jetzt einen scharfen, polemischen Ton, Aggressivität, Aufklärung, Stil. Drittens: Er sei zu einer Zusammenarbeit mit mir bereit unter der Bedingung, dass er die Chefredaktion übernehme. Außerdem bestehe er darauf, dass ein Kamerad von ihm, Hans Werner Richter, mit dem zusammen er den *Ruf* in Amerika gemacht hatte und der jetzt auch nach München zurückkehren werde, sein Stellvertreter werde. Ich könnte als ihr Assistent, als Nummer drei mitmachen.

Wir hatten uns nicht gesetzt, weil es Stühle nicht gab. Es war wie eine Audienz bei einer hoch gestellten Persönlichkeit. Den Eindruck wollte er auch unbedingt vermitteln. (Ich hielt es nicht für ausgeschlossen, dass er eventuell vorhandene Stühle vorsorglich herausgestellt hatte.) Der Ton war knapp und militärisch. Das hatten wir noch so drauf.

Alles, was er sagte, leuchtete mir vollkommen ein, ich konnte ihm nicht widersprechen, seine dezidierte Art gefiel mir. Ich diskutierte nicht lange, sondern verabschiedete mich, indem ich sagte, ich müsste mir das jetzt alles überlegen. Als er mir die Hand schüttelte, entspannte er sich, und über sein Gesicht huschte das gewinnendste, jungenhafteste Lächeln. Seine Züge waren sonst eher streng, was durch die kurz gehaltenen Haare und eine randlose Brille noch unterstrichen wurde. »Ich freue mich, mit dir zusammenzuarbeiten.« Man duzte sich selbstverständlich.

Nummer drei zu sein gefiel mir gar nicht, aber das gab für meine Entscheidung nicht den Ausschlag. Jetzt, wo die Verwirklichung meiner Zeitschriftenidee in den besten

Händen war, wo ich das Gefühl haben konnte, dass das geschehen würde, was ich mir wünschte, schien es mir plötzlich gar nicht mehr so dringend notwendig, die Sache selber zu machen.

Ich erinnerte mich, dass ich ja eigentlich meinen Doktor machen wollte, und beschloss dann leichten Herzens, als »Korrespondent« und »freier Mitarbeiter« des *Rufs* nach Heidelberg zurückzugehen. Texte von mir erschienen in fast jeder Nummer inklusive der letzten, die unter der Leitung von Andersch und Richter erschien. Trotz seines immensen Erfolges hat das Vergnügen nicht lange gedauert. Es stellte sich heraus, dass der *Ruf* anders als der *Spiegel* in der deutschen Nachkriegsgeschichte eine Episode bleiben sollte.

Andersch war ein kurioser Mann. Er fühlte sich als *Homme de lettres*, der vom ersten Moment seiner Rückkehr aus amerikanischer Kriegsgefangenschaft an seine Karriere als deutscher Schriftsteller vorbereitete. Fort Philip Kearney war das Lager, das die Amerikaner eingerichtet hatten, um diejenigen unter den deutschen Kriegsgefangenen, die nicht an Hitlers Endsieg glauben wollten, vor dem Terror zu schützen, der in den normalen Lagern herrschte, wo – im Schutze der Genfer Konvention – die längst zur Wahnvorstellung gewordenen Zielsetzungen der nationalsozialistischen Kriegführung ungebrochen aufrechterhalten und ihre Respektierung mit allen Mitteln militärischer Disziplin durchgesetzt wurden. Es ging dort schlimmer zu als bei der kämpfenden Truppe. Hans Werner Richter hat diese unglaublichen Zustände in seinem Roman *Die Geschlagenen* lebendig geschildert. Wenn man es nicht längst war, konnte man in den Kriegsgefangenenlagern zum Antinazi werden.

Andersch hatte eine kleine Begabung, aber einen eisernen Willen. Gesinnungsmäßig stand er in Opposition zu allem, was mit Hitlerdeutschland zu tun hatte. Er gehörte zu den wenigen seiner Generation, für die die Freiheit das höchste Gut war, Freiheit in einem emphatischen Sinne, was sie allergisch machte gegen jede Einschränkung der Autonomieansprüche des Einzelnen. Für sie war er bereit, sich politisch zu engagieren. Da stand er in gerader Linie in der humanistischen Tradition eines deutschen Republikanismus, der die Niederlagen von 1848 und 1933 nie verwinden konnte und dem nun nach 1945 unverhofft, wenn auch zu einem furchtbaren Preis, noch einmal eine Chance gegeben schien. In diesem Geiste machte er den *Ruf*.

Doch Andersch war nicht ein genuin politisches Temperament. Er hielt sich für einen Sozialisten. Das aber war ein Missverständnis. Er war ein Ästhet, und das hieß in meiner Wahrnehmung – bei seiner kleinbürgerlichen Herkunft – unweigerlich ein Snob. So erkläre ich mir das mit Neugier durchsetzte, wohlwollende Interesse, das er für mich an den Tag legte. Er fühlte, dass ich etwas darstellte, das er liebte, aber nicht war.

Man kann seinen Snobismus an seinem präzisen, preziösen Stil nachweisen. Andersch stand unter dem Zwang, ostentativ eine Kennerschaft, eine Orts- und Warenkenntnis, kurz: ein Insiderwissen herauszukehren, dem man anmerkt, dass es ihm nicht selbstverständlich ist, sondern aufgesetzt, eine Art »Zugehörigkeitsnachweis«, den der Aufsteiger glaubt erbringen zu müssen. Dahinter steht die Sehnsucht nach hohen und höchsten Graden der Qualität, nach einer Kunst- und Lebensform, deren Faszination umso größer ist, als man nur gerüchteweise etwas davon weiß. Nichts Ehrenrühriges ist daran. Nur fehlen die Nonchalance, die Ironie, das gehobene »Sich-nicht-ernst-Nehmen«, das sich eigentlich nur der leisten kann, für den sich die Frage des gesellschaftlichen Status nicht mehr stellt. Andersch wollte nicht als Politiker Erfolg haben, sondern als Literat gesellschaftlich reüssieren. Bloß gab es in Deutschland »Gesellschaft« in diesem Sinne nicht.

Warum er den *Ruf* so schnell aufgegeben hat, in dem Moment eigentlich, in dem er seine Wirkung als Organ einer politischen Regeneration zu entfalten begann, wird man wohl nie erfahren. Gründe sind sicher nicht die Schwierigkeiten, die ihm von Seiten der Amerikaner gemacht wurden, deren Verbündeter er war – eher die Kleinherzigkeit und politische Borniertheit der Verleger, die Träger der Lizenzen waren und ein Mitspracherecht bei der redaktionellen Gestaltung des Blattes beanspruchten. Solche Einmischung von »oben« verletzte seine Empfindlichkeit. Auch musste ihn der charakterlose Opportunismus, der sich als die dominierende Haltung der deutschen Nachkriegsszene durchzusetzten begann, anwidern. Der inkriminierte Text der letzten Nummer des *Rufs* unter Anderschs Regie war übrigens ein Text, der sich nicht gegen die Besatzungsmacht, sondern gegen die Deutschen richtete. »Totale Korruption« lautete der Titel. Der Artikel war von mir.

Rückblickend kann man sagen, dass den Herausgebern des *Rufs* dieselbe Chance gegeben war wie Rudolf Augstein, als er in der englischen Zone mit dem *Spiegel* begann. In der amerikanischen Zone waren wir zu genau derselben Zeit unter genau denselben Bedingungen angetreten: ohne Vermögen, ohne Metier, ohne Konzept – eine Jahrhundertchance. Es bedurfte dazu eines verlorenen Krieges. Augstein ist gelungen, wovon wir damals träumten: eine Zeitschrift zu machen, die den geistigen und politischen Wiederaufbau des zerstörten Deutschland entscheidend im Sinne einer republikanischen Erneuerung beeinflusste. Außerdem ist er auch noch Millionär geworden.

Ich denke mit großer Sympathie an Alfred Andersch zurück. Er gehört nicht zu meinen Lieblingsschriftstellern, aber ich zolle seiner Lebensleistung, der disziplinierten Erarbeitung eines Œuvre, das Höhepunkte hat, die unbestreitbar zur deutschen Literatur der Nachkriegszeit zählen, uneingeschränkt meinen Respekt. Das kann ich nicht von vielen sagen.

Wie könnte ich definieren, was mich mit ihm verband? Die Kriegsteilnehmer- und Veteranensympathie genügt nicht, um eine Affinität zu erklären, die weiter ging als die deftig-derbe, klassenüberschreitende Obergefreitenkumpanei, die die Umgangsformen der »Gruppe 47« in ihrem Anfangsstadium bestimmte und, wie sich im Laufe der Jahre herausstellen sollte, für die doch recht verschiedenen Temperamente und Charaktere so etwas wie einen gemeinsamen Nenner abgab. Etwas Proletaroides, das sich nicht auf irgendein reales, vorgestelltes oder fingiertes Proletariat im Sinne einer marxistischen Soziologie bezog, sondern auf die Lebensbedingungen des Landsers, jenes *Underdog* der Geschichte, auf dessen passiver, durchaus unfreiwilliger, uniformierter, massenhafter und anonymer Teilnahme die großen Bewegungen des Kriegsgeschehens, Vormärsche, Okkupationen, Rückzüge, Kesselschlachten, Frontbereinigungen, Siege und Niederlagen allein beruhten – kein Proletkult also, sondern eine Schrumpfmentalität, etwas durchaus Unliterarisches, Literaturfeindliches.

Wie die »Gruppe 47« ja ohnehin nicht antrat, die Literatur zu erneuern, sondern sie durch etwas anderes zu ersetzen. Durch was eigentlich? Erfahrungsberichte, Protokolle, Zeugnisse – durch etwas, was nicht künstlich oder künstlerisch, sondern authentisch, unmittelbar, echt und ehrlich war, den schlechten Zeiten angemessener, ruinen-, flüchtlings-, lebensmittelmarkengemäßer. Damit wollte Andersch nichts zu tun haben, und ich konnte ihm darin nur beipflichten. Er hatte eine hohe Meinung von der Rolle der Literatur und damit verbunden eine fast aristokratisch zu nennende Auffassung von der Aufgabe des Schriftstellers und dem ihm angemessenen Status. Er hatte sie herübergerettet aus den Zwanzigerjahren.

»Wir können uns Thomas Mann leisten«

Dazu gehörte eine bedingungslose Bewunderung für Thomas Mann, der unter den künftigen Assen der deutschen Nachkriegsliteratur aus mir unverständlichen Gründen ganz schlecht angeschrieben war – und zwar als Schriftsteller. Andersch erkannte und verteidigte ihn unbeirrt als einsamen Gipfel und absoluten Maßstab literarischer Produktion und Meisterschaft in deutscher Sprache in diesem Jahrhundert und machte auch klar, dass Thomas Mann für ihn Richtschnur und Maßstab sei. Dass er ihn übertreffen wollte, statt sich wie die anderen etwas darauf zugute zu halten, ihn zu unterbieten, spricht für sein unbestechliches Qualitätsgefühl. Auch darin wusste ich mich ganz mit ihm einig. Auf seine Anregung schrieb ich für den *Ruf* einen großen polemischen Aufsatz mit dem für damalige Zeiten provokatorischen Titel »Wir können uns Thomas Mann leisten«.

Als im Frühjahr 1948 *Doktor Faustus* auch in Deutschland erschien, spitzten sich die Feindseligkeiten gegen den Autor erneut zu. Der Roman ist Thomas Manns hochdifferenzierte Auseinandersetzung mit dem deutschen Nationalcharakter und der Frage nach der deutschen Schuld. Um sein Faust-Bild – vielfach als Verrat am ehrwürdigen deutschen Geisteserbe, als Umkehrung ins Nichtfaustische, Undeutsche missverstanden – wurde jahrelang erbittert gestritten, mitunter aggressiver, als es einer literarischen Auseinandersetzung angemessen gewesen wäre, um die es im Tiefsten auch nicht ging. Hier verbarg sich ein Protest gegen die Kollektivschuldthese, als deren Verfechter Thomas Mann nach wie vor galt. Dass der *Doktor Faustus* ein »Buch der Kenntnis und der Trauer, nicht des Tadelns und Richtens« war, dass Thomas Manns Kritik patriotischer Teilhabe und tiefem Leiden an Deutschland entsprang, nicht aber zynischer Absage, wollten viele bei uns nicht wahrhaben.

In Thomas Mann haben wir den leider sehr seltenen, hier aber zur Vollkommenheit ausgebildeten Typus des großen Schriftstellers, dessen Werk nicht nur den höchsten ästhetischen Kriterien Genüge leistet, sondern dessen Wirken und Wirksamkeit den höchsten sittlichen Ansprüchen standhält, im Sinne eines nationalen, politischen Verantwortungsgefühls. Elitär und republikanisch zugleich, repräsentierte er in Deutschland das Ideal des *Homme de lettres* – das im Lande der Dichter und Denker kein Heimatrecht hat –, des Schriftstellers, der sich seiner gesellschaftlichen und politischen Funktionen bewusst ist und die Prärogativen ihrer Ausübung für sich reklamiert. Wenn es etwas gab, an dem man sich in der jüngsten deutschen Geschichte aufrichten konnte, etwas Vorbildliches, Nachahmenswertes, Exemplarisches, so war es der Lebensweg des deutschen Schriftstellers Thomas Mann, eines typischen Repräsentanten des deutschen Bildungsbürgertums, der aus dem Ideologen des kaiserlichen Deutschland zum Verkünder und Verfechter einer demokratischen Gesellschafts- und Völkerordnung wurde.

Dieser Weg war dramatisch. Er zeigt in seiner Rigorosität und inneren Folgerichtigkeit, dass es sehr wohl eine Alternative zur Fehlentwicklung gab, die ins Dritte Reich und in die Niederlage führte. Oder ließ sich an dieser exemplarischen Biographie nur ablesen – und es fehlt leider auch nicht an anderen prominenten Beispielen –, dass der Weg eines guten Deutschen mit Notwendigkeit aus Deutschland herausführt, ins politische Exil? Dass, wer ein »guter Deutscher« ist, Deutschland verlassen muss, weil für diese Varietät im eigenen Land kein Platz ist?

In diese Richtung müssen die Überlegungen von Alfred Andersch gegangen sein. Zu seinen anspruchsvollen Vorstellungen von der politisch-moralischen Rolle des Schriftstellers und seiner Bewunderung für Thomas Mann gehörte folgerichtig – aber vielleicht war es auch umgekehrt die Voraussetzung seines Weltbildes – ein gestörtes Verhältnis zu Deutschland. Nicht wegen des Nationalsozialismus, sondern wegen jener viel tiefer liegenden, in der deutschen Entwicklung angelegten Eigentümlichkeiten der deutschen Geschichte, die die Heraufkunft und den Triumph Hitlers überhaupt erst möglich gemacht hatten – aus Gründen, die schon Heine und Marx zu verstehen versucht haben, die ja beide Deutschland verließen. Sie fanden dafür die Bezeichnung »deutsche Misere«. Diese Misere wurde Alfred Andersch auf die Dauer unerträglich, und so emigrierte er in die Schweiz.

Ein kleiner Roman

Nachdem aus der *Verlorenen Generation* nichts anderes geworden war als der *Ruf*, an dem ich regelmäßig mitarbeitete, begann ich, zurück in Heidelberg, »ernsthaft« zu studieren. Als Titel für meine Dissertation hatte ich mit der Zustimmung Alfred Webers vorläufig, provisorisch, approximativ gewählt: »Der Begriff der Klasse«. Aber über das Exzerpieren kam ich in dieser Phase nicht hinaus. Ich wage kaum zu sagen, was ich stattdessen machte – ich schrieb einen Roman.

Im Mai 1944 hatte ich aus Russland, wo ich als Obergefreiter bei einer Einheit der Eisenbahnflak Dienst tat, an meinen Freund Günter Schlottau, der auf den Geschützwagen einer ebensolchen Einheit auf dem Balkan herumfuhr, geschrieben, dass ich mir die sonderbare Erfahrung des Postenstehens und Wacheschiebens durch eine gedankliche Hilfskonstruktion plausibel und sogar interessant gemacht hätte. Es handle sich dabei, so hätte ich herausgefunden, um eine ganz eigene dritte Dimension des Lebens, die zu den beiden wohl bekannten, Wachsein und Schlaf, hinzukommt, um ein Zwischenreich gewissermaßen, mit eigenen Gesetzen und Erscheinungsformen. Wie dem Schlaf der Traum und dem Wachsein das »Außen« der Realität zugeordnet sind, so erlebte man auf Posten eine Wucherung der Einbildungskraft, eine Hypertrophie der inneren Bilderströme, denen durch die völlige physische

Passivität und die geistig-seelische Lethargie dieses quasi kataleptischen Zustands zwischen Schlaf und Wachsein keine Grenzen gesetzt sind, sodass sich Raum und Zeit qualitativ veränderten.

Der dritte Zustand zeichnete sich durch eine eigene Form der Ich-Wahrnehmung aus, die anders geartet war als die bewusste, mit Realitätskontrolle verbundene, und die unbewusste, rein passive des Traumerlebnisses. Das Subjekt ist in einen Trancezustand versetzt, in dem es freilich immer genau weiß, was es tut und was ihm geschieht, aber anders als in einem künstlerischen Schöpfungsprozess, weil der Wille ausgeschaltet ist und ihm das Eigenste als etwas total Fremdes gegenübertritt. Man sitzt in einem Tagtraumkino als der Zuschauer eines Films, in dem man selber spielt, dessen Regisseur man aber nicht ist. Der Film ist eine Realität zweiten Grades und hat seine eigene Logik und Ästhetik.

In meinem Brief versuchte ich, die befremdliche Erfahrung auf den Begriff zu bringen, die wir einige Zeit zuvor, gemeinsam, jeder für sich, beim Wacheschieben auf einem leeren Notflugplatz in Nordfrankreich, in Vitry-en-Artois, gemacht hatten. Der Exploration dieses neu entdeckten, existentiellen Erfahrungsraumes verdankt sich die kleine Erzählung, die ich in Heidelberg im kalten Winter 1946/47 geschrieben habe. Sie wurde unter dem Titel *Capriccio Nr. 1 – Des Wachsoldaten Irrungen und Untergang* veröffentlicht, die Einbandzeichnung entwarf Günter Schlottau.

Capriccio, ein Stück von wunderlicher Erfindung und skizzenhafter Ausführung. Es verweist auf E. T. A. Hoffmanns *Phantasiestücke nach Callots Manier* und Goyas *Desastres de la guerra*. Im Sinne der Hegel'schen Ästhetik gehört diese Kunstform ins Register des Komischen. Kein

Roman, kein Erlebnisbericht, ein deutsches Kriegsbuch besonderer Art, eine bewusste Absage an die Kriegsliteratur des Ersten Weltkrieges, mit der meine Generation groß geworden war: Walter Flex' *Wanderer zwischen den Welten*, Ernst Jüngers *In Stahlgewittern*, sein *Kampf als inneres Erlebnis*. Es handelt sich nicht um die Beschreibung der heroischen Erfahrung des Kriegers, sondern um das Gegenteil, die defätistische Erzählung einer Desertion zwischen Tag und Traum. *Des Wachsoldaten Irrungen und Untergang* sind ein spleenig-spielerischer Beitrag zur Phänomenologie der Überlebensbedingungen des bürgerlichen Subjekts im Zeitalter seiner Liquidierung. Die Subjektivität entzieht sich der Prosa und Bestimmtheit des Alltags der technischen Welt, der sie nichts anderes entgegensetzen kann als die Poesie der idiosynkratischen Welt der Gefühle und Phantasien.

Capriccio Nr. 1

Gegenüber dem Apparat muss es darum gehen,
den Menschen als Person, als lebendige Kraft zu retten.
Alfred Weber

Mein *Capriccio* ist ein poetisches Paradigma der Situation des Menschen im technischen Zeitalter. Es geht um das Ende des bürgerlichen Individuums in einer vollkommen verwalteten und durchrationalisierten Welt; die Chance des Subjekts, der Auslieferung an das System zu entfliehen; das notwendige Scheitern dieses Versuches, vorgeführt am Wachsoldaten, der, um der tödlichen Monotonie des sinnentfremdeten Wacheschiebens auf einem leeren Notflugplatz in Nordfrankreich zu entrinnen, eine Geschichte zu erfinden beginnt (wir schreiben das Jahr 1943). In der Phantasie schafft er sich einen Doppelgänger, einen gewissen Tabe (was im Argot »König« heißt), den er all das erleben lässt, was ihm selber versagt ist. Tabe, ein Student mit genialischen, hoffmannesken Zügen, will sich aus allen sozialen Bindungen lösen, um in eine absolute Dimension des Menschseins vorzustoßen, in eine Existenz ohne Zwänge und Gewalt. Er sucht jenen Nullpunkt (das Existenzminimum), von dem aus er hofft, den Sprung in das Reich der Freiheit vollziehen zu können.

Tabe – in den Phantasien des Wachsoldaten – verlässt sein Domizil, schickt die Briefe seiner wenigen Freunde mit dem Vermerk »unbekannt verzogen« zurück, zieht in eine kleine Pension, die keinen Nachweis seiner Personalien fordert und vernichtet auf nächtlichen Streifzügen in Behörden und Ämtern systematisch alle Unterlagen, in denen er mit seinem Namen fixiert ist. Gleichzeitig spürt er in den Lebensverhältnissen extremer Randexistenzen den realen Möglichkeiten einer Reduktion der Daseinsbedingungen auf das Existenzminimum nach. Zuletzt findet er Unterschlupf bei einem Mädchen, das in der Illegalität einer Straßenprostituierten in seinen Augen objektiv die Bedingungen des Existenzminimums erfüllt. Die beiden denken sich ein Spiel aus: die Erschaffung eines »Menschen«, der nur noch eine bürokratische Identität und keine physische Realität mehr hat.

Der Wachsoldat folgt gespannt den Abenteuern seines Doppelgängers. Die Konsequenz, mit der dieser seinen Plan der Selbstbefreiung durchführt, reißt ihn dazu hin, selber, mit den gleichen Methoden, seine Identität als Wachsoldat zu vernichten. Mit Hilfe eines Kameraden auf der Schreibstube seiner Einheit vernichtet er seine Stammrolle und lässt das Namensschild von der Tafel verschwinden, auf der die jeweilige Verwendung jedes Angehörigen der Einheit angezeigt wird. Er erscheint nicht mehr zu den

Appellen und zum Dienst, was unbemerkt bleibt. Was aber nun?

Nur wenige Tage genießt er seinen anonymen Status als freier Mensch. In dem Moment, wo er mit Hilfe eines französischen Mädchens, das genauso aussieht wie die Freundin von Tabe, Anschluss an eine *Résistance*-Gruppe gefunden hat, wird er verhaftet. Der Versuch, sich der Realität durch Auslöschung seiner bürokratischen Identität zu entziehen, ist gescheitert.

V. O. Stomps

Das Buch wäre nie geschrieben worden ohne die Anregung von Victor O. Stomps, den ich unmittelbar nach dem Krieg in Heidelberg kennen lernte, wo er in einem Keller mit der Presse und den Typenkästen einer alten Akzidenzdruckerei einen Verlag improvisierte. Es war wieder eine dieser unvorhersehbaren, glückhaften Begegnungen, die meinen Lebensweg bestimmten. Der alte Bohemien hatte als Oberst einer Panzerdivision den Krieg überdauert. Wie, wurde mir erst klar, als ich Alfred Anderschs Roman *Winterspelt* (1974) las. Gewiss der absonderlichste Oberst der deutschen Wehrmacht, der, als wir uns kennen lernten, immer noch in einem ausladenden pelzgefütterten Militärmantel mit hohem Pelzkragen und einem speckigen Käppi auf seinem grauen, unmilitärisch langen, im Nacken sich lockenden Haarschopf herumlief. Den Pelz legte er tags und auch nachts nie ab, dazu war sein Kellerloch zu kalt.

Wir saßen die Abende bis zur Sperrstunde in den Weinstuben herum und machten Pläne. In der Person von Stomps erlebte ich die Idealfigur des Verlegers, jenes Verlegers, den sich jeder Autor wünscht und den es nicht mehr gibt, jenen inspirierten Literaturfreak, dem das Werk seines Autors zum persönlichen Anliegen, zur Herzenssache wird, an dessen Hervorbringung er selber leidenschaftlich Anteil nimmt, sodass die Schreibarbeit des Autors Teil eines mäeutischen Prozesses wird, in dem die Gebärende, die Hebamme und das Neugeborene in gemeinsamer Anstrengung das Wunder der Schöpfung vollbringen.

Ich erzählte von meinem Doppelgänger Tabe. Stomps verstand sofort und ließ nicht locker, bis ich ihm die ersten Seiten meines Manuskriptes brachte, über dessen Fortsetzung wir dann sprachen, als wäre es das seine. Er gab das gemeinsam Erarbeitete sofort in den Druck. Auf den Fahnen wurde es völlig umgeschrieben. Das war normal und selbstverständlich. Erst angesichts des gesetzten, noch nicht umbrochenen Textes konnte man den Stoff definitiv strukturieren, die Sätze stilistisch ausfeilen und Ergänzungen einfügen. Heute gibt es keine Fahnen mehr; Korrekturen sind offenbar zu einem unüberwindlichen Kostenfaktor und damit praktisch unmöglich geworden. Man kann sich fragen, was unter diesen Umständen aus den Werken von Balzac und Proust geworden wäre. Es gäbe sie nicht.

Ich wusste damals nicht, dass ich es mit einem Mann zu tun hatte, der in den Zwanzigerjahren in Berlin als Verleger der *Rabenpresse* ein wichtiger Faktor des literarischen Lebens gewesen war. Mit seiner Heidelberger Improvisation knüpfte er genau da wieder an, wo die Reichsschrifttumskammer ihn aufzuhören gezwungen hatte. Er hat es dann bis zu seinem Tode verstanden, sein Modell des artisanalen, anarchistischen Kleinverlages mit milder Beharrlichkeit, in immer neuen Spielarten durchzusetzen. Inzwischen ist er eine legendäre Figur der deutschen Literaturgeschichte geworden. Es gibt eine Stomps-Gemeinde. Und wenn mein *Capriccio* nicht völlig in Vergessenheit geraten ist, so darum, weil es Sammler der von ihm edierten Bücher gibt.

Es gab damals noch keinen überregionalen deutschen Literaturbetrieb. Das, was man dank Lizenznummer und Papierzuteilung durch eine der Besatzungsmächte drucken konnte, wurde sofort im entsprechenden Sektor verkauft und verschwand aus der Öffentlichkeit, bevor es von ihr richtig wahrgenommen werden konnte.

Die Gruppe 47

Der Vorabdruck einiger Passagen des *Capriccio* erschien im *Ruf*. Und dann las ich daraus vor: auf einer kleinen Tagung in Bannwaldsee, zu der Hans Werner Richter mich eingeladen hatte. Diese Tagung wurde zur Geburtsstunde der »Gruppe 47«. Ein buntscheckiger Haufen von jungen Kriegsveteranen, die das Bedürfnis verspürten zu schreiben. Man war zusammengekommen, um die Pläne für eine neue Zeitschrift zu besprechen, die die Intentionen des *Rufs* fortsetzen konnte, nachdem Hans Werner Richter und Alfred Andersch als Chefredakteure zurückgetreten waren. Es geschah etwas ganz anderes: Es wurde vorgelesen.

Entscheidend war nicht, was gelesen wurde, sondern dass überhaupt gelesen wurde, in einem Kreis gespannter Zuhörer, und dass man anschließend über das Gelesene sprach. Der Ton der kritischen Äußerungen ist herb, die Sätze sind knapp, unmissverständlich, respektlos, niemand nimmt ein Blatt vor den Mund. Diese spontane Kritik literarischer Texte innerhalb einer Gruppe, einer Runde von Freunden, eines Kollektivs, ist das Neue, das Epoche machen wird. Heute kennt man die Geschichte dieses ebenso sonderbaren wie einmaligen Unternehmens. Die Zahl der

Bücher, die darüber geschrieben wurden, füllt ein kleines Regal. Die »Gruppe 47« ist ein beliebter Stoff literaturwissenschaftlicher Publikationen und Seminare, aber gehört sie dahin? Ich meine, sie gehört eher zur Sozialgeschichte der Nachkriegsjahre, zur Entstehungsgeschichte eines neuen Deutschland aus dem Nichts.

Literarische Bewegungen finden üblicherweise ihren Ausgangspunkt in einer literarischen Idee. Ihre Protagonisten sammeln sich um ein gemeinsames Programm, sie verkünden ein Manifest. Man denke an die Futuristen, die Surrealisten oder die Situationisten. Wir hatten weder eine Idee, noch ein Programm, noch ein Manifest.

Was verband die Menschen, die sich da im Sommer 1947 in einem Häuschen am Bannwaldsee zusammengefunden hatten, was hielt sie zusammen? Der Wunsch, auf das geistige und politische Leben in ihrem Lande Einfluss zu nehmen, ihre Erfahrungen, die Erfahrungen der Generation der Kriegsteilnehmer, das heißt jener Millionen Zwangsangehöriger einer Massenarmee zwischen zwanzig und dreißig, in die öffentliche Diskussion einzubringen; diese Altersgruppe war von Adolf Hitler, der sie mit Stolz als seine geliebte deutsche Jugend bezeichnet hatte, um ihre Jugend betrogen worden. Anders als nach 1918 erkannte diese Jugend die Niederlage Deutschlands an und wollte keine Restauration. Sie war zu einem Neuanfang bereit, aber in ihre Aufbruchstimmung und Erneuerungsbereitschaft mischte sich das Unbehagen, dass der Wiederaufbau eines neuen staatlichen Gemeinwesens über ihre Köpfe hinweg in Gang gebracht wurde, ohne dass sie gefragt oder gar berücksichtigt worden wäre, von den Alten, von den Siegern.

Ich hatte noch mit Gertrude Steins Formel von der »verlorenen Generation« operieren wollen. Sie wurde verworfen, weil diese Generation sich keineswegs verloren gab. Sollte sie den Satz Hofmannsthals gekannt haben, wonach die Literatur »der geistige Raum der Nation« ist, dann kann er damals nur so verstanden worden sein, dass man in einem Vakuum stand. In einem *No man's land*, einem *Terrain vague*, in dem sie ihre *Claims* auf Mitspracherecht absteckten. »Literatur« war für sie nichts Sakrosanktes, sondern das probateste Mittel zur Durchsetzung ihrer im Grunde genommen politischen Ansprüche. Was hatten sie zu sagen?

Sie waren bar jeder politischen Erfahrung. Einige der Älteren hatten sich in den Dreißigerjahren aktiv im Untergrund betätigt (etwa in der KPD), waren jedoch schnell den Anpassungszwängen erlegen. Das »Antibürgerliche« lief auf ein diffuses kleinbürgerliches Ressentiment gegen alte Klassenstrukturen hinaus, ohne Klassenkampfideologie. Aus dem Krieg brachten sie einen Affekt gegen jeden autoritären Apparat mit, das subversive Selbstbewusstsein des Oberschnäpsers, der sich, jedem Heroismus abhold, die Techniken angeeignet hat, die dem kleinen Mann das Überleben ermöglichen (meckern, simulieren, »organisieren«). »Feind« waren weniger »die da drüben« als »die da oben«. Jede Art von hierarchisch protokollarischen Verkehrsformen verwerfend, war ihnen bei allem gebotenen Misstrauen die Kameradschaftlichkeit von Lagerinsassen selbstverständlich, die sich in der Kaserne, an der Front und in der Kriegsgefangenschaft bewährt hatte. Ich habe diese Haltung das »Obergefreitensyndrom« genannt.

Ihre politische Gesinnung, die mehr einer Stimmung als präzisen Vorstellungen entsprach, ließe sich definieren als »antifaschistisch«, basisdemokratisch und antibürgerlich, vage antikapitalistisch, aber dezidiert antikommunistisch, antistalinistisch, antibolschewistisch. »Heimatlose Linke« –

das war damals das Stichwort. Im Grunde anarchistisch – *ni Dieu, ni maître*. Und natürlich pazifistisch – nie wieder Krieg. Es fehlte jeder revolutionäre Impetus, jede Geschichtsbezogenheit, die über die sentimentale Verinnerlichung des deutschen Debakels hinausreichte. Gemeinsam war allen eher so etwas wie ein adventistisches »Stunde-null«-Bewusstsein. Man hoffte auf die Zukunft, hatte aber kein Konzept für ihre Gestaltung.

Diese im Wesentlichen negative Grundbefindlichkeit war eine wichtige Komponente des deutschen Selbstverständnisses in der Nachkriegszeit. Sie brauchte, um sich zu artikulieren, ein Ventil. Am Gegenpol aller restaurativen Kräfte markierte die »Gruppe 47« den Ort, an dem sich außerhalb der Institutionen so etwas wie eine kulturelle Opposition, eine Art von *Counter culture* formierte. Sie betrat den »geistigen Raum der Nation« nicht mit dem Aplomb einer Avantgarde – was ja eine, wenn auch negative, Anerkennung einer »alten Garde« impliziert hätte –, sondern sie machte es sich darin bequem mit dem Habitus von Hausbesetzern. Sie war damit außerordentlich erfolgreich.

Keiner, der in Bannwaldsee dabei war, hat geahnt, dass aus dem idyllischen Treffen eine Bewegung hervorgehen sollte, die das geistige Klima in Deutschland für Jahrzehnte bestimmte. Die anfängliche Literaturfeindlichkeit mauserte sich zur Literaturbeflissenheit. Die Tagungen der »Gruppe 47«, obwohl sie bis zuletzt den Charakter der Improvisation behielten, wurden zu dem vielleicht wichtigsten Faktor des neudeutschen Literaturbetriebes. Hier wurde gesagt, was als Literatur galt.

Nichts davon wäre möglich gewesen ohne Hans Werner Richter. Er war diesem »Männerbund« (mit Damen) der charismatische Führer; kein Stefan George, der seine kleinbürgerliche Herkunft mit pseudoaristokratischem, elitärem Gehabe überspielte. Nein, ein Fischersohn von der Ostsee, volksverbunden, »echt«, ein kleines Format, aber mit einer konspiratorisch-organisatorischen Sonderbegabung. Auf dem Niveau der Landserkameraderie schuf er die Bedingungen, unter denen ein neuer plebejisch-rüder Schriftstellertypus zum Durchbruch kam. Er war der »Meister vom Stuhle« eines sich demokratisch gebärdenden Selektionsrituals – die Formel vom Bannwaldsee: Lesung vor der Gruppe, kollektive Spontankritik in der Gruppe, Glorifikation oder Exekution des Kandidaten durch die Gruppe. Der Stuhl, auf dem gelesen wurde, hieß der »elektrische Stuhl«. Seltsam. Das hatte es vorher so nie gegeben.

Wenn von dem Treffen in Bannwaldsee die Rede ist, darf man nicht die Frau vergessen, deren Gäste wir waren, Ilse Schneider-Lengyel. Sie schrieb Gedichte, war aber Kunsthistorikerin und Photographin mit starken ethnologischen Interessen. Sie war viel gereist und hatte einen ungarischen Mann und ein Penthouse in Paris, wo sie schon in den Dreißigerjahren, als ganz junge Frau noch, Photobände veröffentlicht hatte, über die Kathedrale von Amiens, Schloss und Park von Versailles, über Rodin. Ihr bayerisches Chalet bewohnte sie nur sporadisch. Es hätte ein Haus in Hydra, auf Ibiza oder in Positano sein können. »Seehex« nannten sie die bäuerlichen Nachbarn, denen sie nie geheuer war. Sie war völlig anders als wir alle. Eine für unsere damaligen Maßstäbe ganz undeutsche Erscheinung, ein Wesen, das einer uns fremden, kosmopolitischen Kultursphäre angehörte. Ich erkannte es auf den ersten Blick, und sie erkannte mich.

Sie saß während der Lesungen vor dem Kaminfeuer auf den Boden gekauert und hörte aufmerksam zu, ohne sich in die Diskussion einzumischen. Nachdem ich mit Angst und Bangen aus meinem *Capriccio* vorgetragen und eine wohl wollende Aufnahme erfahren hatte (so schien es mir), war ich sehr glücklich. Ich genoss die Fahrten- und Lagerfeueratmosphäre, die Kameraderie und das Behagen eines Gemeinschaftserlebnisses. Es war ein Missverständnis. Ich merkte nicht, wie fremd ich den anderen war. Ilse Schneider-Lengyel sagte es mir, am selben Abend noch, als ich mich dankend verabschiedete, um in mein dörfliches Schlafquartier hinüberzugehen: »Mir hat sehr gefallen, was Sie gelesen haben. Aber Sie gehören nicht hierher. Sie gehören nach Paris. Kommen Sie mich besuchen, wenn Sie dort sind.« Sie hatte vollkommen Recht, und ich bin nach Paris gefahren. Später. Zunächst aber fuhr ich nach Italien.

Bei Benedetto Croce in Neapel

Kaum jemand kann sich eine Vorstellung davon machen, wie hoffnungslos eingeschlossen wir uns damals fühlten. Das war schon in der Nazizeit und auch während der Kriegsjahre so gewesen. Zwar war man viel herumgekommen, aber nie anders als in Stiefeln und Uniform, gezwungenermaßen als hässlicher Deutscher. Jetzt endlich reisen zu können, egal wohin, war das schönste Geschenk einer neu gewonnen Freiheit. Zunächst erlangten dieses Privileg allerdings nur wenige.

Ohne Verdienst gehörte ich im Herbst 1947 zu einer Hand voll Auserwählter, die dem Großmut der amerikanischen Besatzungbehörden und dem Geschick eines neapolitanischen Jaspers-Schülers – eines Doktor Rossi, der den Krieg an der Heidelberger Universität als Mediziner überdauert hatte – Pass und Visum für einen dreimonatigen Studienaufenthalt in Italien verdankten. So wurde Italien durch einen Zufall, der wieder auf das Thema »Glück« verweist, die erste Etappe einer Bildungsreise, die das ganze Leben dauern sollte. Ich hatte kein bestimmtes Ziel, mein einziger Wunsch war, alles zu sehen, was sehenswürdig war – Städte, Statuen, Landschaften, Persönlichkeiten von Rang. Zu den Sehenswürdigkeiten, deren Liste ich in meinem Kopf trug, gehörte Benedetto Croce, ein Monument, eine Legende, ein Gerücht. So fuhr ich nach Neapel, um ihn zu besichtigen.

Es war recht ungewöhnlich für einen jungen Deutschen, unmittelbar nach dem Kriege, den Namen Croces zu kennen. Ich verdankte das natürlich meinem Vater. Der Name gehörte seit meiner Schülerzeit zur Nomenklatur eines kulturellen Europa, dem ich mich, wie mein Vater, umso mehr zugehörig und verpflichtet fühlte, als ich genau wusste, dass es mit dem politischen Europa dieser Zeit nicht deckungsgleich war – dem offiziellen Europa der autoritären Regime und Kriege, in dem nicht der Geist der Verständigung und Versöhnung, sondern Machtanmaßung und Gewalt, also der Ungeist der Entzweiung, herrschten. Ich hatte das mit Widerwillen und Empörung zur Kenntnis genommen und sah mich nach dem Ende des Krieges mit der Tatsache konfrontiert, dass die Usurpatoren nicht, wie großmäulig versprochen, ein neues Europa geschaffen, sondern das alte in Schutt und Asche hinterlassen hatten.

Die letzten Repräsentanten des alten Europa, die hier und da wie durch ein Wunder in den Trümmern überlebt haben mochten, in ihren Schlupfwinkeln aufzuspüren, um an ihre Tradition anzuknüpfen, empfand ich, ohne dies anders als durch meine Wissbegierde begründen zu können, als meine Aufgabe. Der Weg in die Zukunft musste mit einer Pilgerfahrt in die Vergangenheit beginnen. So war ich nach Heidelberg gegangen, um bei Alfred Weber zu hören. So ging ich später nach Paris, um Bachelard und Maxime Leroy kennen zu lernen. So fuhr ich jetzt nach Neapel, um Benedetto Croce zu sehen, und war mir nicht einmal sicher, ob er noch lebte. Ich hatte Glück, die Begegnung mit dem alten Herrn war eine der Sternstunden meines Lebens.

Ruhm und Bedeutung von Benedetto Croce sind unlöslich mit dem Ort seiner Wirksamkeit verbunden – Neapel. Croce wäre nicht denkbar gewesen in Mailand oder Turin, den Zentren der Industrialisierung Italiens. Er gehörte ganz zum agrarisch-feudalen, ökonomisch unterentwickelten Mezzogiorno.

Ich brauchte eine geraume Zeit, um mit der Stadt vertraut zu werden. Zunächst machte sie mir Angst, und das »Neapel sehen und sterben« hatte für mich einen eher makabren Klang, als erwarte mich irgendwo in den Gassen ein Mörder. Ich hätte es dort nicht länger ausgehalten, hätte ich nicht in der *Casa Croce* eine sichere Zufluchtsstätte gefunden.

Es erging mir mit der Stadt wie mit dem Vesuv, den ich erst langsam entdeckte. Als ich den berühmten Vulkan zum ersten Mal sah, fand ich ihn enttäuschend ärmlich und klein; ein tabakbrauner Maulwurfshügel ohne jede Bedeutung. Und ich hatte nicht Unrecht. Ich wusste eben noch nicht, dass der Vesuv allein nichts ist. Dann erlebte ich ihn in tausend Durchblicken und immer neuen Perspektiven, von Santa Lucia, vom Toledo, von der Via Caracciola; entdeckte ihn wieder im liebenden Zusammenspiel mit seiner Stadt, um die zärtlich und gewaltig zu werben er nicht aufhörte. Er war die Krönung, die immer wieder unvorhersehbare Steigerung jener im weiten Rund des Golfes veranstalteten Phantasmagorie, für die es keine Beschreibung, sondern nur einen Namen gibt: Neapel. Und ich erstattete ihm beschämt den Rang zurück, den das Gedenken von Generationen ihm nicht umsonst zugebilligt hat; so hatte er seit meiner Kindheit auch in meiner Vorstellung existiert. Wie man an einem nach einer Krise wieder gewonnenen Freund neben den alten nun auch noch neue Tugenden entdeckt, so erkannte ich jetzt, dass der Vesuv nicht nur der majestätischste, sondern auch der farbigste Berg war, den ich je gesehen hatte: Vom undurchdringlichen Violett zum lichtesten Pfirsichblütenrosa wechselt er in den zitternden Stimmungen seiner Leidenschaft für Neapel unaufhörlich seine Tinten. Und in der Nacht? Ach, in der Nacht ist er über dem verschwenderisch ausgebreiteten Geschmeide der Lichter die Vision puren Silbers.

Aber die eigentliche Faszination Neapels beruht nicht auf seinen landschaftlichen Reizen – und seien es die des Vesuvs. Dazu ist die Stadt viel zu hässlich (ich spreche von dem Neapel, wie ich es vor fünfzig Jahren erlebt habe, bevor es in die dritte Dimension emporgeschossen und eine moderne Metropole mit Wolkenkratzern geworden ist). Mit Recht sagt Gregorovius, der für mich damals den Baedeker ersetzte, Neapel habe etwas Abstoßendes.

Wodurch aber schlägt es jeden, der es betritt, in seinen Bann? Ich kam dem Geheimnis dieser seltsamen Macht näher, nachdem ich über eine andere Bemerkung von Gregorovius nachgedacht hatte: Die Geschichte habe hier keine Form gewonnen. Ist das wahr? In der Tat, Neapel repräsentiert an keinem Punkt (sieht man von seinen Zwingburgen ab, die durchaus als Fremdkörper wirken), »es ist uferlos und unmonumental im höchsten Grade«. Und doch spürt man auf Schritt und Tritt die Ausstrahlung einer verborgenen einzigartigen Größe. Und wohl nirgends stärker als in den abstoßendsten, den verfallensten, den wüstesten Quartieren. Es ist eine düstere Grandezza, die, wie die Größe des Vesuvs, aus der Summe von tausend Einzeleindrücken und Stimmungen ersteht. Sie wirkt überall, doch unsichtbar. Man begreift schließlich, dass es nichts anderes als die Atmosphäre stolzer und unerhörter Verworfenheit ist, die einen gefangen nimmt, einer Verworfenheit freilich, die nichts mit dem Fellachentum gemein hat, das die Städte Nordafrikas so deprimierend macht. Das orientalische Straßenleben in Neapel ist nur Vordergrund. Es handelt sich nicht um Verkommenheit, das Symptom des Ausgeschiedenseins aus der Geschichte – im Gegenteil, hier manifestiert sich ein überlegenes, aufmüpfiges, subversives Selbstbewusstsein, das die Neapolitaner, unübersetzbar, *Strafottenza* nennen.

Neapel ist die Stadt der Besiegten, die immer ihre Sieger besiegt hat – Normannen, Staufer, Franzosen, Spanier, Deutsche, Amerikaner. Durch Jahrhunderte erwies sie sich als stärker als ihre jeweiligen Herren. Darin liegt ihre Größe. Die Überlegenheit Neapels war eine geistige, die Frucht eines einzigartigen historischen Schicksals. Die Neapolitaner wussten, dass das sicherste Mittel, über seine Sieger zu triumphieren, darin besteht, die Geschichte besser zu verstehen als sie. Diese Gewissheit verleiht nicht nur Integrität, sondern auch ein Gefühl absoluter Superiorität.

Wie in Neapel die Kirchen keine blendenden Fassaden haben, sondern in winkligen Gassen entdeckt werden wollen, so bedurfte es auch der Führung Kundiger, die *Casa Croce* in der Via Trinità Maggiore aufzutun. Ich hätte es nicht für möglich gehalten, dass der große Philosoph in einer derartig schmalen Straße wohnte: in der die Eselskarren den Weg versperren und über den Balustraden der Balkone die Wäsche zum Trocknen hängt, in der die Missgerüche der Garküchen und der Abtritte schwelen, in der die Freudenmädchen in den Türen lehnen und nackte Kinder im Rinnstein spielen, in der das Schreien der fliegenden Händler und die Leiermusik der Pianolas dröhnt. Das alles gehört zum Geheimnis der Stadt.

Erst wenn man die Stufen der großzügigen Treppe zum *Piano Nobile*, was wir *beletage* nennen würden, emporgestiegen ist, hat man das Gefühl, in angemessene Dimensionen überzuwechseln. Und da eröffnet sich dann die Flucht der hohen Säle, an deren Wänden die Bücherschränke einer fünfzigtausendbändigen Bibliothek stehen – einer der größten Privatbibliotheken der Welt –, und man ist gefangen von der einzigartigen Ruhe, die den Werkstätten des Geistes eigentümlich ist. Hier ist das Werk entstanden, das Italien für drei Generationen sein geistiges Gepräge gab, von hier hat die kulturelle Entwicklung der Menschheit Anregung, Bereicherung und Kritik erfahren, wie sie manche Hochschulen und Akademien in solcher Fülle und Stetigkeit nicht zu bieten haben, und hier sollte nach dem Krieg für eine ausgewählte Schar von Schülern ein Ort entstehen, wo sie im Geiste des Meisters ungestört ihren geisteswissenschaftlichen Studien nachgehen konnten. Croce gründete in seinem eigenen Palazzo eine Art Privatakademie.

Am 16. Februar 1947 wurde das *Instituto Italiano per gli Studi Storici* in der Via Trinità Maggiore feierlich eröffnet. Mir ist so, als sei ich dabei gewesen. »An einem Tag des Jahres 1722 stieg dieselben Stufen, die ihr emporgestiegen seid, und betrat einen der Säle dieses Hauses, in dem ihr jetzt versammelt sitzt, und das damals noch dem Fürsten della Rocca d'Aspide gehörte«, mit diesen Worten begann Croce seine Begrüßungs- und Eröffnungsrede, »betrat diese Säle ein sonderbarer Cavalier. Sein Name war Gian Battista Vico. Er kam, um einem erlesenen Kreise – erlesen wie der Ihre – Gedanken vorzutragen, die als ›Scienza Nuova‹ bis heute und für uns besonders höchst prinzipielle Gültigkeit bewahrt haben.«

Der kleine greise Herr, der da, in einem Sessel zusammengesunken, umgeben von bewundernden Adepten und ehrfürchtigen Honoratioren, kaum verständlich, in neapolitanischem Dialekt vor sich hin murmelt, lächelt verschmitzt. Seines treuesten Bundesgenossen, der ihn ein Leben lang geleitet hat, seines Landsmannes Vico hat er sich auch in dieser Stunde vergewissert. »Welches sind denn diese Gedanken, diese wahrhaft großen und neuartigen Gedanken der *Scienza Nuova* gewesen?«, fährt er fort und lächelt sein schalkhaftes Lächeln. »Es war die große Offenbarung, dass der menschliche Geist sich nur erkennen kann in dem, was er selbst geschaffen hat, und dass, weil der Mensch die Geschichte geschaffen hat, er sich nur in der Geschichte wahrhaft begreifen kann.« Damit war ausgesprochen, was *Studi Storici* im Croce'schen Sinne bedeutet. Nicht Geschichtsforschung, sondern geistes-wissenschaftliche Hermeneutik im umfassenden Sinne. Don Benedetto hat es in einem enzyklopädischen Werk demonstriert.

Wenn die Geschichtsschreibung das Privileg der Sieger ist, so ist die Geschichtsphilosophie Sache der Besiegten. Ihre historische Erfahrung schürft tiefer. Um ihrer moralischen Selbsterhaltung willen sind sie gezwungen, den Sinn des geschichtlichen Geschehens in der Zweideutigkeit des *Factum brutum* zu suchen, während der Sieger an seiner Eindeutigkeit apodiktisch festhalten muss. Wer immer Geschichtsphilosophie betreibt, hat es darauf angelegt, seine Niederlage im Lichte höherer Einsicht als Sieg oder wenigstens doch als Voraussetzung für den Sieg in letzter Instanz auszugeben. So ist Dialektik seine Sache, während »Objektivismus« die seines Herrn ist. Der Besiegte verfügt über jenes tiefere Wissen um die Struktur der geschichtlich-gesellschaftlichen Welt, das nur durch Leiden und Schmerzen erkauft werden kann. Die Erfahrung individuellen Leids genügt da nicht. Um geschichtsmächtig zu werden, muss die Leiderfahrung das Ausmaß eines kollektiven Schicksals haben. Dann aber wird sie der Mutterboden einer Erneuerung der Wissenschaft vom Menschen. Nicht die Natur oder irgendeine heilsgeschichtliche Bestimmung determinieren das Schicksal des Menschen, sondern sein geschichtliches Sein.

Diese fundamentale Erkenntnis entstand auf dem Boden Neapels, aus dem Geiste Neapels – der Stadt der Besiegten. Ein völlig neues Geschichtsbewusstsein: das war das Neue der *Nuova scienza*. Dies war die Geburtsstunde der europäischen Geschichtsphilosophie. Es ist kein Wunder, dass Gian Battista Vico ein Neapolitaner war, dass Benedetto Croce ihn wieder entdeckte und zum Propheten des Geschichtsbewusstseins der Moderne machte. Beide verkörpern den *Genius loci* ihrer Stadt.

Ich wurde als Gasthörer in den Schülerkreis des Institutes aufgenommen und arbeitete dort fast ein Jahr lang, viel länger als ursprünglich geplant, täglich einige Stunden in der Bibliothek. Ich las – nicht Croce, sondern Hegel, Marx und Heideggers *Sein und Zeit*. Der alte Croce selbst erteilte keine regelmäßigen Lektionen mehr, jedoch hielt er hin und wieder ein Kolloquium, in dem er den Schülern Rede und Antwort stand. Auch war er jederzeit zu Privataudienzen bereit. Er wirkte durch seine Präsenz. An den hohen Fenstern saßen die lesenden Adepten, und durch die weit geöffneten Flügeltüren konnte man bis in jenes Eckkabinett sehen, an dem, über seinen Schreibtisch gebeugt, Don Benedetto von morgens früh um sieben bis abends sieben – mit zwei knappen Stunden Unterbrechung, einer für die Mahlzeit, einer für den Spaziergang – las, exzerpierte und schrieb: ein Sinnbild zeitloser Ausdauer und unermüdlichen Fleißes. Als Schmuddelpapier für unsere Notizen konnten wir die Fahnen benutzen, in die er mit unleserlicher Handschrift seine Korrekturen eingetragen hatte, die vorletzte Version. Der Vorrat ging nie aus.

Diese Gegenwart des Lehrers schuf ein gleichermaßen intimes und heiteres Ambiente. Ab und an erhob er sich, sein kariertes Plaid über den Schultern, um sich ein Buch aus einem der Regale zu holen. Dabei stellte er diesem oder jenem, an dem er vorbeiging, Fragen nach seiner Lektüre und dem Fortgang seiner Studien. Wenn er auch meist kurz angebunden war, so hatte er doch immer einen erlösenden bibliographischen Hinweis, eine amüsante Anekdote, eine polemische Sentenz parat. Längere Gespräche pflegten damit zu enden, dass er durch die Sekretärin eines seiner unzähligen Werke bringen ließ, im Sachregister nachschlug und dann sagte: »Lesen Sie das nach, darüber habe ich mich vor dreißig Jahren bereits grundsätzlich ausgelassen.«

In der Tat, es gab nichts, worüber Croce nicht schon Grundsätzliches geschrieben hätte. Allein in seiner Monatsschrift, der in ganz Europa beispiellosen *Critica*, hat er durch ein halbes Säkulum hindurch die Menschheitsentwicklung persönlich kommentiert. Das Interessante ist, dass es sich dabei nicht um die Leistung eines Fachmannes, sondern um die eines Amateurs handelt. Keines Akademikers oder gar Professors, sondern eines wohlhabenden Großgrundbesitzers aus den Abruzzen, der sich autodidaktisch zum selbstständigen Erforscher und Wortführer abendländischer Geistesgeschichte herangebildet hatte.

In den Statuten des Institutes heißt es, dass man sich um Klärung der Begriffe bemühen will; Begriffe, die zwar die Studien des Geschichtsschreibers bestimmen, gleichermaßen aber Begriffe *della politica, dell'economia, della morale, della religione, del linguaggio, della poesia e della letteratura e delle arti* sind. Weiter heißt es, dass man helfen möchte, die Probleme richtig zu erkennen und das Bewusstsein dafür zu schärfen, dass »Verstehen« geschichtlichen Werdens (ganz im Diltheyschen Sinne) in eins geht *con la formazione della propria personalità morale*.

Niemand, den ich in meinem Leben gekannt habe, entsprach dem Bilde, das ich mir von einer moralischen Autorität, einer *Personalità morale*, machte, auch nur annähernd so sehr wie Don Benedetto. Generosität, Rigorosität, der unbestechliche Anspruch auf Wahrhaftigkeit, die Demut im Dienste der Wahrheit, der unerschütterliche Glaube an die geistige Freiheit als höchstes Gut menschlicher Selbstverwirklichung: Croce war ein Geistesmensch, kein Luftmensch, mit beiden Füßen fest auf der Erde stehend, auf dem Boden seiner Stadt. Nach außen eine Jahrhundertfigur, nach innen ein bürgerlicher Privatgelehrter mit den Ticks eines alten Junggesellen mit harmonischem Familienleben. Keine Spur von Philistertum und Boheme, von Leichtsinn und Rebellion. Behäbiger Wohlstand und bürgerliche Wohlanständigkeit ohne grandseigneurale Prätention. Das spezifisch neapolitanische Überlegenheitsgefühl des Igels dem Hasen gegenüber. Wie die Zeitläufe auch gehen mochten, in der *Casa Croce* herrschte die Gewissheit, dass hier, und sehr wahrscheinlich hier allein, die Uhren richtig gingen.

Das Ritual des chronometrisch geregelten Tagesablaufs, die Fron des Schreibtisches, die Bibliothek, der Umgang mit den Schülern sind Facetten der Außenseite dieser, wie es scheinen konnte, ganz dem Leben entfremdeten Gelehrtenexistenz. Die verborgene Innenseite bildeten die Spielregeln eines patriarchalischen Familienlebens, in dem, wie es sich versteht, die Frauen dominierten. Sie waren das Revers einer asketisch-disziplinierten, dem Dienst am Geist gewidmeten Lebensform. Sie stellten die Verbindung zwischen der Sphäre der Gedanken und den Niederungen des Alltags her, sie sorgten dafür, dass der Kontakt zur Realität nie abbrach. Sie bildeten die solide Basis, auf der sich das Artefakt des Geistes erhob. Ich hatte das Glück, das alles aus nächster Nähe mitzuerleben, den Lebensrhythmus der *Casa Croce* von innen. Ich wurde nicht nur in das Institut, sondern in die Familie aufgenommen. Der alte Patriarch hatte es so verfügt und seine Töchter für mein Wohlergehen in Neapel verantwortlich gemacht.

Die vier Töchter Croces (Elena, Alda, Lydia und Silvia) waren in der neapolitanischen Gesellschaft berühmt wegen ihrer Hässlichkeit und ihres Witzes. Dieser war so groß, dass die ästhetischen Anforderungen, die ein junger Mann konventionellerweise an ein junges Mädchen zu stellen sich berechtigt fühlt – Kriterien, die zugegebenermaßen etwas oberflächlich sind –, völlig in Vergessenheit gerieten. Die Hässlichkeit und der Geist des Vaters hatten sich in ihnen getreue Ebenbilder geschaffen. Sie waren unverkennbar Croce-Töchter bis zur Karikatur. Der Palazzo war der Schauplatz einer *Daily soap opera*, eines Familienstücks, in dem sich Elemente der populären *Commedia dell' arte*, der bourbonischen Hofetikette und der literarischen Extravaganz à la Bloomsbury mischten, und dessen Dauerthema lautete: Bildung als Lebenszweck des bürgerlichen Subjekts, zum Märchenspiel verfremdet. Ganz ernst genommen wurde nichts und niemand, auch nicht der liebe Gott, nur Bücher und ihre Autoren und Helden von Büchern, die umstandslos in den Kreis der Mitspieler einbezogen waren.

Es herrschte bei den Mädchen, mehr als beim Vater, den eine natürliche Bescheidenheit ohne jedes gekünstelte *Understatement* auszeichnete und unverwundbar machte, das Superioritätsgefühl, sozial und geistig das Beste darzustellen, was es gab. Und das hatte durchaus seine Berechtigung. Hier wurden Standards gesetzt, die von niemandem übertroffen wurden. Als ich kam, waren nur noch die beiden jüngeren Schwestern im Haus, Lydia, etwas melancholisch, Silvia, ein übersprudelndes Temperament, schnippisch und graziös. Aber alles war so, wie Elena, die Älteste, es später in ihren Memoiren beschrieben hat, wie es fünfzig Jahre lang gewesen ist, zeitlos und unnachahmbar. In denselben, immer schlecht beleuchteten und schlecht beheizten, vier Meter hohen Räumen des Palazzo, die allem, was geschah, trotz ihrer ostentativen Nüchternheit, einen grandiosen Rahmen gaben. Das Spiel ging weiter, und ich war aufgefordert mitzuspielen.

Ich sollte Croce nach drei Jahren noch ein letztes Mal wieder sehen, auf meiner zweiten Italienreise, diesmal im Auto, von Afrika kommend, in Begleitung meines Freundes Kurt Hofmann. Kaum war die Stunde für meinen Besuch in der *Casa Croce* festgesetzt, überfiel mich schreckliche Angst. Würde ich ihn überhaupt noch antreffen?

Ich folgte Silvia durch die abgedunkelten Säle der Bibliothek. Jedes Mal, wenn sie Licht anknipste, hatte ich den Eindruck, dass die hohen Regale seit Jahrzehnten nicht beleuchtet gewesen waren. Alles war unverändert. Da hing das Bild von Hegel, dem Philosophen der Epoche, in dessen Rahmen ein halbes Dutzend Zeitungsausschnitte mit Hegel-Bildern gesteckt waren. Nur um mich zu beruhigen, dass es Fluchtpunkte gibt, an denen man anderes als biologische Zeitgenossenschaft und Gleichzeitigkeit ablesen kann, sagte ich, dass auch an meiner Wand ein solcher Zeitungssausschnitt hängt. Doch bedrückte mich der Geruch von Räumen, in denen die Gegenwart ihre Macht verloren hatte. Dann öffnete sich am Ende eines noch dunklen Saales eine hohe Tür, und von dem orangefarbenen Schimmer einer abgeblendeten Schreibtischlampe umflossen, erschien die Silhouette eines Gnomen. Ganz weit entfernt schien sie, und auf spukhafte Weise überdimensional groß. Und von weit her, in der Dunkelheit verhallend, rief eine gebrechliche Stimme meinen Namen.

Zu einer Begrüßung kam es nicht, denn ich wurde sofort nach meiner Arbeit gefragt. Er wusste noch genau darüber Bescheid. Wie jedes Mal sprach er auch diesmal in Selbstzitaten. Und aus einer noch tieferen Vergangenheit als der, aus der er eben vor mich getreten war, ließ er Folianten und Urkunden bringen. Sein Gedächtnis hatte die Seitenzahlen für die ausgefallensten Nachweise präsent. Und nun war er mir nah, wie ein Arbeitskamerad. Er hatte mich aus dem zeitlosen Dämmerkreis, in dem die Regale schimmerten, in seine Gegenwart geholt. Hegel lächelte in seinem Talar. Als mir Croce seine blau verhutzelte Greisenhand zum Abschied reichte, hätte ich sie küssen wollen.

In der Via Trinità Maggiore dudelte ein Radio. Es roch nach dem Öl der Pizzabäckerei an der Ecke und nach Urin. Als sei ich einer spiritistischen Séance entronnen, beglückte mich jeder Reiz, der meine fünf lebendigen Sinne traf. Ich eilte zum Hafen, und im Anblick des Vesuv, der graublau in der Dämmerung schimmerte, verspeiste ich bei »Zi Teresa« einen Tintenfisch.

Der Umgang mit Greisen ist eine Form des Umgangs mit der Geschichte. Das wirft komplizierte Fragen nach geistiger Kontinuität auf, nach der Weise, in der der lebendige Geist sich tradiert, was offenbar nicht durch Bücher, sondern durch das Gespräch zwischen Schüler und Meister geschieht. Heute sucht keiner mehr nach einem Meister, es sei denn, um ihn zu erschlagen. Das Wissen überträgt sich nicht mehr durch das gesprochene Wort in der Gemeinschaft des Geistes. Man erfährt es heute durch das »Surfen im Internet«.

Was habe ich aus Neapel mitgebracht? Croces Maxime, in der sich kategorischer Imperativ und Geschichtsphilosophie verschränken: »Der Fortschritt der Menschheit ist der Fortschritt im Bewusstsein der Freiheit.« Sie hat, davon bin ich überzeugt, bis heute ihre Gültigkeit behalten.

Verbunden mit dieser Maxime waren drei für mein weiteres Leben entscheidende Grundeinsichten:

– dass der Geist keine Grenzen kennt und die nationalen Traditionen als Teile eines übergreifenden Ganzen verstanden werden müssen, mit anderen Worten: das Europäische;
– dass es galt, die Philosophie des Liberalismus wieder zu beleben, die in Deutschland verschüttet war, wodurch das politische Denken sich in eine Sackgasse verirrt hatte;
– dass Geschichtsphilosophie und Soziologie einen diesseitsimmanenten Sinndeutungszusammenhang bilden, in dessen Zentrum die Figur des um Freiheit und Menschenwürde integrierten »dritten Menschen« steht.

Das alles öffnete mir die Augen für die Bedeutung und Aktualität der Weber'schen Kultursoziologie und die darin eingebettete historische Anthropologie.

Zweiter Teil

Alfred Weber

Die Freiheit, die ich mir genommen hatte, indem ich über die vereinbarte Zeit hinaus in Italien geblieben war, wäre mir beinahe teuer zu stehen gekommen. Als ich im Herbst 1948 nach Heidelberg zurückkam, erfuhr ich, dass es einen »Fall Sombart« gab. Wegen Nichtbeachtung der von mir eingegangenen Verpflichtung zu pünktlicher Rückkehr war im Asta ein Verfahren zu meiner Exmatrikulation eingeleitet worden. Die studentische Zeitschrift *Diogenes*, die wie *Die Wandlung* im Verlag Lambert Schneider erschien, berichtete in Heft 7/1947 über die Sitzung des studentischen Ausschusses, in der der Casus verhandelt worden war – in Abwesenheit des Delinquenten.

»Man war außerordentlich geteilter Meinung. Einer sagte, General Giraud sei auch trotz des gegebenen Versprechens aus der Gefangenschaft entflohen. Viele Studenten fänden Sombarts Verhalten schneidig. Die Amerikaner sähen darin vielleicht sogar eine sportliche Tat. Gegen ein sofortiges Exmatrikulationsbegehren von Seiten des Asta wurden Bedenken ausgesprochen, da auch die Gegenseite gehört werden müsste. Im Übrigen würde Herr Sombart auf derartige Beschlüsse wahrscheinlich pfeifen.« Ein Sturm im Wasserglas. Dennoch wäre ich wahrscheinlich nicht so glimpflich davongekommen, hätte nicht Alfred Weber, der mich von Anfang an als seinen Schüler betrachtete, seine schützende Hand über mich gehalten.

Alfred Weber war damals die dominierende Figur der Heidelberger Universität: ein Relikt aus dem kaiserlichen Deutschland, das sich trotz seines hohen Alters etwas ungestüm Jugendliches bewahrt hatte, ein Phänomen ewiger Jugendlichkeit. Es war unmöglich, von seiner Persönlichkeit nicht fasziniert zu sein. Jede Pose war ihm fremd, jede Effekthascherei ein Abscheu. Er gab sich ganz ungeschützt, so wie er war. Seinen Schülern wandte er sich, ungeachtet des Alters- und Rangunterschiedes, mit warmherziger Anteilnahme, mit Sympathie, als Mitmenschen zu. Ihre persönlichen Sorgen schienen ihn ebenso zu interessieren wie ihr Studiengang. Er selber war Stimmungen unterworfen, launisch, kapriziös. In seinen Reaktionen unberechenbar, konnte er das eine Mal ebenso herzlich-heiter wie das andere Mal knurrig, unwirsch und kurz angebunden sein. Immer blitzten die Äuglein unter den struppigen Brauen.

Diese Augenbrauen – zwei Insekten auf der Stirn, auf halber Höhe zwischen den Augen und dem Haaransatz, an dem Haare nicht mehr zu finden waren, dort, wo jene Partie der Stirn beginnt, die man Geheimratsecken nennt. Da lagen sie, choreographisch, aber nicht symmetrisch einander zugeordnet (man muss ein kinetisches Moment in die Physiognomik einfügen). Wann immer ich den alten Herrn beobachtete, im Gespräch, im Seminar, beobachtete ich den Tanz der beiden Insekten. Das musste damit zusammenhängen, dass ich selbst kaum Augenbrauen habe, seit meiner Kindheit. Meine Mutter wollte da immer mit ihrem Augenbrauenstift nachhelfen (von ihr hatte ich diesen Mangel geerbt), aber das wollte ich auf keinen Fall dulden.

Ein typischer deutscher Professor, geprägt durch eine wesensmäßig antibürgerliche Veranlagung, die seinem Lebensstil etwas leicht Bohemehaftes gab. Die Weise, in der er sein ungeheures Wissen und die von ihm gelehrte Kultursoziologie – in erster Linie eine Methode zur Interpretation der Universalgeschichte – vermittelte, ist schwer zu beschreiben. Er konnte nicht reden (und man wird vielleicht auch sagen müssen: nicht schreiben). Seine Vorlesungen waren katastrophal: Er brachte keinen Satz zu Ende, verhedderte sich, verlor den Faden. Und doch wusste man auf Grund eines Peeperkorn'schen Persönlichkeitseffektes genau, was er sagen wollte. Aus dem Gestammel trat mit großer Klarheit der grandiose Gedankengang hervor, um den er rang. Er hat seine Hörer zum Mitdenken gezwungen.

Genauso war es in seinen Seminaren, in dem berühmten Privatissimum, das er mittwochs abends in seiner Wohnung abhielt und zu dem zugelassen zu werden eine große Auszeichnung war. Hier, in der privaten Atmosphäre seiner Studierstube unter dem Dach, im kleinen Kreis, konnte er seine mäeutischen Fähigkeiten voll entfalten. Gefürchtet waren seine Referatkritiken – jede Sitzung begann mit einem Referat, dessen Abfassung er in sorgfältigen Einzelgesprächen vorbereitet hatte –, die den Prozess einleiteten, in dem die Teilnehmer zu jenen Ergebnissen und Einsichten gelangten, zu denen er sie führen wollte. Sie sollten selber aussprechen, was sie erkannten, nicht er, und er ruhte nicht eher, bis er sie dahin gebracht hatte. Dass es gelang, war umso erstaunlicher, als keiner der Schüler auch nur annähernd über die nötigen Voraussetzungen verfügte.

Ein Studiengenosse aus dieser Zeit, Heinz Markmann, ein Heidelberger Junge, der sich nicht genierte, seine heimatliche Mundart zu sprechen, jahrelang treuer und dienender Assistent des alten Herrn, hat dankenswerterweise seine Erfahrungen mit dem Meister und Lehrer zu Protokoll gegeben: »Weber verlangte, dass ihm die Texte der Referate rechtzeitig vor den Sitzungen vorgelegt wurden.

Entsprach ein Referat gar nicht oder nur unvollkommen seinen Vorstellungen, so wurden die Verfasserin oder der Verfassser erneut in die Sprechstunde gebeten, wo Weber noch einmal darlegte, worauf es ihm ankam, und um Überarbeitung der Entwürfe bat. Während wir dann unsere Elaborate vortrugen, hörte er, leicht in sich zusammengekauert, aufmerksam zu. Ein untrügliches Barometer seiner jeweiligen Stimmungslage bildeten seine buschigen Augenbrauen. Bewegten sie sich deutlich und rasch auf und ab, so war Gefahr im Verzuge. Es kam dann vor, wenn auch nur in seltenen, aber gravierenden Fällen, dass das vulkanische Temperament mit Weber durchging und dass er mit großer Schärfe die bedauernswerten Autorinnen und Autoren kritisierte. In extremen Fällen flossen bei den Opfern die Tränen oder sie verließen fluchtartig den Raum. Danach herrschte Grabesstille in der Runde. Wie an seinen Augenbrauen abzulesen war, kämpfte Weber inzwischen heftig gegen seine Gefühlsausbrüche an. Diese gelegentlichen Gewitter in den Colloquien wirkten im Gegensatz zu dem Phänomen in der Natur durchaus nicht reinigend auf die Atmosphäre ein. Im Gegenteil: Mit gesenkten Köpfen saßen wir schweigend in der Runde, bis unser Alter sich schließlich räusperte und versuchte, das Gespräch wieder in Gang zu bringen. Wie ich mich erinnere, hatte allerdings dann nur selten jemand den Mut, sich zu Wort zu melden.« Soweit Heinz Markmann.

»Sozialismus und Demokratie« war gleich bleibend durch viele Nachkriegssemester das Thema des Weber'-schen Privatissimums. Es ging darin nicht, wie man hätte vermuten können, um eine Gegenüberstellung der Sowjetunion und der USA, um die politische Verfassung der beiden Welt- und Siegermächte, um *Reeducation,* um die Grundlagen des Arbeiter- und Bauernstaates, es sollten keine Sozialismus- oder Demokratiemodelle entwickelt werden, es ging nicht um die Erarbeitung von Idealtypen. Die beiden Leitideen der Moderne sollten von ihrer ideen- und sozialgeschichtlichen Herkunft her im Kontext der weltgeschichtlichen Gegenwartslage auf ihre Verwirklichungsansätze und -chancen hin überprüft werden.

Die Frage, was aus Deutschland werden solle, stand zwar unausgesprochen im Mittelpunkt, aber Politik gehörte nicht in den akademischen Raum, in die akademische Sphäre. Wir gingen »wissenschaftlich« vor, »wertfrei«. Das gehörte zum Erbe der deutschen Universität, so wurden wir auch jetzt noch, nach dem Zweiten Weltkrieg, erzogen. Dabei kannten wir das politische Engagement des alten Herrn, der sich leidenschaftlich an der politischen Neugestaltung Deutschlands beteiligte; ein Gegner Adenauers, der sich zur SPD bekannte und wesentlich an ihrer Umgestaltung zur Volkspartei mitgewirkt hat. »Sozialismus und Demokratie« – für Deutschland wollte er beides.

Man muss sich klarmachen, was das bedeutete. An der intensiven Spannung, die in der Dachstube herrschte, war zu spüren, wie sehr ihn das Thema innerlich erregte, viel mehr als uns, die es als selbstverständlich hinnahmen. Es in aller Freiheit behandeln zu können, war für den fast Achtzigjährigen das überwältigende Erlebnis der Befreiung Deutschlands von den Zwängen staatlicher Gewalt; der Befreiung von jenen für jeden freiheitsliebenden Menschen so demütigenden deutschen Verhältnissen, die im wilhelminischen Deutschland strukturell schon dieselben waren wie unter Hitler und die nicht deswegen als weniger schmerzvoll empfunden wurden, weil man sie verinnerlicht hatte. Im Gegenteil.

»Sozialismus und Demokratie« war, seitdem Bismarck die Geschicke Deutschlands in die Hand genommen hatte, der Inbegriff dessen, worüber ein deutscher Professor nicht sprechen durfte, wollte er sich nicht als Reichsfeind disqualifizieren. Man macht sich keine Vorstellung, wie unerbittlich das Verbot war, sich auch nur gedanklich damit zu beschäftigen. Das war Sozialdemokratie, Umsturz und Bürgerkrieg, das war der Feind. Hier hatte die berühmte »Freiheit der Wissenschaft« ihre unüberschreitbare Grenze. Sie dennoch zu übertreten, kam einer Tabuverletzung gleich und wurde mit gnadenlosem Ostrazismus bestraft. Zu glauben, dass es während der Weimarer Jahre viel anders war, hieße, die damalige Lage der deutschen Universitäten, das heißt der Männer, die sie repräsentierten, gröblich verkennen. Das Denkverbot war längst zu einem Habitus geworden, zu einer Unfähigkeit, das Schreckliche, das das Wirkliche war, zu denken; unter Hitler forderte es dann mit der ganzen Wucht des Verdrängten sein Recht. Was war das Nazireich anderes als »Sozialismus und Demokratie« auf deutsche Weise, eine Pseudomorphose der alten autoritären Gewaltstrukturen?

Jetzt war das alles zu Ende. So konnte es scheinen. Das deutsche Experiment hatte sich selbst ad absurdum geführt. Die Siegermächte waren nur die Vollstrecker eines selbstgewählten, selbstverschuldeten Schicksals. Man konnte neu beginnen. Der Fehler war nur, dass man glaubte, man müsse bei 1933 wieder anknüpfen, und nicht deutlich genug erkannte, dass es darum ging, vor den Gewaltstreich von 1849 zurückzukommen. Deutschlands Sternstunde war das Jahr der Paulskirche. Ein Jahrhundert später – was bedeutet ein Jahrhundert in der Geschichte eines Volkes? – konnte man versuchen, von da aus einen neuen Anfang zu machen.

Das sage ich heute. Was wir damals erlebten, war die glühende Leidenschaft eines alten Mannes, eine Art Freiheitsrausch, ohne die geringste Ahnung zu haben, woher die Sehnsüchte und Hoffnungen kamen, die hier eine späte Erfüllung fanden. Wir verstanden auch nicht, dass er uns liebte, weil er sich wünschte, dass wir die Generation seien, die diese Sehnsüchte und Hoffnungen verwirklichen würde.

Die oberste Fragestellung für Alfred Weber sei, heißt es in der vortrefflichen Darstellung des Weber'schen Systems von Roland Eckert, »in der allgemeinen Aufgabe gegeben, die Bewegung der Geschichte zu begreifen. Damit verbindet sich für ihn die Hoffnung, über das Wesen und das Schicksal des Menschen Auskunft zu erhalten. Alfred Weber nimmt damit teil an jener langen, das 19. Jahrhundert durchziehenden Anstrengung, in der Philosophen, Historiker und die Vorläufer der Gesellschaftswissenschaft zwar verschiedene Wege gehen, aber dennoch in der Meinung übereinstimmen, dass die Geschichte das oberste Erkenntnisobjekt der Wissenschaften vom Menschen sei. Wie vor ihm schon Saint-Simon und Comte, Lorenz von Stein und Karl Marx – um nur die wichtigsten Repräsentanten einer Soziologie als ›Krisenwissenschaft‹ zu nennen – erhofft sich Alfred Weber mit Hilfe der Erkenntnis von Bewegung und Verlauf der Geschichte auch Aufschluss über die Gründe der gesellschafltichen Krise und über die Möglichkeiten ihrer Überwindung.«

Das zentrale Anliegen der Soziologie: Analyse des menschlichen Geschicks im geschichtlichen Daseinsgesamt, Betrachtung der Geschichte als menschliches Gesamtschicksal, die Frage nach dem »seelisch-geistigen« Wesen des Menschen und seinen Wandlungen und Variationen im Geschichtsprozess – Alfred Weber geht dabei davon aus, dass der Mensch von Grund auf wandelbar ist. Ihn interessierte nicht in erster Linie ein bestimmtes Wirtschaftssystem oder eine bestimmte Sozialordnung, sondern der neue Mensch, der im Nachkriegsdeutschland entstehen sollte. Seine Ideen dazu hatte er in seiner Schrift *Freier Sozialismus – ein Aktionsprogramm* niedergelegt.

Es ist kein Zufall, dass er diesen wichtigen Text zusammen mit einem Aufsatz des Psychoanalytikers Alexander Mitscherlich veröffentlichte. Die beiden hatten sich im Gefängnis kennen gelernt, in dem sie 1945 von den Amerikanern für kurze Zeit inhaftiert worden waren. »Mit Alfred Weber«, schreibt Mitscherlich in seinen Erinnerungen, »verband mich eine innere Verpflichtung, alle politischen Handlungen daran zu messen, ob sie der Entwicklung des Individuums dienlich waren oder nicht.« Ihr gemeinsames Ziel war es, den besten Traditionen des deutschen Idealismus entsprechend, »den Einzelmenschen als freie Persönlichkeit zu entfalten«. Keiner hat dieses Projekt besser formuliert als Wilhelm von Humboldt: »Die Bestimmung des Menschen ist die Ausbildung seiner Individualität zu dem harmonischen Kunstwerk einer in all ihren Anlagen entwickelten Persönlichkeit, die zu allen Seiten der Welt ein positives Verhältnis hat.« Und: »Der Staat hat die Grenze seiner Tätigkeit an dieser inneren Selbstentwicklung der Individuen und an dem freien Schaffen der Nation.« Kann man es besser sagen? Aber hören wir weiter: »Das Ziel der Geschichte kann nur die Verwirklichung der durch die Menschheit darzustellenden Idee sein, nach allen Seiten hin und in allen Gestalten, in welchen sich die unendliche Form mit der Idee zu verbinden vermag.«

In der Einleitung zur Sozialismus-Schrift erklärt Weber, dass der Nationalsozialismus am Ende einer historischen Entwicklung stand, dass er Resultat einer mehrhundertjährigen Fehlleistung unserer deutschen Geschichte gewesen ist. Nach Weber zeichnet sich der bisherige Durchschnittsdeutsche durch Gehorsam, mangelnde Zivilcourage und Rücksichtslosigkeit aus, die »früher einmal vorherrschend gewesenen Anlagen selbstverständlichen Freiheitswollens und Freiheitshandelns« seien verschüttet. »Unsere Aufgabe ist die Umwandlung des deutschen Massenmenschen aus einem geduldig-gehorsamen Massentier in einen Typus der Zusammenordnung charakterlich selbstständiger, aufrechter, selbstbewusster, auf ihre Freiheitsrechte eifersüchtiger Menschen.« Als konkrete Eigenschaften des neuen deutschen Menschen bezeichnete Weber »Freiheitsliebe, Selbstverantwortlichkeit, Menschlichkeit und Urteilsfähigkeit«. Diese »Charakterqualitäten können sich nur in einem politischen und wirtschaftlichen System entwickeln, das eine freiheitliche und demokratische Entwicklung des Landes verbürgt. Dazu gehören die Errichtung eines Rechtsstaates und einer parlamentarischen Demokratie, eine durchgreifende Mitbestimmung aller gesellschaftlichen Kräfte im wirtschaftlichen Bereich, sowie die Schaffung eines außenpolitischen Koordinatensystems, das eine friedliche Entwicklung Deutschlands garantiert.«

Als Alfred Weber diese Sätze schrieb, war er 77 Jahre alt. Sein Weltbild hatte sich seit seinem fünfzigsten Lebensjahr nicht mehr verändert, alle hier zitierten Äußerungen stammen aus der Epoche des Kaiserreichs. Einen neuen Menschen schaffen wollte Weber bereits im Jahre 1912 unter dem Einfluss der Jugendbewegung. Für ein parlamentarisches Regime hat er sich schon im Kaiserreich eingesetzt. Eine wirtschaftliche Verflechtung der europäischen Länder propagierte er seit dem Jahre 1902 und besonders während des Ersten Weltkrieges, wiewohl er damals noch selbstverständlich eine politische Vormachtstellung Deutschlands forderte. In den Zwanzigerjahren unterstützte er dann die

Weimarer Republik gegen die antirepublikanische, nationale Rechte und die Nationalsozialisten. Als im März 1933 sein »Widerstand der ersten Stunde« gegen das Hitler-Regime scheiterte, ging er in die innere Emigration, wo der alte Herr, von seinen politischen Gegnern vergessen, mit seiner Lebensgefährtin Else Jaffé überlebte. Seine große Stunde kam 1945, als er, ein »Engel der Rache«, als Beauftragter und Vertrauensmann der Amerikaner die Universität Heidelberg entnazifizierte und sich aktiv für die demokratische Neugestaltung Deutschlands einsetzte.

Alfred Weber, sagt sein Biograph Eberhard Demm, steht für die Kontinuität eines demokratischen Deutschland vom Kaiserreich zur Nachkriegszeit und später zur Bonner Republik. Es hat eben in Deutschland auch die liberale beziehungsweise die sozial-liberale Tradition gegeben. Bonn wurde geprägt durch eine Generation alter Männer – Theodor Heuss, Konrad Adenauer, Reinhold Maier und andere –, die ihre demokratischen, liberalen und sozialen Ideale aus dem Kaiserreich mitbrachten, an die sie dreißig Jahre später wieder anknüpften. Alfred Weber ist einer der Ihren gewesen; vielleicht der bedeutendste Vertreter einer politischen Mentalität, die in Deutschland seit der Bismarck'schen Wende immer nur minoritär gewesen ist. Vielleicht wird man sagen müssen, dass er der letzte deutsche Liberale war. Auf jeden Fall war er von Anfang an ein Außenseiter, ein Einzelgänger, ein Solitär, der sich vom *Mainstream* absetzte.

Er hat keine Schule gemacht, und doch ist sein kultursoziologisches Modell im interdisziplinären Gerangel und Gequatsche der *Post histoire* der einzig verlässliche Zugang zu einer universalhistorisch-soziologischen Analyse der Menschheitsproblematik, »des menschlichen Gesamtschicksals« auf diesem Planeten. Doch kaum einer von denen, die sich heute als Kultursoziologen profilieren, nennt oder kennt noch den Namen dessen, der die Kultursoziologie »erfunden« hat.

Was ist eigentlich Kultursoziologie?

Kultursoziologie ist die Disziplin, die es möglich macht, zwischen »Kultur« und »Zivilisation« zu unterscheiden. Sie ist das positive Erbe der deutschen Kulturkritik des 19. Jahrhunderts, die der Ausdruck eines »ethnischen Fundamentalismus«, einer deutsch-völkischen, sich bis zum Rassismus versteigenden Selbstverständigung deutscher Geister gegen die Überflutung durch die »Ideen von 1789« war. Sie verhärtete sich zu einer Ideologie, die die Innen- und Außenpolitik des Zweiten und Dritten Reiches beherrschte. Man hat sie als die »Ideen von 1914« kanonisiert. Was deutsch war, war »Kultur«, was nicht deutsch war, war »Zivilisation«. Das war das Frankreich der Revolution, das England des Liberalismus, das Amerika der Menschenrechte und der Demokratie, als alles zusammenfassende Klammer das »Weltjudentum«. Deutschland stand gegen die Welt, gegen die Weltzivilisation.

Dabei hatte deutsche Gelehrsamkeit längst das kultursoziologische Modell entwickelt, das von der Erkenntnis ausging, dass Kultur und Zivilisation keine Alternativen, sondern sich ergänzende komplementäre Daseinsbereiche und Strata der Menschheitsentwicklung sind. Die Aufgabe besteht darin, ihr Verhältnis zueinander zu definieren und in einem übergreifenden globalen Zusammenhang zu sehen. Es gibt nur den einen Zivilisationsprozess, den man als den Leitfaden einer menschlichen Universalgeschichte hypostasieren kann. Und er führt, seiner eigenen Logik und

Dynamik folgend, zu der einen Weltzivilisation, der dem Zivilisationsprozess zugeordneten, diesem Prozess sich verdankenden »Einen Welt«.

Es gibt unzählige über den Erdball verstreute Kulturen, lebende und vergangene, über die der Zivilisationsprozess hinweggegangen ist, und andere, die er, in verschiedenen Graden, durchdrungen hat, die also zu Trägern des Zivilisationsprozesses wurden. Kulturen formen Sozialstrukturen, die ihr Substrat sind, in ihrer Formation aber immer auch vom Zivilisationsprozess mitgeprägt werden. Kulturen wurzeln in ihrer Vergangenheit und sind in ihrem Selbstverständnis wesentlich vergangenheitsbezogen. Tradition, Blut und Boden, Ursprung, Fundament. Der Zivilisationsprozess hingegen ist immer zukunftsgerichtet. Der Begriff der Zukunft, wenn er nicht eschatologisch ist, findet hier seinen pragmatischen Sinn. Der Zivilisationsprozess ist ein Entwicklungsgeschehen. Sein Telos ist die Herstellung der »Einen Welt« und die Konkretisierung der Menschheitsidee in der Zusammenführung der verschiedenen Erscheinungsformen der Spezies zu einer globalen Gemeinschaft. Insofern ist der Zivilisationsprozess universalistisch-planetarisch.

Es ist ungenau und irreführend, mit Samuel P. Huntington von einem Zusammenprall der Zivilisationen zu sprechen (*Clash of civilisations*). Richtig ist, von den Konflikten zu sprechen, die aus den Inkompatibilitäten zwischen den Kulturtraditionen mit ihren jeweils eigenen Besonderheiten und den Auswirkungen des Zivilisationsprozesses in seiner Tendenz zur Vereinheitlichung der Lebensbedingungen der Spezies entstehen. Insofern ist es sinnvoll, von einer Weltkulturpolitik zu sprechen, wie es notwendig ist, sich über die Werte einer die Kulturen umgreifenden Ethik Gedanken zu machen. Konkret heißt das: Wie kann man die lokalen, regionalen und nationalen Identitäten in einer immer offener werdenden Welt bewahren, in der die Strukturen objektiv alle Grenzen überschreiten? Wie soll man die Heimat, also das, was in der lebendigen Tradition einer Gemeinschaft wurzelt, in Übereinstimmung bringen mit universalen Ansprüchen, die Bestandteil jeder demokratischen Gesellschaft sind; wie kann man eine Kultursphäre schaffen, die authentisch in den Ursprüngen und universell im Verständnis ist?

Das ist der neuralgische Punkt, an dem die Interpenetration der beiden Seinsbereiche, deren Unterscheidung als »Kultur« und »Zivilisation« zunächst nur ein methodischer Kunstgriff ist und die immer auf ein Ganzes bezogen werden müssen, zum Ernstfall des Denkens wird, hier liegt die Begründung eines Weltbewusstseins und einer friedlichen Weltordnung. Sollte die Ironie des Schicksals so weit gehen, dass sich Deutschland als geeigneter »Standort« erweist, um einen konstruktiven Beitrag zur Lösung dieser säkularen Aufgabe zu leisten? Dies könnte beginnnen mit einer Klärung der Begriffe, einer methodisch genauen Distinktion von »Zivilisation« und »Kultur« im Sinne des kultursoziologischen Paradigmas von Alfred Weber.

Weltpolitik wird Weltkulturpolitik

Was meine Generation erlebt hat, ist die effektive Herstellung der »Einen Welt«, der »Einheit der Menschheit auf ihrem Planeten«. Technisch und ökonomisch ist sie vollzogen, und wir können angesichts der Erfolge der Computertechnologie und der Kommunikationselektronik behaupten, dass die Herstellung der »Einen Welt« das Telos des wissenschaftstechnologischen Fortschritts ist.

Generell ist der Prozess der Globalisierung, der Planetarisierung ein geistiger, spiritueller Vorgang. Ein Prozess, der den Erdball mit einer ursprünglich nicht vorhandenen Daseinssphäre, einem sekundären System (Freyer) überzogen hat. Über die Biosphäre erhebt sich die Noosphäre (Teilhard de Chardin), ein Produkt der instrumentalen Vernunft und visionärer Antizipationen, mit anderen Worten, ein Produkt des »Zivilisationsprozesses«, der einer eigenen autopoietischen Dynamik folgt.

Zu seinen Begleiterscheinungen gehört es offenbar, dass das individuelle und kollektive Bewusstsein der Mehrheit der Bewohner dieser »Einen Welt« noch nicht das Niveau erreicht hat, das ihr erlaubt, die neue Situation (ihre neuen Daseinsbedingungen) effektiv unter Kontrolle zu bringen. Unser Epochenbewusstsein hinkt den Entwicklungen hinterher, es ist nicht auf der Höhe der Zeit. Man kennt dieses Phänomen eines Auseinanderdriftens von Sein und Bewusstsein bei evolutionären Prozessen und hat dafür den Begriff *Cultural lag* geprägt.

Unser Weltbewusstsein erfasst im Wesentlichen den Krisenaspekt einer »Übergangszeit«. Weltwirtschaft und Weltpolitik operieren mit Theorien und Hypothesen, die veralteten Konzepten verhaftet bleiben und allenfalls dazu taugen, eine neue Konstellation in ihren momentanen, partiellen, transitorischen Gegebenheiten zu beschreiben. Wir kennen die Etappen, die das Weltbewusstsein durchlaufen hat: Aus einem eurozentrischen, hegemonialen Staatensystem wurde ein plurizentrisches, pluralistisches System von Weltregionen, das in der Vorstellung der Notwendigkeit einer alles übergreifenden, für alle gültigen Weltorganisation eine unerlässliche Ergänzung fand. Die wichtige Frage nach der Organisation der Menschheit in der »Einen Welt« wurde verstanden als eine Frage nach der technischen Transformation der bestehenden ökonomischen und politischen Strukturen. Erst in den Jahrzehnten nach dem Zweiten Weltkrieg ist langsam ein weiterer Faktor, der bis dahin sträflich vernachlässigt wurde, in den Blick gekommen: die kulturelle Identität und Diversität als konstitutives Element der Menschheitsentwicklung. Das ist das qualitativ Neue im Verständnis der globalen Ära.

Das heißt aber, dass nunmehr nicht das militärische Potential oder der Grad der ökonomischen Entwicklung die entscheidenden Parameter für die Definition der Disparitäten der verschiedenen Teile der Weltbevölkerung auf ihrem Weg in die »Eine Welt« sind, sondern die Diversität autonomer Kulturen in ihrem Spannungsverhältnis zu den universalistischen Tendenzen der »Einen Weltzivilisation«. Das Problem ist nicht etwa der Gegensatz der Kulturen oder gar der *Clash of civilisations*, sondern der Gegensatz zwischen Kultursphäre und Zivilisationsprozess, zwischen *Cultural identity* und Universalismus. Das darin schlummernde Konfliktpotential ist der Sprengstoff aller Krisenherde und lokalen Kriegsschauplätze. Dass sie nicht mit den traditionellen Mitteln der Politik gelöst werden können, liegt auf der Hand.

Nicht Konfrontation kann die Lösung bringen, sondern Kooperation und Koordination. Nicht Gewaltausübung, sondern Verständigung und Vermittlung, Vernetzung, gewaltlose Kommunikation. Die Menschheit muss sich als Konföderation der Kulturen organisieren, der Zivilisationsprozess in einer damit kompatiblen Wertegemeinschaft seine Krönung finden. Mit anderen Worten, wir erleben, wie der Begriff der Weltpolitik sich mausert. Weltpolitik kann heute primär nur Weltkulturpolitik sein. Im Englischen ist es leicht, den Unterschied zu markieren: *Policy*, nicht *Politics*.

Palais Weimar

Alfred Weber verdankte ich im Herbst 1946 den kurzen Aufenthalt im Palais Weimar, dem Sitz des legendären »Insosta«, dessen Direktor er nach dem Krieg wieder geworden war. Das war nach meiner Rückkehr aus München gewesen und stellte einen nie wieder erreichten Höhepunkt meiner studentischen Budenexistenz dar.

Man muss wissen, dass das Insosta, das »Institut für Sozial- und Staatswissenschaften«, in den Zwanzigerjahren ein progressives, interdisziplinäres Institut war, das modernste und fortschrittlichste der Universität, gegründet, um die Brücke zu schlagen zwischen Wissenschaft und Wirtschaft, zwischen Theoriebildung und Politik, zwischen Deutschland und der Welt. Es lag am äußersten Ende der Hauptstraße, dicht am Karlstor, dort, wo der Weg aus der Stadt heraus in das Neckartal führt, das sich an dieser Stelle schluchtartig verengt. In der Topographie Heidelbergs markiert es, für mich, den extremen Gegenpol zu dem mir nicht nur aus städtebaulichen Gründen verhassten, am anderen Ende der Hauptstraße gelegenen Bismarckplatz, Knotenpunkt aller Straßenbahnlinien, die das moderne Heidelberg der Vororte mit den Nachbarstädten der Rheinebene verbindet.

Das Gebäude, in dem das Institut untergebracht war, hatte etwas Vornehmes, Seniorales, Dixhuitièmistisches und stach von der Bürgerarchitektur der Altstadt ebenso ab wie von den meistens in rotem Backstein aufgeführten, stilmäßig dem Eklektizismus des 19. Jahrhunderts verpflichteten Universitätsbauten. Eine Ausnahme bildete da nur die »Neue Universität«, die in dem schüchternen Versuch, gleichzeitig modern und »ländlich« zu sein, mit ihrem flachen, weit über den weiß getünchten Baukörper ausladenden, schiefergedeckten Walmdach, im Stadtzentrum mit seiner relativ homogenen historischen Bausubstanz freilich eher als Stilbruch wirkte denn als Zeugnis architektonischer Innovation.

Der Sitz des Insosta war etwas Besonderes; er hieß nicht nur Palais Weimar – weil es für irgendwelche Agnaten des Weimarer Fürstenhauses gebaut worden war –, es war ein Palais. Seine Innenausstattung ging weit über das hinaus, was für ein Universitätsinstitut üblich war. Billige, gelbe Büromöbel und schwarze Metallregale für Aktenordner und Bücher – nichts dergleichen. Man hatte den Eindruck, sich in der Chefetage eines großen Industriekonzerns zu befinden, dessen Boss über einen exquisiten Geschmack und einen begabten Innenarchitekten verfügt. Exotische Edelhölzer, schwere, mullgefütterte Vorhänge und überall, wo nicht, wie im großen Seminarraum, die alten Parkettfußböden erhalten waren, dicke Teppichböden von Wand zu Wand. Alles in den Farben aufeinander abgestimmt, honigfarben, lindgrün, die Lampen und Leuchter aus massivem Messing, ein Hauch von Art déco. Alle Fenster öffneten sich zum Neckar hin. Fenstertüren führten auf herrschaftliche Terrassen, die zu Festen einluden, wie sie dort auch veranstaltet wurden.

Als das Institut in den Zwanzigerjahren einzog, hatte man die Raumdisposition des *Piano Nobile* nicht durch Zwischenwände zerstört. Es blieb der Eindruck einer Flucht kleiner Säle erhalten. Flügeltüren trennten die Büros der Direktoren, den großen Seminarraum und den Lesesaal. An allen Wänden standen Bücherregale. Das ganze Institut wirkte im Grunde wie eine große Privatbibliothek. Es stellte die äußerste Stufe an Luxus dar, zu der sich ein universitäres Etablissement vorwagen konnte. Ein Juwel.

Seine Geschichte ist inzwischen Gegenstand gründlicher Untersuchungen geworden. Und das zu Recht. Nach dem Ersten Weltkrieg war die Gründung des Instituts der kühne Versuch, den klassischen Universitätsbetrieb aus seiner Elfenbeinturmisolation herauszuholen und in den Dienst wirtschaftlicher Interessen zu stellen, sowohl was die Thematik der Forschung als auch was die Ausbildung seiner Schüler betraf, wobei die Wirtschaft in großem Stile in die Pflicht genommen wurde. Sie stellte die nötigen finanziellen Mittel zur Verfügung für Stipendien und Lehrstühle, Gastvorträge und Colloquien, aber eben auch für eine luxuriöse Inneneinrichtung. So wurde eine expansive Institutspolitik möglich und das Institut von staatlichen Zuwendungen weitgehend unabhängig.

Das amerikanische Modell hatte schon den berühmten Friedrich Althoff, als Ministerialdirektor im preußischen Kultusministerium die graue Eminenz der Hochschulpolitik im wilhelminischen Deutschland, begeistert. Es verlangte nicht mehr und nicht weniger als eine Überwindung der traditionellen Trennung von Wissenschaft und Gesellschaft und setzte einen neuen, umfassenden Gesellschaftsbegriff voraus, der die Wirtschaft einschloss und nicht mehr im Schatten des Primats des Staates stand. Das war professoralem Denken ebenso fremd wie das Stück *Entrepreneurship*, das ihnen im Rahmen des neuen Kräftespiels abgefordert wurde. Nicht jeder war dafür geeignet. Das Insosta war der emanzipatorischen Energie, der Weltoffenheit und Phantasie seines Direktors Alfred Weber zu danken, seinem unkonventionellen Denken, seiner Unwissenschaftlichkeit, seinem Außenseitertum. Er brauchte ein Instrument der Erprobung und Durchsetzung seiner universalistischen Kultursoziologie. 1933 hatte er seine Position aufgeben müssen, weil er die Hakenkreuzflagge, die die Nazistudenten ohne seine Zustimmung auf dem Dach gehisst hatten, wieder einholen ließ. Ein Akt des Widerstandes, des politischen Kampfes gegen die unaufhaltsame Nazifizierung der Heidelberger Universität.

Eine Heldentat? Jedenfalls nicht »Widerstand durch Mitmachen«, wie die Formel der Verteidigung in Nürnberg lautete, sondern durch Neinsagen. Ein Zeichen männlichen Muts, dem Unzulässigen ein Nein entgegenzusetzen, in einem Moment, in dem alles schon haltlos in den Sog des Unheils geraten war. Wer kann schon von sich behaupten, er habe in einem dezisiven Moment nein zu sagen gewagt?

Man muss sich die Situation vorstellen, wie der kleine alte Herr in seinem grauen Anzug sich dem Kommando braun uniformierter Studenten, die diesen Handstreich gezielt durchgeführt haben, entgegenstellt, mit krächzender Stimme sein Hausrecht geltend macht und trotz der bedrohlichen Haltung der braunen Phalanx nicht eher Ruhe gibt, bis sein Hausmeister den Schmachfetzen vom Dach holt. Es war ein kurzer Triumph. Auf Druck des NS-Studentenführers desavouierte der Rektor der Universität Webers Initiative, die Fahne wurde wieder gehisst. Die »Gleichschaltung« nahm ihren Lauf, das Schicksal des Insosta war besiegelt.

Als ich das Institut zum ersten Mal betrat, war es verwaist. Es herrschte in seinen Räumen gespenstische Stille. Weil es unbenutzt war und ich ihm gesagt hatte, dass ich ein Quartier suchte, hatte Alfred Weber mich dort eingewiesen, ganz unbürokratisch *per ordre di mufti*. Ich bewohnte ein Assistentenzimmer, in dem Salin, Mannheim und Bergsträsser residiert hatten, ein komfortabler Arbeitsraum, mit Schreibtisch und Ohrensessel, in den man ein spartanisches Feldbett gestellt hatte, weiß Gott welcher Provenienz. Geschlafen hatte hier noch niemand.

Der Komfort hörte auf, als sich mit Wintereinbruch herausstellte, dass das Institut nicht beheizt wurde – woran niemand gedacht hatte. Der Winter 1946/47 wurde, wie sich jeder erinnert, der ihn mitgemacht hat, ein besonders harter Winter, wegen der Temperaturen einerseits, wegen des Mangels an Brennmaterial andererseits. Meine Rettung wurde ein kleiner elektrischer Heizofen, den ich Tag und Nacht eingeschaltet ließ, ohne mir klarzumachen, dass dadurch die Stromkosten in astronomische Höhen stiegen. Die Universitätsverwaltung sah sich plötzlich mit einer horrenden Elektrizitätsrechnung konfrontiert.

Wer war dafür verantwortlich zu machen? Der Erste, der in Frage kam, war der Hausmeister Ernst, der mit seiner Frau zwei kleine Zimmer im Souterrain bewohnte. Ich habe nie erfahren, ob es derselbe war, der 1933 die Hakenkreuzfahne vom Dach geholt hatte, ich halte es nicht für ausgeschlossen. Wir kohabitierten, ohne voneinander Kenntnis zu nehmen. Ich war für die Hausmeistersleute kein »möblierter Herr«, sie waren nicht meine Wirte. Unsere Kommunikation war schon dadurch aufs Äußerste eingeschränkt, dass er ein mundartliches Idiom sprach, das ich nicht verstand. Umso mehr wusste ich es zu schätzen, dass seine freundliche Frau sich bereit erklärt hatte, sich um meine Wäsche zu kümmern.

Herr Ernst verfügte über einen kleinen Kanonenofen. Das Abzugrohr ragte ganz frech aus dem Souterrainfenster – eine Verletzung der Ordnung und Symmetrie der klassizistischen Fassade, so als ob Heidelberg, die stehen gebliebene Stadt, doch auch irgendwie etwas abbekommen hätte von der Zerstörung, die in anderen Städten gang und gäbe war, in München zum Beispiel, wo es intakte Fassaden so gut wie nicht mehr gab und Ofenrohre aus jeder Ruine in den Himmel wiesen. Im Kellerloch des Herrn Ernst war es immer mollig warm. Sich um die Temperaturen zu kümmern, die in meinem Zimmer herrschten, hatte er dagegen nie Veranlassung gefunden. Jetzt sollte er für die gewaltigen Stromkosten des Instituts zur Rechenschaft gezogen werden, für die es, da ich offiziell nicht existierte, eine offizielle Erklärung nicht geben konnte. Der arme Mann war überfordert. Sein Schrecken war so groß wie die infrage stehende Summe. Er sah sich schon auf der Straße, seines Postens enthoben, im Gefängnis. Aber alles lief glimpflich ab. Der Zwischenfall konnte durch einen unbürokratischen Machtspruch des Direktors geregelt werden. Es herrschte noch die Atmosphäre des Ausnahmezustandes der unmittelbaren Nachkriegszeit. Der Gipfel der Noblesse war es, dass ich, der eigentliche Übeltäter und Nutznießer, in keiner Weise behelligt wurde. Die ärgerliche Geschichte hat allenfalls dazu beigetragen, dass meine Einquartierung nicht, so wie ich gewünscht hätte, von längerer Dauer war. Im Frühjahr wurde mir bedeutet, dass ich mich nach einer neuen Bleibe umsehen möge.

Leserausch

Mein Aufenthalt im Palais Weimar hatte etwas durchaus Irreales. Ich hauste darin wie ein Gespenst in dem verwunschenen Schloss einer *Gothic novel* oder, weniger romantisch ausgedrückt, wie ein *Squatter* in einem verlassenen Haus.

Nachts, wenn ich wusste, dass das Hausmeisterehepaar schlief, ging ich auf leisen Sohlen von meinem Zimmer hinüber in die Institutsräume, um mir Bücher aus den Regalen zu holen. Ich war wieder der Knabe, der sich in der großen Bibliothek des Vaters mit Lesestoff versorgte. Ich konnte nicht genug davon bekommen und schleppte so viel Bücher, wie ich tragen konnte, in meine Bude. Sie stapelten sich ungelesen, aber verheißungsvoll auf meinem Schreibtisch. Sie dort aufzustellen, war der erste Akt ihrer geistigen Inbesitznahme, die nicht immer von der Arbeit des Lesens sanktioniert wurde. Sich den Inhalt von Büchern anzueignen, ohne sie »ganz« zu lesen, gehört zu den unerlässlichen Techniken der Wissenserweiterung, ohne die man das 10000-Bücher-Programm nicht bewältigen könnte. Dazu gehört auch das »Betasten«, »Beschnuppern« und das »Bebrüten« von Büchern als außerwissenschaftliche Annäherungsweisen der Appropriation des Stoffes durch direkte Wunderwirkung des Heiligen Geistes – oder wie immer man den mysteriösen Vorgang bezeichnen will. Es gibt eine magische Dimension des Umgangs mit Büchern und Texten. Die Kunst des »höheren Lesens«, über den Text hinaus, hinter den Text, die talmudistisch-kabbalistische Lesetechnik, sollte ich später erst von meinem Freunde Hanno Kesting lernen, von dem noch die Rede sein wird.

Schnell hatte ich die Systematik der Einordnung der vielen tausend Bände in die Regale herausgefunden. Jede thematisch geordnete Präsenzbibliothek hat den Vorteil, dass man ganze Provinzen des Wissens mit einem Blick überschauen kann, um sich nach Belieben das Opus herauszusuchen, das besonders interessant zu sein verspricht. Erstaunlich ist dabei die Sicherheit des Zugriffs, die einen das »richtige Buch« finden lässt, obwohl man es doch noch gar nicht kennt. Es ist so, als ob es einem zulächelt und sagt: »Nimm mich, ich bin so schön, ich bin's, das du brauchst.«

Die Wintermonate im Insosta verbrachte ich in einem wahren Leserausch. Ich las von morgens bis abends in den Büchern, die ich mir nachts geholt hatte. Anders als in der Bibliothek von Benedetto Croce oder später in der *Bibliothèque Nationale* in Paris hatte ich nichts, was mir wichtiger war, keine gesellschaftlichen Verpflichtungen und Verlockungen, keinerlei Ablenkung, keine Alternative.

Das Pensum war immens. Ich musste mir den Corpus der deutschen Geistesgeschichte von Hegel über Nietzsche und Marx bis zu Max Weber und Heidegger aneignen. Ich wusste nicht viel davon. Mein Vater hatte auf meine Jugendlektüre einen geringen Einfluss. Er war über das Zeug, das ich las, eher ungehalten. Es war in seinen Augen zu viel Literatur, noch dazu französische, nichts Seriöses. Vergeblich versuchte er, mich für Schopenhauer zu interessieren. Wissenschaftliche Werke, inklusive seiner eigenen, mutete er mir nicht zu. Dass ich Spenglers *Untergang des Abendlandes* verschlang, verursachte bei ihm Kopfschütteln. Spengler gehörte für ihn in die Kategorie der nicht ernst zu nehmenden »Plüschaffen« (wie die ganze Garde der deutschen Selbstdenker, Kassner, Ziegler, Klages, Keyserling und *tutti quanti*). Von Nietzsche riet er mir eher ab. Meine erste Lektüre des *Zarathustra* hatte ohnehin keinen tieferen Eindruck auf mich gemacht. Die große Auseinandersetzung mit Nietzsche, dem Verächter Bismarcks und des deutschen Kaiserreiches, dem Anti-Antisemiten und Propheten des »guten Europäers«, sollte erst sehr viel später beginnen.

Ich war Schüler einer deutschen Oberschule gewesen, des einstmals wegen seines hohen Niveaus und der Vielseitigkeit seines Lehrangebotes berühmten Grunewald-Gymnasiums. Biologie, das heißt Rassenkunde, und Turnen, das heißt körperliche Ertüchtigung, waren nun unsere Hauptfächer. Im Deutschunterricht wurden wir traktiert mit Kriegsbüchern aus dem Ersten Weltkrieg: Beumelburg, Dwinger, Ernst Jünger (nicht Remarque und Renn) und nationalvölkischer Hausmannskost von Hans Grimm bis Kolbenheyer. Von Philosophie keine Spur, der Geschichtsunterricht stand im Zeichen der Wanderbewegung der germanischen Stämme aus dem Norden in den Süden. Wir wurden belehrt über Pfahlbautensiedlungen und den ornamentalen Schmuck von Tontöpfen (Scherben von Tontöpfen), auf denen das Hakenkreuz zu erkennen war. Ich übertreibe nicht. Das war das nationalsozialistische Geschichtsbild. Die Entwicklung Europas im 19. Jahrhundert kam darin nicht vor. Die Französische Revolution und Napoleon wurden in einer Stunde behandelt, im Hinblick auf die »Deutschen Befreiungskriege«, eingehend jedoch die Reichsgründung von Versailles als Großtat Bismarck'scher Realpolitik und der Erste Weltkrieg als heroischer Kampf des deutschen Volkes »gegen eine Welt von Feinden«, der siegreich beendet worden wäre, wenn nicht der Verrat im Inneren zu einem schmachvollen Ende geführt hätte. Schuld daran trug das »Weltjudentum«.

Ich hatte das alles nicht sehr ernst genommen. Mein Instinkt sagte mir, dass das, was man uns auf der Schule verzapfte, so nicht stimmen konnte. Ohne mich auf eine bessere Kenntnis der Fakten stützen zu können, rebellierte ich gegen eine Indoktrination, die ich in ihrer Beschränktheit als einen unwürdigen Akt der Verdummung empfand. Kein Widerstand, mehr die Attitüde der Verweigerung, nicht mein Verdienst, sondern eine natürliche Abwehrreaktion meiner bildungsbürgerlichen Grundbefindlichkeit. Irgendwie war ich gegen den Zugriff der Naziideologie immun. Meinen Wissensdurst befriedigte ich aus anderen Quellen, die mir umso vertrauenswürdiger erschienen, als sie verboten waren. Dazu fand ich reichliche Anregungen in meinem Elternhaus und auch Freunde, die meine Protesthaltung teilten. Ich hatte Remarque gelesen und Barbusse und auch Céline. (Deren Bücher standen in der Bibliothek meiner Mutter; mir ist heute noch rätselhaft, wie sie dorthin kamen.)

Meine geistige Referenz, meine Leitfigur, der Mittelpunkt meines kulturellen Universums aber war damals Oscar Wilde. Nicht nur der *Dorian Gray*, in meinen Augen das Vademekum höchsten Lebensraffinements, faszinierte mich, sondern vor allem auch sein Essay *Socialism and the soul of man*. Mein Penchant zum Sozialismus stammt daher. Von dem um die gleiche Zeit (1896) entstandenen Büchlein meines Vaters *Sozialismus und soziale Bewegung*, dem Weltruhm beschieden war, nahm ich keine Notiz. Ungefähr gleichzeitig lenkte Carl Schmitt, der damals so etwas wie mein geistiger Mentor war, meine Aufmerksamkeit auf Disraeli, der für mich zur politischen Schlüsselfigur des 19. Jahrhunderts wurde (Bismarck schrumpfte neben ihm auf die Proportionen eines reaktionären preußischen Junkers von lokaler Bedeutung). Im Übrigen wollte ich Architekt werden.

Von Wilde und Disraeli zur deutschen Geistesgeschichte des 19. Jahrhunderts war, wie man zugeben wird, ein großer Schritt. Ich vollzog ihn mit Siebenmeilenstiefeln in lustvoller Lesearbeit, von der Welt entrückt im verwunschenen Palais Weimar.

Um es kurz zu machen: Meine Lektüre kreiste um die Entstehungsgeschichte der Soziologie in Deutschland. Wenn ich nachts in die Seminarräume hinüberging, knipste ich dort alle Lichter an, nicht nur, um besser die Titel auf den

Buchrücken lesen zu können. Die Pracht der festlich beleuchteten Räume entzückte mich. Ich vergaß, dass sie unbeheizt waren. Ich genoss die absolute Stille. Manchmal vermeinte ich das Rauschen des unter den Fenstern vorbeifließenden Neckars zu hören. Ich war in einer feierlich gehobenen Stimmung zwischen Traum und Trunkenheit. Mir war so, als gehörten all diese Räume mir, ich fühlte mich als ihr uneingeschränkter Herr und Gebieter. Nicht als Usurpator, sondern als der legitime Erbe, der nach langer Abwesenheit zu seinem angestammten Besitz zurückkehrt. So setzte ich mich, nicht ohne ein Gefühl tiefer Genugtuung, an den verwaisten Schreibtisch des Direktors, dessen grüne Leselampe die lederne Schreibmappe beleuchtete, auf die im Golddruck der Name des Instituts geprägt war. Sie war leer, aber für mich enthielt sie das geistige Vermächtnis, den Auftrag, den ich, wie ich in solchen euphorischen Momenten glauben wollte, zu erfüllen gekommen war: Das Programm der Kultursoziologie als universaler Gesellschaftstheorie, wie Alfred Weber sie konzipiert hatte, durchzuführen – überdisziplinär, Staatswissenschaften, Wirtschaftswissenschaften, Sozialwissenschaften umfassend, dabei die »Soziologie« als Wirklichkeitswissenschaft, als »Krisenwissenschaft« zur Leitwissenschaft erhebend, was hundert Jahre zuvor Auguste Comte in Frankreich getan hatte.

In dieser Absicht war das Insosta gegründet worden. Im Seminarraum versammelte ich um den großen polierten Tisch jetzt die Runde seiner Schüler, die in den Zwanzigerjahren hierher gekommen waren, um an dem formidablen Projekt zu arbeiten, jeder auf seine Weise. Lukács, Bloch, Mannheim, Salin, Herbert Marcuse, Kojève, Elias, allesamt Doktoranden, Habilitanden, Assistenten, Professoren des Insosta. Ich las die Bücher, die sie hier geschrieben hatten. *Geschichte und Klassenbewusstsein* von Lukács, *Ideologie und Utopie* von Mannheim, *Reason and Revolution* von Herbert Marcuse. »Intellektuelle im Aufbruch« heißt das heute. Es war das große Palaver, der endlose Diskurs über die Vermittlung von individuellem und kollektivem Bewusstsein, von Denken und gesellschaftlichem Sein.

Dem Beobachter, der diesen nächtlichen Geistersitzungen beigewohnt hätte, wäre ins Auge gefallen, was mich von meinen Gästen unterschied: Die jungen Herren der Zwanzigerjahre steckten in korrekten dunklen Anzügen und gestärkten Oberhemden mit Kragen und Schlips. Ich saß da in einem grotesken Aufzug: einem olivgrünen amerikanischen Armeepullover mit Rollkragen (ein Geschenk meines Theateroffiziers) und einer speckigen blauen Luftwaffenuniformhose. An den Füßen trug ich graue Wollsocken, die tagsüber in den Knobelbechern versteckt waren, die ich bei meinen nächtlichen Besuchen in den Institutsräumen, mit melancholisch eingeknickten Schäften, in meinem Zimmer ließ, um das Parkett zu schonen. Eine leicht pittoreske Note verlieh diesem Outfit eine ärmellose, zottelige Fellweste, Kaninchen oder Katze, die mir irgendeine mitfühlende Seele vermacht hatte, damit ich den kalten Winter überlebte. Ein seltsamer Anblick fürwahr. Halb *Prisoner-of-war*-Lagerinsasse, halb desertierter Kosak. Mich störte das nicht, das Kostüm war, so schien mir, dem klassenlosen, anarchistischen Grundzug meiner Existenz als heimatloser, unbemittelter Scholar angemessen.

Was mich mit denen, deren Bücher ich nun las, verband, war jener Geist, den ich als »Heidelberger Geist« identifizierte; ihn glaubte ich in diesen Räumen wieder zu finden und zu neuer Blüte zu bringen. Ohne mir darüber ganz im Klaren zu sein, versetzte ich mich zurück in die Zwanzigerjahre. Ich lebte nicht 1946, sondern 1926. Das war meine Zeit, da gehörte ich hin. Meine imaginäre Zeitgenossenschaft war ein Anachronismus. Ich erlag der Illusion der Gleichzeitigkeit des Ungleichzeitigen. Von meinen illustren Gästen war ich Lichtjahre getrennt – die Folgen einer zwanzigjährigen Barbarisierung.

Das Insosta war in der deutschen Universitätslandschaft von Anfang an eine exterritoriale Enklave des Weltgeistes gewesen, die als Fremdkörper empfunden und 1933 das Opfer der Ausmerzung »artfremder« Elemente wurde. Seit der Zwangsemeritierung seines Gründungsdirektors Alfred Weber war das Institut zur fetten Beute eines Eindeutschungsprozesses geworden, zum Gegenteil dessen, was seine ursprüngliche Bestimmung war. Auf meinen nächtlichen Streifzügen durch seine hohen Räume erweckte ich es noch einmal zum Leben – ein reines Phantasiegespinnst. Dabei lebten meine Geistesgenossen alle noch. Sie lebten, weil sie Deutschland, das sie liebten, rechtzeitig verlassen hatten, bevor sie Opfer des Genozids wurden. Sie waren alle Juden.

Der Mann aus Plettenberg

Omnipräsent, wenn auch physisch abwesend, gegenwärtig in all unseren Gesprächen und Kontroversen war Carl Schmitt. Obwohl er in einer Art unfreiwilligem Exil im Sauerland lebte und aus der öffentlichen Diskussion verbannt war, gehörte er zum Heidelberg der unmittelbaren Nachkriegszeit, wo er eine wachsende Gemeinde geheimer Verehrer hatte, von denen viele sich später offen als seine Schüler bekannten. Er war der Antipode des »Heidelberger Geistes«, wie ich ihn verstand.

Mit seinem Denken repräsentierte Carl Schmitt die antiliberale Position des deutschen politischen Diskurses, der, affektgeladen, in seiner Vehemenz vor nichts zurückschreckte und in dogmatischer Intransigenz die *Vernichtung* seiner Gegner phantasierte. Es gipfelte in dem radikalen, angeblich realistischen, Macht und Gewalt verherrlichenden, Friedfertigkeit und Versöhnung verachtenden, menschenfeindlichen Politikverständnis, das in der paranoiden Logik eines Alles oder Nichts – es gab nur Sieg oder Untergang – die Deutschen verblendete und schließlich in ihr Verderben führte, also genau das Gegenteil von dem bewirkte, was zu erreichen sein Ziel war: die Weltherrschaft – denn darum und um nichts anderes ging es. Deutschland erklärte die Menschheit zum Feind und machte sich damit zum Feind der Menschheit. Die welthistorische Antwort der Völkergemeinschaft auf den absoluten Herrschaftsanspruch der Deutschen war die Forderung nach deren bedingungsloser Kapitulation. Die »Idee der Menschheit« – der Kern des liberalen Credos – erwies sich als stärker als ihre Negation. Waren die Deutschen nach dem Krieg in der Lage, die Dialektik dieses Vorganges zu erkennen und zu verstehen?

Das Hasspotential der Antiliberalen ist mir immer rätselhaft geblieben, so wie die Virulenz, mit der der antiliberale Affekt zu einem ausschlaggebenden Faktor der deutschen Geschichte werden konnte. Der Antiliberalismus war offensichtlich mehr als eine Ideologie, er war die Ausgeburt eines existentiellen Traumas, eine Abwehrreaktion, gespeist von tief wurzelnden Ängsten, der Reflex, sich vor etwas zu schützen, was als elementare Bedrohung empfunden wurde, ein heroischer Versuch der Selbstbehauptung, der Zwang, eine eigenständige nationale Identität zu begründen. Carl Schmitt stand damit in einer Tradition, die auf Fichte zurückging und in Kleist einen frühen Exponenten fand. »Ideen von 1914« – »konservative Revolution«, wir wissen Bescheid. Wagner, Houston Stewart Chamberlain und schließlich die Nazis: ein breiter Strom trotziger, eigenbrötlerischer Selbstverständigung, der zur Flut anschwoll und alle, die sich ihm widersetzen wollten, mit fortriss. Ein »ethnischer Fundamentalismus«, wie man heute sagen würde, dessen zentrales Anliegen es war, die Bedingungen der Möglichkeit zu definieren, in einer Epoche welthistorischer Umwälzungen, der Säkularisationen, Emanzipationen und technisch-industriellen Revolutionen ein echter, authentischer Deutscher zu sein.

Was heißt das? Ich habe 1986, also vierzig Jahre später, in einem Buch, *Die deutschen Männer und ihre Feinde*, versucht, am Fall von Carl Schmitt die sexualpathologischen Wurzeln dieser kollektiven Aberration aufzudecken; geistes- und ideengeschichtliche Interpretationsmodelle erwiesen sich da als ungenügend, es handelte sich, so mein Befund, um eine Krankheit. In Heidelberg war ich noch weit entfernt von solchen Erklärungsversuchen, aber ich begann mir Gedanken über die Hartnäckigkeit zu machen, mit der sich die Schmitt'sche Denkweise in den Köpfen meiner Altersgenossen festsetzte. Sie irritierte mich, und ich konnte nicht umhin, sie als eine Anomalie zu empfinden, deren Ursachen ich nachspüren musste. Worauf beruhte die Faszination dieses geistigen Habitus? Es konnte nicht nur eine Sache des Stils sein.

In meinem Freund Hanno Kesting hatte ich ein Musterexemplar der antiliberalen Gesinnung vor Augen, an dem ich das neurotische Syndrom studieren konnte. Obwohl er wie ich in den Seminaren von Alfred Weber saß, gab es für ihn nur eine Autorität, den Meister aus Plettenberg. Ich war ihm interessant geworden durch meine enge Beziehung zu dem ominösen Mann. Wir hatten uns in einem Weinstubengespräch kennen gelernt, in dem beiläufig sein Name fiel. Seitdem gehörte Carl Schmitt zum festen Bestand unserer geschichtsphilosophischen Spekulationen, wobei es Kesting nie darum ging, zu prüfen, wo Carl Schmitt irrte, sondern darum, den Nachweis zu erbringen, dass er einem Alfred Weber gegenüber immer im Recht war.

Ich löste mich von Schmitt in dem Maße, in dem mein Freund Kesting sich ihm näherte. Die geistige Auseinandersetzung mit Carl Schmitt wurde für mich so etwas wie die treibende Kraft eines Lernprozesses, in dem ich mir die Grundlagen eines antitotalitären, antiautoritären, sagen wir getrost liberalen Geschichts- und Gesellschaftsverständnisses erarbeitete, wobei ich mich notgedrungen immer stärker von allem entfernte, was gut-deutsch war, um mich an »westlichen« Leitbildern zu orientieren, auf eine kurze Formel gebracht: den Ideen von 1789, Henri de Saint-Simon, Benjamin Constant und Madame de Staël. Das schien mir der einzig gangbare Weg einer spirituellen Erneuerung Deutschlands. Ich stellte mich damit in eine andere deutsche Tradition, die Tradition eines vormärzlichen Weltbürgertums, das ein Jahrhundert deutscher Realpolitik ins Abseits gedrängt, um nicht zu sagen: in Verruf gebracht hatte; meine Referenzen waren Wilhelm von Humboldt und Heinrich Heine. Bei ihnen mussten wir anknüpfen, um uns einer nicht durch Blut und Eisen, durch Reichsgründungen kompromittierten Kontinuität in der deutschen Geschichte zu vergewissern – um Bismarck und Treitschke und ihre Spießgesellen zu vergessen.

Merkwürdigerweise war in unseren Carl-Schmitt-Gesprächen nie von seiner nationalsozialistischen Vergangenheit die Rede, wofür ich durchaus mitverantwortlich war. Ich muss dazu bemerken, dass uns das ganze Ausmaß seiner politischen Verstrickungen, seiner dezidierten Mittäterschaft an den Verbrechen des Hitler'schen Regimes damals noch nicht im Einzelnen bekannt war. Was wir wussten, hätte allerdings reichen müssen, uns mit Abscheu von ihm abzuwenden. Nein, nichts davon. Der Antisemitismus, der staatlich organisierte Mord an Millionen Juden, kam nicht zur Sprache. Rückblickend ist es mir unbegreiflich, wie das möglich war. Es herrschte eine Unfähigkeit, davon zu reden. Diskretion? Nachsicht? Ignoranz? Komplizität? *On ne parle pas de la corde dans la maison du pendu*. Ich habe keine Erklärung. Wenn es das schlechthin Unverständliche war, so hätte unsere intellektuelle Neugierde, die angeblich vor nichts Halt machte, uns dazu drängen müssen, nach Schlüsseln des Verständnisses zu suchen. Wir hätten Carl Schmitt als prominenten Zeitzeugen ins Verhör nehmen müssen.

Wie in allen größeren Städten Deutschlands gingen in der Nacht vom 9. zum 10. November 1938 in Heidelberg die Synagogen in Flammen auf.

Das Stichwort gab Reichspropagandaminister Goebbels (der in Heidelberg promoviert hatte) mit einer Brandrede, die er am Abend in München vor »alten Kämpfern« hielt – es war der Gedenktag des gescheiterten Hitlerputsches von 1923. Die Blitzaktion wurde flächendeckend im ganzen Reich, kurz vor Mitternacht, durch ein Gestapo-Fernschreiben ausgelöst: »Es werden 1. in kürzester Frist in ganz Deutschland Aktionen gegen Juden, insbesondere gegen deren Synagogen stattfinden. Sie sind nicht zu stören ... 3. Es ist vorzubereiten die Festnahme von etwa 20–30 000 Juden. Es sind auszuwählen vor allem vermögende Juden. Nähere Anordnungen ergehen noch im Laufe dieser Nacht.«

Kurz danach traf in Heidelberg, wo bis dahin alles ruhig war, der Befehl des Gauleiters Robert Wagner ein: Zerstörung der Synagogen in der Altstadt und in Rohrbach sowie der Wohnungen und Geschäftshäuser zahlreicher bekannter Juden. Die Durchführung übernahm der Heidelberger NSDAP-Chef Wilhelm Seiler persönlich. Unter seinem Kommando standen etwa dreißig bis vierzig einheimische und auswärtige Parteimitglieder und SA-Leute, die in der Mehrheit in Zivil, zum Teil aber auch in braunen Uniformen angetreten waren. Der Kreisleiter bildete kleine Rollkommandos, die nach einem Plan, den er offenbar schon vorher festgelegt hatte, mit der Verwüstung jeweils einer jüdischen Einrichtung beauftragt wurden. Ausgangs- und Sammelpunkt der Zerstörungstrupps war der Wilhelmsplatz in der Weststadt. Nach »getaner

Arbeit« kehrten sie dahin zurück, um neue Order zu empfangen.

Als Erstes wurde die Synagoge in der Großen Mantelgasse am Neckar zwischen Marstallgebäude und altem Brückenturm in Brand gesetzt. Nachdem sie die Türen und Fenster eingeschlagen hatten, trugen die SA-Männer Holzwolle und mit Benzin gefüllte Kanister in das Gebäude und zündeten es an. Vor der brennenden Synagoge versammelte sich rasch eine auf etwa hundert bis hundertfünfzig Menschen anwachsende Menge. Sie sahen das Feuer im Inneren des Gebäudes und später das Dach einstürzen. Die gegen vier Uhr herbeigeeilte Feuerwehr erhielt die Anweisung, nur die direkt angrenzenden Wohnhäuser zu schützen und eine Ausbreitung des Brandes zu verhindern. Von Löschversuchen wurden die Feuerwehrleute unter Androhung von Waffengewalt abgehalten. Nach mehreren Stunden zogen Feuerwehr und Brandstifter ab.

Die beschlagnahmten Thorarollen und andere rituelle Gegenstände wurden zunächst auf das Polizeirevier gebracht und eine Woche später vor zahlreichen Zuschauern auf dem Universitätsplatz »feierlich« verbrannt. In dem neben der Synagoge liegenden Gemeindehaus zerschlugen die SA-Leute sämtliche Möbel und die übrige Inneneinrichtung und vernichteten das gesamte Archiv. Der Gemeindediener (im Übrigen nicht Jude) wurde mit Schlägen misshandelt, das Mobiliar seiner Wohnung ebenfalls zerstört. Die Synagoge, die 1912 umgebaut und im Jahre 1937 noch vollständig renoviert worden war, brannte bis zum späten Vormittag des 10. November fast vollständig nieder. Den Abbruch der Ruine im Februar 1939 musste die jüdische Gemeinde selbst bezahlen. Der Betsaal der orthodoxen ostjüdischen Gemeinde in der Plöck entging ebenso wenig der Verwüstung wie die Räume der jüdischen Friedrichloge; dort wurden das Archiv und die Kasse »beschlagnahmt«.

Gegen vier Uhr dreißig begann in der gleichen Nacht die Zerstörung der in der Rathausstraße gelegenen Rohrbach-Synagoge. Die Eingangstür wurde mit Äxten zertrümmert, anschließend wurden Bänke und Stühle zerschlagen und zusammen mit Büchern und Wandbehängen vor dem Altar aufgeschichtet und in Brand gesetzt. Nach den Synagogen zerstörten die Einsatzkommandos mit gleicher Brutalität noch zahlreiche über die Stadt verstreute jüdische Wohnungen und Geschäfte.

Überall fanden sich trotz der späten Stunde Zuschauer ein. Ihr Verhalten wird fast immer als »indifferent« beschrieben. Sie unterstützten die Nazis nicht, aber sie unternahmen auch keinen Versuch, ihnen Widerstand entgegenzusetzen – stumme Zeugen eines Gewaltverbrechens, dem sie machtlos gegenüberstanden, das sich aber an ihrer Zustimmung legitimierte. Sie waren nicht nur Statisten – sie waren »das Volk«.

Wer waren die »Täter«? Die Terroreinheiten umfassten bei den Synagogenzerstörungen zwischen zwanzig und dreißig Mann, bei den Wohnungsdemolierungen waren es jeweils fünf oder sechs. Von ihrer sozialen Zusammensetzung her deckten sie ein breites Spektrum ab, Hilfsarbeiter waren ebenso vertreten wie Handwerksgesellen, aber auch einer der bekanntesten Heidelberger Möbel- und Speditionsunternehmer war dabei. Eine besonders aktive Rolle spielten Studenten. Schurken, Strolche, Rowdys, Halunken? Gewaltverbrecher nach bürgerlichem Recht? Nein, ganz gewöhnliche Deutsche – Volksgenossen. Man hatte ihnen gesagt, die Juden seien an allem schuld und um ein guter Deutscher zu sein, müsse man Deutschland von den Juden befreien. Also packten sie an. Ohne Zwang. Es war eine politische Aktion im Sinne des Carl Schmitt'schen Politikbegriffes: »Bestimme deinen Feind und vernichte ihn!« Am Abend des 10. November ordnete Reichspropagandaminister Goebbels die Beendigung der Ausschreitungen an. Er konnte stolz sein auf ein organisatorisches Meisterstück.

Die Lokalzeitungen schwiegen sich, wie andernorts auch, über das Pogrom fast völlig aus, nur die *Heidelberger Neuesten Nachrichten – Heidelberger Anzeiger* brachten einen knappen Bericht unter der Überschrift »Kundgebung der Volksempörung. Die Aktion gegen die Juden«. Die Verfolgung der jüdischen Minderheit nahm im idyllischen Heidelberg denselben Verlauf wie überall im Deutschen Reich. Die Stadt trug ihren Teil zur Durchführung eines Vernichtungsplanes bei, der in konzertierter Aktion von allen politischen Organen konsequent und zielgerichtet als Staatsaktion durchgeführt wurde. In keinem Fall handelte es sich um Spontanaktionen und Improvisationen.

Nach der Zerstörung der Synagogen in der »Reichskristallnacht«, die als unmissverständliches Fanal auch den letzten Bürger, der noch zweifeln mochte, von der Entschlossenheit des Regimes überzeugen musste, die »Judenfrage« gewaltsam zu lösen, gehörte Heidelberg zu den ersten Städten, die die Zwangsaussiedlung der Juden durchführte. Mit der Deportation wurde der Genozid eingeleitet, noch bevor die Vernichtungsmaschinerie der so genannten Endlösung angelaufen war.

Am 22. Oktober 1940 erfolgte der Abtransport aller Heidelberger Juden. Den Befehl dazu, der bis zuletzt geheim gehalten wurde, erteilte Gauleiter Wagner. Im Laufe des Vormittags wurden insgesamt 282 jüdische Bürger der Stadt, beiderlei Geschlechts und aller Altersgruppen, auf dem Marktplatz zusammengetrieben. Das Durchschnittsalter lag bei sechsundfünfzig Jahren, vier Menschen waren über achtzig. Zu ihnen gehörte auch der Dichter Alfred Mombert. Keiner von ihnen wusste, wohin es ging. Es stellte sich heraus, dass der Transport in das französische Konzentrationslager Gurs in den Pyrenäen führte, ein Auffanglager der französischen Behörden für Flüchtlinge des spanischen Bürgerkriegs. Nur dreißig Prozent der Verschleppten sollten die Tortur überleben. Es gibt keine Worte für das Leid, das ihnen zugefügt wurde. Mehr als ein Drittel fand schließlich den Tod in den Vernichtungslagern im Osten.

Kein einziges Mal während der langen Jahre, die ich nach dem Krieg in Heidelberg verbrachte, wurde mit einem Sterbenswörtchen diese schändliche Aktion erwähnt, auch dann nicht, wenn, was selten geschah, von den Gräueltaten der Nazis, von der Vernichtung der Juden, von Auschwitz die Rede war. Der Komplex wurde geographisch in den Osten verdrängt, so als ob es dergleichen im Südwesten nie gegeben hätte. Heute, wo ich dies schreibe, ist seit der »Reichskristallnacht« mehr als ein halbes Jahrhundert vergangen. Damals waren es acht Jahre. Jeder in Heidelberg hatte es miterlebt. Niemand sprach davon, niemand wies mit dem Finger auf die Orte der Schmach und sagte: »Sieh hier, sieh, hier ist es geschehen.« Erst 1998, in einer Fernsehsendung des Südwestdeutschen Rundfunks, in der der Versuch unternommen wurde, mit dem kitschigen Heidelberg-Klischee aufzuräumen, sah ich die Bilder. Da standen sie, wohl geordnet in Dreierreihen, mit ihren Köfferchen in der Mittagshitze auf dem Marktplatz, und harrten ihres Schicksals, über das sie nicht im Zweifel sein konnten: Sie waren zum Tode verurteilt.

Täglich sind wir über den Marktplatz gelaufen, der jetzt Rathausplatz hieß. Wir hätten es weniger leichtfüßig getan, wenn wir diese Bilder vor Augen gehabt hätten. Vielleicht hätten wir dann den Mut gehabt, den kleinen Herrn mit seinem Spazierstock in unserer Mitte zu fragen: »Hier, wo wir jetzt stehen, auf dem schönen Marktplatz, wurden am 22. Oktober 1940 – es ist noch keine zehn Jahre her – 282 alteingesessene Heidelberger Juden zusammengetrieben, um ins Konzentrationslager abtransportiert zu werden. Der Gauleiter Wagner meldete seinem Führer: ›Heidelberg, als erste deutsche Stadt, ist judenfrei.‹ Was sagen Sie dazu, Herr Professor?«

Was würde er gesagt haben?

»Ach ja, was du nicht sagst.«

»Das geht mich nichts an.«

»Dazu möchte ich mich nicht äußern.«

»Das habe ich nicht gewollt.«

»Es ist ihnen recht geschehen.«

»Sie haben Christus umgebracht.«

»Die Nemesis hat sie erreicht.«

»Sie haben Pech gehabt.«

Ich gäbe viel darum, seine Antwort zu kennen. Man sollte eine Umfrage unter Carl-Schmitt-Forschern und -Adepten veranstalten und sie auffordern, eine Antwort zu formulieren, wie sie ihnen nach ihrer Kenntnis von Person, Werk und Wirkung am wahrscheinlichsten scheint. Die Antworten könnten dann auf dem nächsten Carl-Schmitt-Kongress zur Diskussion gestellt werden.

Ich könnte mir nach reiflicher Überlegung vorstellen, dass er mir mit den Worten Fouchés (oder war es Talleyrand?) an Napoleon nach der Erschießung des Duc d'Enghin geantwortet hätte: *C'est pire qu'un crime, Sire! C'est une faute.*

Aber wir haben nicht gefragt. Dass Carl Schmitt schwieg, war normal. Nicht normal war, dass wir sein

Schweigen hinnahmen und dadurch rechtfertigten. So wollte er es zweifellos haben. Jemand, der nicht gefragt wird, kann die Antwort nicht schuldig bleiben.

Wenn er nach Heidelberg kam, und das geschah sehr häufig, oder wenn einer von uns ihn in seinem Häuschen in Plettenberg besuchte, was immer wieder vorkam, war er in seinen Äußerungen und Urteilen mild und versöhnlich. Wir standen unter dem Charme eines Menschen von außerordentlicher Liebenswürdigkeit, was nicht weniger zu seiner Faszination beitrug als seine brillanten Aperçus. In einer Welt, in der das *Homo homini lupus* gilt, glich er dem Wolf, der Kreide gefressen hatte. Vor einer ahnungslosen Jugend stilisierte er sich als der »allwissende Greis«, der mit Gelassenheit die Zeitläufte verfolgt, an denen teilzuhaben ihn nicht mehr interessiert.

Durch all die Jahre hat sich Carl Schmitt in den Gesprächen, die ich mit ihm geführt habe, antijüdischer Invektiven enthalten. Das gilt auch für die Zeit unserer Spaziergänge im Berlin der Dreißigerjahre. Wenn wir das Thema berührten, entnahm ich seinen Äußerungen eher so etwas wie Bewunderung des jüdischen Volkes. So könnte ich sagen, Carl Schmitt hat mich zum Philosemiten gemacht, wobei ich auf den Einwand gefasst bin, der Philosemitismus sei die perniziöseste Form des Antisemitismus. Sei es drum, solange es einen Antisemitismus gibt, ziehe ich vor, Philosemit zu sein. Vielleicht wäre es aber besser, mit Nietzsche vom Anti-Antisemitismus zu sprechen.

Nur einmal ging er aus seiner Reserve heraus. Ohne jeden konkreten Anlass meinte er, mir den väterlichen Rat geben zu müssen, ich sollte mich vor jüdischen Frauen in Acht nehmen. Ich habe nicht gefragt, warum. Wie mir später klar wurde, leuchtete in dieser kleinen Bemerkung das Geheimnis des deutschen Antisemitismus auf: die angstbesetzte Überzeugung, dass die jüdischen Menschen, Männer wie Frauen, ein angstfreies Verhältnis zu ihrer Geschlechtlichkeit haben – keine Erbsünde – und darum den deutschen Männern im Umgang mit der Welt überlegen und ihnen gefährlich sind. Parsifal wurde vor Kundry gewarnt.

Unbemerkt von der Carl-Schmitt-Orthodoxie, die nur den Staatsrechtslehrer und Rechtsphilosophen gelten lassen will, durchzieht sein Werk als dessen rotes Unterfutter eine lebenslange Auseinandersetzung mit dem Geschlechterverhältnis, mit dem Gegensatz von männlich und weiblich, mit der Sexualität des Menschen. Die angeblich politische Theorie der Ent-Scheidung ist, wie das Wort sagt, eine Abwehrstrategie zur Stärkung des Mannes gegen das Weibliche – des deutschen Mannes, versteht sich. Der deutsche Mann, der sexuell unerlöst, verhemmt und verklemmt ständig seinen Virilitätsnachweis erbringen und sich dagegen behaupten muss, vom Weiblichen überwältigt, vom Weibe verschlungen zu werden – das alles in einer überspannten, widernatürlichen, asketisch-leibfeindlichen, heroisch-todessehnsüchtigen Männlichkeitspose. Auf diese einfache Formel lässt sich die affektive und mentale Struktur des antiliberalen Affektes zurückführen. So einfach ist das – vor allem wenn man überzeugt davon ist, dass das Weibliche immer stärker ist als der Mann (was Carl Schmitt in einer seiner letzten öffentlichen Verlautbarungen als der Weisheit letzten Schluss kundtat).

Immer wieder sprach er von der Bedeutung, die seine Mutter in seinem Leben gehabt hatte (sie wollte, dass er Kardinal werde), von seiner Liebe zu Duschka, seiner jugoslawischen Frau (die in einer Heidelberger Klinik an einem Krebsleiden verstarb), und von seiner geliebten Tochter Anima (die einige Semester in Heidelberg studierte und ein aufmüpfiges Mitglied unseres Kreises war). Die wissende, den Schicksalsfaden spinnende Greisin, die im Haus waltende Matrone und die erblühende Jungfrau, das waren die drei Ikonen, mit denen er die Phantasmagorie der Schreckensherrschaft des Matriarchats beschwor und für seinen Hausgebrauch domestizierte. Der Schrecken des Weibes ist gleichwohl die dominierende Konstante seines Lebens, die Achse seines Selbstverständnisses geblieben. Das war sein Arkanum.

Im Kreise seiner Verehrer und Jünger hatte Carl Schmitt den Status eines »Eingeweihten«, eines Menschen, der mehr als andere über die Mysterien geschichtlicher Abläufe und geistiger Zusammenhänge weiß. Er stand damit über jeder Schuldzuweisung, in einem Raum jenseit von gut und böse. Die Rede von den Eingeweihten war die ureigenste Erfindung von Carl Schmitt, eine der genialen Automystifikationen, hinter denen er sich zu verstecken beliebte.

Zu seinen Heidelberger Schülern, die einer anderen Generation als wir angehörten, zählte übrigens auch der Verfassungsrechtler Ernst Forsthoff, der sich seiner Nazivergangenheit wegen bedeckt hielt, in den Fünfzigerjahren aber außerhalb der Universität Sommerseminare vor den Toren der Stadt veranstaltete, in deren Mittelpunkt Carl Schmitt stand. Das ist alles bekannt und wissenschaftsgeschichtlich aufgearbeitet in dem Buch von Dirk van Laak, das den signifikanten Titel *Gespräche in der Sicherheit des Schweigens* führt. Wer mehr darüber erfahren will, mag dort nachlesen.

Ich brauche nicht zu sagen, dass Schmitt Alfred Weber hasste. Es war ihm unerträglich, sich vorzustellen, dass ich mich als Webers Schüler betrachtete. Am 26. Dezember 1955 schrieb er mir: »Die Lektüre der Alfred Weber'schen *Einführung in die Soziologie* (ein Sammelband von Arbeiten seiner Schüler, in dem von mir u. a. ein Aufsatz über Saint-Simon und Auguste Comte veröffentlicht worden war, N. S.) hat mich immerhin einige Tage abgelenkt. Dich mit einem solchen Lemuren-Typ in einem Gespann zu sehen, tut mir weh; ein edles Rennpferd vor dem Hundeschlitten eines Greises, den das Alter nicht gut und milde, sondern böse und ich-verrückt gemacht hat. Aber Deine Beiträge sind glänzend.« Das Lob, das er mir spendete, hinderte mich nicht, in dem Zerrbild, das er von Alfred Weber gab, ein genaues Abbild seiner selbst zu erkennen. Eine traurige Bestätigung meines Eindrucks lieferte dann die Symptomatik der Altersparanoia des Neunzigjährigen.

Das Glossarium

Kesting und ich gehörten in Heidelberg zu dem weitgespannten Netz von Vertrauenspersonen, das Carl Schmitt unermüdlich knüpfte, um seiner Interpretation der deutschen Geschichte Geltung zu verschaffen. Er war ein deutschnationaler Patriot, der nie resigniert hat. In der Pose des Märtyrers hat er an dem Anspruch festgehalten, der bedeutendste Geist des Zeitalters zu sein.

Was wirklich in ihm vorging, sollten wir erst viel später erfahren. Die Zeit, in der Carl Schmitt in Heidelberg die Rolle einer grauen Eminenz der akademischen Jugend spielte, war die Zeit, in der er seinem Tagebuch die rachedürstigen Aufzeichnungen anvertraute, die nach seinem Tode, vierzig Jahre danach, als Glossarium einem erstaunten und indignierten Publikum zur Kenntnis gebracht wurden.

Ein furchtbares Buch, ein Buch voller Hass. Der antiliberale Affekt feierte schreckliche Triumphe. Es war offenkundig, wie intim dieser mit dem Antisemitismus verbunden war. Antiliberalismus und Antisemitismus waren ein und dasselbe. Carl Schmitts Obsession waren die Juden. Sie waren der »Feind«, bis zuletzt. Im Grunde beruhte sein Antisemitismus auf einer Konspirationstheorie auf höchstem geschichtsphilosophischem Niveau. Die Judenfrage war ihm der Schlüssel zur Weltgeschichte der Neuzeit. Anerkennen zu müssen, dass die Juden als Sieger aus dem Kampf um die Weltherrschaft hervorgegangen seien, war ihm unerträglich.

Selbst seine Verehrer waren von der Unversöhnlichkeit und der Ranküne der Aufzeichnungen peinlich berührt. Seitdem ist es nicht mehr möglich, den Antisemitismus von Carl Schmitt zu ignorieren, zu bagatellisieren oder gar zu leugnen. Ich hatte die Genugtuung, mich in meiner Carl-Schmitt-Interpretation, die ich, ohne von seinem Tagebuch etwas zu ahnen, nur aus der hermeneutischen Decodierung seiner geistigen und politischen Biographie als Beitrag zum Verständnis des deutschen Sonderweges entwickelt hatte, in erstaunlicher Weise, bis in den Wortlaut einzelner Formulierungen hinein, bestätigt zu finden.

Das *Glossarium. Aufzeichnungen der Jahre 1947–1951* ist kein Buch kontemplativer Selbstfindung in der Tradition Montaignes, obwohl gewisse Umstände seiner Niederschrift und seine äußere Form(losigkeit), vor allem aber der geistige Rang seines Autors, an die Essays denken lassen könnten. Es ist kein Buch der Wahrheitssuche im Geiste milder Humanität und Weltzugewandtheit, sondern ein Buch des Menschenhasses und des Zorns über die Welt. Kein gelassen-versöhnliches – ein unversöhnliches und kombatives Buch, fürwahr. Eine Streitschrift!

Entstanden in zäher, täglicher Mühsal, diktiert vom Zwang zur Selbstrechtfertigung, der leider weniger die

Selbsterkenntnis als das Selbstmitleid fördert, sind diese »Plettenberger Meditationen« ein Protokoll der Täuschung und der Selbsttäuschung: das Plädoyer eines Besiegten, der seine Niederlage nicht anerkennt. Der Leser, der sich erhofft hatte, in diesem postumen Text irgendwelche sensationellen Aufschlüsse über die Rolle des Autors in den schlimmen Jahren, über den Zusammenbruch der Weimarer Republik, über die Herrschaft der Nazis, die Verfolgung der Juden, zu finden, wird enttäuscht sein. Was ihm geboten wird, sind – durchsetzt von Wutanfällen, Ausbrüchen larmoyanter Ich-Besessenheit, Hasstiraden, Polemik und Zeugnissen hämischer Medisance – geistesgeschichtliche Spekulationen.

»Erkenne deine Lage!«, lautet eine berühmte Maxime Carl Schmitts. Wie beurteilt er seine Lage in den Nachkriegsjahren? »Diffamiert, diskreditiert, kontaminiert, unterprivilegiert nach allen Seiten«, so sein Befund. Er fühlt sich als *Hors-la-loi*, als *Outlaw*, als ein von allen Seiten umstellter Verfolgter, ein gehetztes Wild. Darüber, warum er wohl in diese fatale Lage geraten ist, erfahren wir nichts. Zugegeben: Seine Lage in diesen Jahren war nicht beneidenswert. So schlecht aber, wenn man an die Millionen Opfer des Krieges und die der Nachkriegsjahre, die Lagerinsassen und Kriegsgefangenen, die Ausgebombten und die Ostflüchtlinge, denkt, ging es ihm auch wieder nicht. Sein Plettenberger Exil war eher komfortabel. Er hatte ein eigenes Dach über dem Kopf, zu essen und zu trinken, und selbst die kurze Nürnberger Haft war, verglichen mit dem, was unzählige andere gleichzeitig durchzumachen hatten, beinahe luxuriös. Das sieht er nicht. Das absolut Unerträgliche ist für ihn das Bewusstsein, ihm, dem Rechtslehrer, sei ein »schlimmes Unrecht« geschehen. Ein Schuldgefühl irgendwelcher Art kennt er nicht. Er ist ein »Opfer der Geschichte«. Niemand ist befugt, ihm den Prozess zu machen. Im Gegenteil, er geht mit seinen »Feinden« ins Gericht. »Ich habe alle Freibriefe und Exemptscheine des Weltgeistes, und wer mir das nicht ohne weiteres zubilligt, kann nicht mein Freund sein.« Von allen Menschenrechten klagt der Verächter der Menschenrechte nur eines für sich ein, das seine ureigenste Erfindung ist, das »Recht auf politischen Irrtum«.

Wie definiert sich Carl Schmitt in diesem Buche selber? »Ich bin ein Theologe der Jurisprudenz; das Ergebnis ist Erfolglosigkeit in einem Zeitalter massiver Weltlichkeit.« Wie sieht das aus? Aus diesen Blättern tritt uns ein an der Gottlosigkeit der Welt irregewordener Katholik entgegen, dem als Jüngling Max Stirners (Johann Caspar Schmidts) *Der Einzelne und sein Eigentum* in der Kehle stecken geblieben ist und der sich mit einem Leben in der reinen Diesseitigkeit partout nicht abfinden will – und kann. »Ich sollte auf meine alten Tage diesseitg werden? Ich, der von Kindheit an ein Ultra-Montaner war?« – »Mir ekelt vor einer von Menschen für Menschen gemachten Welt.« Er möchte lieber (und rät dies den Deutschen 1948) »in das absolute Jenseits der Weltüberwindung vorstoßen«.

So viel für den »Theologen«. Was den Juristen, den Staatsrechtslehrer betrifft, so erscheint er als ein durch den »Königsraub 1918« (Blüher, den er zitiert), nein, durch den Königsmord von 1792 verwaister Monarchist (Ernst Jünger sagt treffend: »Der Krone zugeordnet«), der nichts von Demokratie wissen will (*Gouvernment for the people by the people*), nichts von Gewaltenteilung, Parlamentarismus, Menschenrechten, Kompromissen und Pluralismus.

Wer ist mein Freund – wer ist mein Feind? Das ist die einzige Frage, die Carl Schmitt beschäftigt. Für den Carl-Schmitt-Kenner ist das nichts Neues. Im *Glossarium* nimmt die Zahl der Feinde überhand. Auch wenn man weiß, wo die Scheidelinie zwischen Freund und Feind verläuft, erlebt man einige Überraschungen, so wenn es heißt: »Die Front der Fruchtabtreiber steht bereit, mich abzuwürgen.«

Warum wird er von so vielen Feinden verfolgt? An einer Stelle überlegt er sich, ob es am Ende seine Entdeckung des Freund-Feind-Axioms ist, die ihm so viel Feinde eingebracht hat. Feinde des Freund-Feind-Schemas, die auf ihn wütend sind, weil sie die Wahrheit nicht aushalten. Er erwägt nicht, dass er sich selber in eine extreme Position radikal-eschatologischer Misanthropie und Weltverachtung manövriert hat, in der jeder, der nicht denkt wie er, ihm zum Feind werden muss. Da steht er nun einer Welt von Feinden gegenüber, der arme Tom! Die UNO, die Nobelpreisträger, die Amerikaner, die Emigranten. Nicht nur Thomas Mann, sondern auch Goethe (das ist neu). Oder alte Verbündete, wie Ernst Jünger. Eine bunte Gesellschaft. Was haben sie alle gemeinsam? Den Irrglauben an das Paradies im Diesseits? Die Leugnung der Transzendenz? So muss es scheinen, wenn man ihnen den »großen Freund« gegenüberstellt: »Immer wieder Donoso«. »Er ist einer meiner Schutzengel. Seine Feinde, sagt Gott [sic!], sind meine Feinde!« Einen Schutzengel mit dem Flammenschwert im Endkampf der großen Entscheidungsschlacht. Wir wissen Bescheid. Es ist da kein Bruch in der Kontinuität des Carl Schmitt'schen Denkens. Seine paranoide Grundstruktur tritt unverhüllt zutage. Aber das Konkret-Historische seiner metaphysischen Selbstverortung wird erst dann sichtbar, wenn er davon spricht, dass die »Mörder Christi dich verfolgen«.

Steht denn nun gar nichts auf den 320 Seiten, das uns Carl Schmitts Ansichten und Einsichten über die verhängnisvollen Jahre der Naziherrschaft offenbart? Doch! An einer Stelle klingt es so, als würde jetzt der große *Showdown* folgen. »Wer ist«, fragt Carl Schmitt sich, »der wahre Verbrecher, der wahre Urheber des Hitlerismus? Wer hat diese Figur erfunden? Wer hat die Gräuelepisode in die Welt gesetzt? Wem verdanken wir die 12 Millionen Juden?«, und fährt fort: »Ich kann es euch sehr genau sagen: Hitler hat sich nicht selbst erfunden. Wir verdanken ihn dem echt demokratischen Gehirn, das die mythische Figur des unbekannten Soldaten des Ersten Weltkriegs ausgeheckt hat. Veit Valentin hat Recht: ›Im Nationalsozialismus ging noch einmal die ganze deutsche Geschichte auf, er ist die Summe der deutschen Vergangenheit, Riesenrülpser eines ganzen verpfuschten Jahrtausends.‹

War's das? An einer anderen Stelle liest sich das so: »Aus dem Dunkel des sozialen und moralischen und intellektuellen Nichts, aus dem reinen Lumpenproletariat, aus dem Asyl der obdachlosen Nichtbildung stieg ein bisher völlig leeres, unbekanntes Individuum auf und sog sich voll mit den Worten und Affekten des damaligen gebildeten Deutschland (Begriffe wie Tat, Wille, Macht, Rasse und Genie). Es wurde von H. St. Chamberlain in Wahnfried introduziert und induziert. Damit war es in den Bildungstempel zugelassen. Es machte Ernst mit tierischem Ernst. Womit machte es Ernst? Mit den Affekten und Formeln, die sich ihm boten. Umgekehrt waren diese bisher ziemlich rein gedachten Affekte und Formeln überrascht und glücklich, ernst genommen zu werden. Nun hatte man den Ernstnehmer, den Ernstmacher, einen nichts als Realisator, einen nichts als Durchführer und Vollstrecker, den reinen Vollstrecker der bisher so reinen Ideen, den reinen Schergen.« Da sind dann die »17 Jahre, die große historische Oper der reinen (d. h. nichts als) Vollstreckung des reinen deutschen

Genialismus«. Hitler, »ein von der Geschichte zur Tat Verurteilter«, wird auf die geistesgeschichtliche Formel des »genialen Vollstreckers« gebracht.

Hitler vollstreckt den Traum des 19. Jahrhunderts vom sich in der reinen Diesseitigkeit selbstverwirklichenden Menschen – Stirners »Einzelnen«, Nietzsches »Übermenschen« –, der »die notwendige Konsequenz des Glaubens des Menschen an den Menschen ist, der sein eigenes Schicksal schmiedet und sich selbst über sich hinaussteigert«. Kurz, Hitler ist ein Produkt des atheistischen Humanismus. Der »wahre Verbrecher« ist das deutsche Bildungsbürgertum. Hitler nur »das Riesen-Alibi-Karnickel«. Nebbich, wir wollen es genauer wissen. Solche geistesgeschichtlichen Montagen, Generalklauseln und kollektiven Schuldzuweisungen sind zu allgemein, um heuristisch ergiebig und verbindlich zu sein. Sie machen eine Rückkopplung zur Eigenverantwortung des Einzelnen, zur Schuld des Täters, unmöglich, wenn sie nicht überhaupt auf dessen Exkulpation angelegt sind.

Da ist man besser bedient mit dem scheinbar beiläufigen, sehr speziellen Deutungsangebot, das in dem erstaunlichen Notat gipfelt: »Hitler ist das grauenhafteste Ergebnis deutscher Anglophilie.« Schmitt vertritt die These vom »Disraelitismus der rabiaten Deutschheit (Hitler als Disraelit)«. Hitlers »letztes politisches Ziel, so hört man, war Anschluss an das britische Weltreich«. – »Anbiederung an die Angelsachsen und Eintritt in die vornehme Weltfirma, erst als Prokurist, dann als Direktor.« – »Er wollte sich mit Gewalt in die weltbeherrschende Schicht und in ihr Arkanum eindrängen; er wollte es ihnen nicht entreißen, nur daran beteiligt werden; er wollte aufgenommen werden in den feinen Club, endlich einmal ein ganz großer Herr sein, ein Lord. Jenes Arkanum aber lag in der Idee der Rasse.«

Nicht irgendein Lord, muss man hier ergänzen, sondern ein jüdischer.

Das klingt phantastisch, bezeichnet aber einen bis heute noch nicht in seiner ganzen Tragweite erkannten Zusammenhang: die Verbindung einer deutschen Faszination für England mit der Faszination der Deutschen durch die Juden, als Rivalen und Vorbilder, die zwangsläufig zu dem Wunsch der Deutschen führt, es beiden gleichzutun – oder sie zu vernichten. An diesem Paar von Ausnahmevölkern misst sich der deutsche Weltherrschaftsanspruch. In der Rassenidee Disraelis – »*all is race*« – glaubten sie das Geheimnis einer überlegenen Herrschaftspraxis – *Social sorcery* – zu finden, das zur Weltherrschaft führt. So wird Hitler entlarvt als Anglomane und »Disraeli-gläubiger Judenfeind«. Das ist eine ungleich konkretere Version der »geistesgeschichtlichen Formel«, auf die Hitler zu bringen ist, und eröffnet neue Perspektiven des Hitlerverständnisses. Sie ist vor allem ein Schlüssel für das Verständnis von Carl Schmitt. Im *Glossarium* finden sich dafür nur Andeutungen, aber diese paar Sätze sind das einzig wirklich Neue, Originelle, das das Konvolut enthält. Wer sich die Mühe machen will, mein Buch *Die deutschen Männer und ihre Feinde* zu lesen, wird eine Erklärung dafür finden, wie das alles durchaus stimmig zusammenhängt.

Es geht natürlich nur in zweiter Linie um die Engländer. Es geht um die Juden. Carl Schmitt bezeichnet hier seinen wahren Feind, der hinter allen Feinden steht, symbolisiert in der Figur Disraelis, »das Weltjudentum«. Die Vision eines nichtchristlichen Weltherrschaftkonzeptes. Gesetz und Frieden gegen Charisma und Krieg. Carl Schmitts antisemitische Obsession verträgt sich sehr gut mit seiner katholisch-theologischen Position. Sie ist auch der Schlüssel zu seiner »rechtswissenschaftlichen« Distinktion von Legitimität und Legalität. »Positivität gleich Gesetzlichkeit gleich Judentum«. Wenn man das *Glossarium* genau, dass heißt auch zwischen den Zeilen liest, wird man feststellen können, dass die Phantasmagorie einer Weltkonspiration der »Mörder Christi« auf jeder Seite präsent ist. »Es hat gar keinen Zweck, die Parolen der Weisen von Zion als falsch zu beweisen. Denn Juden bleiben immer Juden!« Es ist schmerzlich zu sagen, aber dieses Buch ist auch ein Dokument des deutschen Antisemitismus nach Auschwitz.

»Ein aufrichtiges Buch«, wie Joseph Kaiser in seinem Vorwort meint? Decouvrierend, ja. Bis zu Peinlichkeit. Von der »Heiterkeit eines allwissenden Greises«, die Carl Schmitt in unserer Heidelberger Runde zur Schau stellte, ist herzlich wenig zu spüren. Sehr viel mehr von der Bosheit eines Giftzwerges. Ich hatte bei der Lektüre dieses sonderbaren Buches immer das Bild eines in einer einsamen Blockhütte verschanzten Desperados vor Augen, der hektisch in dem Arsenal völlig veralteter Waffen, die er darin angesammelt hat – Arkebusen aus dem Dreißigjährigen Krieg, Vorderlader der Revolutionskriege, Duellpistolen in kostbaren Mahagoni-Etuis, Trommelrevolver aus dem Wilden Westen und sogar ein Maschinengewehr von 14/18 – herumkramt, um sie auf ihre Brauchbarkeit im Verzweiflungskampf um seine Selbstverteidigung zu prüfen, dabei Zeter und Mordio schreit und ab und zu aus dem Fenster knallt, piff paff, um die imaginären Verfolger, die ihn umstellen, zu erschrecken, gleichzeitig aber hinausruft: »Ich bin ein höflicher Mensch, ich bin gutmütig, ich kann keiner Fliege etwas zuleide tun, geschweige denn einem Menschen.« Das wirkt manchmal komisch, manchmal rührend, ist aber meistens ärgerlich.

»Der Mensch in der Verteidigung ist bösartiger als der Mensch im Angriff. In der Verteidigung nämlich fühlt er sich im Recht. Das macht ihn böse.« Carl Schmitt notierte dies nicht in Bezug auf sich selbst, aber es trifft genau auf den Autor des *Glossariums* zu. An einer Stelle bezeichnet er sich als einen »geistesgeschichtlich verantwortlichen Invaliden des Untergangs des Abendlands«. Das reflektiert gut die apokalyptische Beleuchtung, in der eine gewisse deutsche Intelligenzija sich zu sehen beliebte. Der »Untergang des Abendlands« war eine schmeichelhafte Metapher für ihr eigenes nationales Missgeschick. Ich würde dazu neigen, den Carl Schmitt des *Glossariums* als einen unbelehrbaren Veteranen des »deutschen Sonderweges« zu sehen – als eine merkwürdige katholische Variante. Seine Originalität, mit der er vom Typus abweicht, liegt vor allem darin, dass alle seine Eideshelfer nichtdeutsche Geistesgrößen sind.

Die Frage, was die Deutschen den Juden angetan haben, ist zur zentralen Sinnfrage des deutschen Geschichts- und Selbstverständnisses geworden, die jeden Deutschen beschäftigen muss, ob er will oder nicht. Er hat keine Wahl. Mit Betroffenheitsbekundungen, Schuldbekenntnissen und aktiver Trauerarbeit ist nichts getan. Zu wissen, was geschehen ist, genügt nicht, um zu verstehen, wie es möglich war, dass es geschehen konnte. Nach wie vor gilt das Diktum von Hans Blüher: »In Deutschland ist die Judenfrage die Schicksalsfrage selbst.« Wir sind das Volk, das es sich zur nationalen Aufgabe gemacht hatte, die Juden zu vernichten. Nicht nur die deutschen Juden, sondern die Juden auf der ganzen Welt.

Niemand kann bis heute verstehen, was sich da eigentlich in den Köpfen der deutschen Täter abgespielt hat. Ich weiß nur, dass wir einer Antwort, einer »Erklärung« noch fern sind. Fünfzig Jahre Forschung haben uns kaum weiter gebracht. Man wird allenfalls sagen können, dass alles nur möglich war, weil das deutsche Volk der Vorstellung keinen Widerstand entgegensetzte, eine nationale Identität sei nur zu begründen durch Ausrottung ihrer jüdischen Mitbürger – einer verschwindenden Minorität. Dahinter stand die fixe Idee von der Inkompatibilität des »deutschen Wesens« und des »jüdischen Geistes«. Die physische Vernichtung lag in der paranoiden Logik eines metaphysischen (spirituellen) Kampfes um Selbstbehauptung.

Die Deutschen wollten ihren »Volkskörper« von den Juden »reinigen«. Dieser Versuch richtete sich letztlich gegen sie selbst und gipfelte in einem Akt der Selbstzerstörung. Seitdem ist ihre Geschichte unlöslich mit der Geschichte der Juden verbunden. Die Erinnerung an das Verbrechen und die damit auf sich geladene Schuld lastet auf ihnen wie ein Fluch, mit dem sie leben müssen, sie und ihre Kinder und Kindeskinder. Damit ist der Judenmord zum Gründungsmythos eines neuen, besseren, geläuterten Deutschland geworden, die Erinnerung und Sakralisierung des kollektiven Gewaltverbrechens, das der Konstituierung einer neuen Ordnung notwendig vorausgegangen ist.

Die deutsche Frage

Die deutsche Frage ist das dunkelste, verwickeltste und umfassendste Problem der ganzen neueren Geschichte.
Konstantin Frantz, 1866

Das Unglaubliche war doch, dass wir damals, unmittelbar nach dem Krieg, die zentrale Rolle des Judenmords – das Wort Holocaust kam erst, wie man weiß, sehr viel später auf – für die deutsche Geschichte noch gar nicht richtig erkannten. Was uns bewegte und immer mehr beschäftigte, war die »deutsche Frage«, die für uns, auf die einfachste Formel gebracht, lautete: Wie in aller Welt hat dieses Volk so schmählich versagen können?

Auf diese Frage eine Antwort zu finden war die Aufgabe, vor die unsere Generation sich gestellt sah. Es musste zunächst darum gehen, das ganze Ausmaß der Katastrophe zu erkennen, faktisch-informativ und kritisch-analytisch. Was vor allen Dingen hieß, ein gewaltiges Informationsdefizit auszugleichen. Das betraf nicht nur die zwölf Jahre nationalsozialistischer Herrschaft, sondern zweihundert Jahre deutscher Geschichte, von denen wir nur eine sehr vage Vorstellung hatten. Was wir wussten, war geprägt durch eine Interpretation der nationalen Entwicklung, in der genau das als dem deutschen Volk einzig Gemäße verklärt wurde, was dazu geführt hatte, dass Deutschland aus der Wertegemeinschaft der abendländischen Völker ausgeschert war. Wo wir nicht einfach lernen mussten, mussten wir umlernen.

Die ersten Schritte waren pragmatisch. Wir folgten, ohne zu murren, dem Aufklärungsprogramm der Besatzungsmacht, die sich die undankbare Aufgabe gestellt hatte, die Deutschen mit der Realität der Naziherrschaft zu konfrontieren.

Wir sahen die schrecklichen Dokumentarfilme, was wir auch getan hätten, wenn der Nachweis, den Film gesehen zu haben, nicht die Voraussetzung dafür gewesen wäre, dass man seine Lebensmittelkarten bekam. Wir waren erschüttert, betroffen, empört, einige ungläubig, die Parole der Stunde lautete: »Das haben wir nicht *gewusst.*« Wir diskutierten die Gräueltaten und wünschten die Bestrafung der Verantwortlichen herbei, der Täter, die wir nicht zögerten, als Verbrecher zu bezeichnen.

Damals schien uns klar zu sein: Die Gräuel waren das Werk einer Verbrecherbande, die sich als Staat im Staat organisiert hatte – einer kriminellen Geheimorganisation, einer Art politischer Mafia, die ihre sinistren Herrschaftspläne mit brutalen Mitteln durchgesetzt und das deutsche Volk, die Majorität der »anständigen Deutschen«, gewissermaßen in Geiselhaft genommen hatte. Das war schon während der Nazizeit die Grundüberzeugung in meinem Elternhaus und im Kreise der Menschen gewesen, die dort verkehrten. Alle Deutschen, ohne Ausnahme, waren mit in die Katastrophe gerissen worden und mussten die Konsequenzen ausbaden. Aber waren nicht doch viel mehr, als wir damals dachten, mitverantwortlich dafür, dass es so weit kommen konnte?

1947 erschien das Buch von Eugen Kogon *Der SS-Staat*, der das System der Konzentrationslager als System der ökonomischen Ausbeutung und Vernichtung in allen Einzelheiten seiner technischen Perfektion und inhumanen Grundkonzeption darstellte. Es ließ keinen Zweifel daran, dass das die Zukunft war, die uns erwartete, wenn Hitler den Krieg gewonnen hätte: Deutschland und Europa als

Univers concentrationaire, befehligt von einer Handvoll zynischer Herrenmenschen. Mit Schaudern dachte ich an das Schicksal, dem ich und meinesgleichen entgangen waren: ein Leben im Gulag. Der Krieg der Alliierten gegen Hitler war in der Tat ein Kreuzzug gegen das absolut Böse, das in Deutschland zur Herrschaft gelangt war.

Eine große Bedeutung für uns hatten die Nürnberger Prozesse, in denen die Arkana des nationalsozialitischen Herrschaftssystems an den Tag gebracht wurden. Mit Spannung verfolgten wir die Berichterstattung in der *Neuen Zeitung,* der von den Amerikanern herausgegebenen, vorzüglich gemachten, einzigen überregionalen Tageszeitung im besetzten Deutschland (deren Mitarbeiter ich später werden sollte). Dem einen oder anderen von uns gelang es sogar, als Zuschauer nach Nürnberg in den Gerichtssaal zu kommen. Man staunte, man war entsetzt. Einstimmig war das Urteil über die Jämmerlichkeit der Angeklagten; eine Ausnahme machte Speer, aber das ist ein Kapitel für sich.

Ich teilte nicht die Skepsis über angebliche »Siegerjustiz«. Das Internationale Militärtribunal handelte stellvertretend für die Deutschen, die bei Lage der Dinge, der totalen Korrumpierung der Gerichtsbarkeit im Dritten Reich, überhaupt nicht imstande gewesen wären, die Sache selber in die Hand zu nehmen. Wir mussten ihnen dankbar sein.

Es ging um den Tatbestand des »Verbrechens gegen die Menschheit«. Es ging um die Bestrafung der verantwortlichen »Menschheitsverbrecher«. Ein rechtsgeschichtliches Novum. Aber konnte man Individuen völkerrechtlich zur Verantwortung ziehen, wenn nur Staaten Völkerrechtssubjekte sind? Hier wurde neues Recht geschaffen. Im Rückblick war dies eine wichtige Stufe in der Entwicklung des Völkerrechts, das sich zu einem Weltrecht im Geiste der Deklaration der Menschenrechte herausbildete.

Im Seminar von Professor Walter Jelinek habe ich ein Referat darüber gehalten, in dem ich daran erinnerte, dass das erste, von der Völkerrechtsgemeinschaft kriminalisierte nichtstaatliche Subjekt der Pirat war: *Hostis generis humanis*. Das war rechtsgeschichtlich, rechtsphilosophisch interessant, aber es ging um mehr.

Was in Deutschland in den letzten zweihundert Jahren geschehen war, musste geschichtsphilosophisch in den Fluchtlinien einer globalen Menschheitsentwicklung gesehen werden. Es konnte richtig erfasst werden nur mit den Kategorien einer universalen Gesellschafts- und Kulturwissenschaft. Was man die »Geschichte des deutschen Unglücks« genannt hat, war die mitteleuropäische Variante eines evolutionären Prozesses, der positiv als industrielle Revolution, als politische und soziale Emanzipation, als Fortschritt zu höheren Lebensformen, negativ als »Kulturkrise« registriert wurde.

Eine Antwort auf die »deutsche Frage« finden heißt, die Gesellschafts- und Kulturkrise der Gegenwart an dem Einzelfall eines Volkes studieren, das ihr wie kaum ein anderes zum Opfer gefallen ist.

Bismarcks Reich: Ein Irrweg

Es ist so, als hätte der Deutsche seit Bismarck seine eigentliche Seele verloren.
Wilhelm Röpke

In den zahllosen Versuchen einer Deutung der deutschen Geschichte und der Wendung, die sie zum Nationalsozialismus genommen hat, zeichnete sich eine Konstante ab: die verhängnisvolle Rolle, die Bismarck gespielt hat und in der die ganze Ambivalenz des politischen und kulturellen Potentials der Deutschen in Erscheinung trat.

Von den Büchern, in denen wir damals lasen, war das von Wilhelm Röpke, *Die deutsche Frage*, am überzeugendsten, um zu beweisen, »dass das Bismarck'sche Reich ein katastrophaler Irrweg gewesen und aus ›Blut und Eisen‹ eine fürchterliche Saat aufgegangen ist«. – »Wir müssen«, sagt Röpke, »mit dem stärksten Nachdruck betonen, dass das Dritte Reich tief verwurzelt ist in der deutschen Geschichte und dass es insbesondere das letzte katastrophale Ende jener verhängnisvollen Entwicklung ist, die mit der brutalen ›Einigung‹ Deutschlands durch Bismarck einsetzt. Gerade der Umstand aber, dass dieses Ende so apokalyptisch ist, gibt uns Hoffnung, auch die Deutschen selbst möchten sich zu der Erkenntnis durchringen, dass sie jetzt – nach der ersten Abschlagszahlung der Jahre 1914–1919 – den vollen Preis für den Irrweg zahlen müssen, dem sie seit 1866 gefolgt sind.«

Die Gründung des Bismarck'schen Reiches war im Spektrum aller denkbaren Entwicklungsvarianten des deutschen Nationalschicksals im 19. Jahrhundert sicherlich die allerschlechteste. Gemeint ist hier die Entwicklung, die das in Mitteleuropa angesiedelte Sprachvolk mit der ihm eigenen Tradition und Geschichte im Zeitalter der Moderne, also im Zeitalter der durch die Industrialisierung unausweichlich werdenden Veränderungen sozialer und ökonomischer Strukturen, nehmen konnte. Es war vielleicht, weil es diesen Mann Bismarck gegeben hat, der es so wollte, die einzig mögliche, aber was ihre Methoden und das Ergebnis betraf, die unheilvollste Lösung.

Die Gründung des Zweiten Reiches 1871 war ein Gewaltakt, der gegen die Tendenzen der Zeit durchgesetzt wurde, unter Missbrauch der beiden fruchtbaren Ideen, in denen diese Tendenzen im Bewusstsein der Völker Europas ihren Ausdruck fanden: der demokratischen und der nationalen.

Die nationale Idee wurde zugunsten eines »Staates« konfisziert, dessen einziger Sinn die Perpetuierung seiner Macht, seiner Selbsterhaltung als staatliches Machtgebilde, als »Machtstaat« war. Die zu seiner Erhaltung ständig notwendige Ausübung von »Gewalt, die Gewalt erzeugt«, das »Gewaltpragma« (Max Weber) – Repression nach innen, Drohgebärden nach außen –, war seine einzige *Raison d'être*, die »Staatsraison« des Deutschen Reiches. Als Machtstaat war dieses Reich aber gerade kein Nationalstaat. Man muss sich daran erinnern, dass die nationale Idee nicht im Sinne des Machtstaates »staatsbezogen« war. Andererseits war die Idee des »Staates«, wie sie in Preußen idealtypisch verwirklicht wurde, eben nicht national: Zur Genese des preußischen Staates gehört wesentlich der Zwang, das national Disparate (ethnisch, konfessionell, geographisch) in *einem* politischen Verband zusammenzufassen.

Der Legitimationszwang, unter dem sich der neugegründete mitteleuropäische Gewaltstaat befand, führte zur Appropriation eines deutschen Nationalbewusstseins, gegen das er (als kleindeutsch-preußisch-militärische »Lösung«) gerichtet war. Er beruhte auf einer Missachtung des Nationalbewusstseins, das er für seine, den nationalen Aspirationen konträren Zwecke missbrauchte.

Denn die nationale Idee – so wie sie mit der Französischen Revolution geboren wurde und sich überall in Europa, 1848 auch in Deutschland, durchgesetzt zu haben schien – war politisch mit der Idee der Demokratie verbunden. Demokratie zunächst einmal, generell verstanden, als Überwindung der feudalen und monarchisch-dynastischen, der autoritären, obrigkeitlichen, hierarchischen Herrschaftsordnung; sodann als fortschreitende Demokratisierung, das heißt: Der Bürger soll an der politischen Willensbildung durch demokratische Institutionen (Parlament, Wahlrecht, konstitutionelle Regierungsformen) teilhaben. Der »Patriot« war kein »Nationalist« (im Sinne eines nationalstaatlichen Chauvinismus), sondern *Citoyen* einer universellen Völkergemeinschaft.

Der Reichstag hätte vielleicht die Institution werden können, in der sich der Demokratisierungsprozess im Inneren des Deutschen Reiches organisierte. Mit dieser Hoffnung wurden die deutschen Nationalliberalen geködert und betrogen. Wir wissen, dass der Reichstag nicht in demokratischer Absicht geschaffen wurde, vielmehr mit dem Ziel, die Mitbestimmungswünsche der deutschen Patrioten abzufangen und in die Botmäßigkeit des ihnen entgegengesetzten etatistisch-monarchischen Ordnungskonzepts zu stellen. Diese Konfiskation der nationalen und demokratischen Ideen verfälschte von Anfang an die Bedingungen, unter denen sich das neue politische Gebilde in seinem Selbstverständnis und gegenüber der übrigen Kulturwelt zu behaupten hatte.

Das neue Deutsche Reich wurde schon von den Zeitgenossen als monströs empfunden, eine Monstrosität, die in der inneren Unwahrheit seines Existenzanspruches lag. Objektiv mochte dieser Anspruch in den großen sozialen und ökonomischen Entwicklungstendenzen des Jahrhunderts wurzeln, aber de facto konnte er sich nur durch die Negierung jener Ideen behaupten, in der diese Tendenzen ihren Ausdruck gefunden hatten. Von dem Bismarck'schen Reich als dem deutschen Nationalstaat zu sprechen ist ein Euphemismus, wenn nicht einfach eine Lüge, die den wahren Charakter dieses Staatsgebildes, nämlich gerade kein

»nationaler« Staat zu sein, verschleiern soll. Sie ist zur Lebenslüge des deutschen Volkes geworden.

Es ist sicherlich falsch zu sagen, dass die Industrialisierung in Deutschland des militaristisch-dynastischen Staates Preußen als ihres politischen Instrumentes bedurft hätte. Vielmehr wäre die industrielle Revolution hierzulande mit weniger sozialen und politischen Kosten, zu denen auch zwei Weltkriege und das Hitler-Regime gehören, verlaufen, wenn sie ihren Weg hätte nehmen können, ohne in den Dienst des Bismarck'schen Gewaltstaates gezwungen zu werden.

An denkbaren Alternativen einer den Zeitströmungen und der eigenen Tradition gemäßeren Entwicklung des deutschen Volkes als Sprach- und Kulturnation fehlte es nicht. Der allen gemeinsame Nenner ist jenes Modell einer pluralistisch-föderalen Ordnung, das sich der lange Zeit verkannte politische Publizist Konstantin Frantz (1817 bis 1891) vorgestellt hat. Das *Europa der Völker* war das Revers des Metternich'schen Europa, dieses restaurativen Staatenbündnisses der Dynastien, das aus dem Wiener Kongress hervorgegangen war. Das *Junge Europa*, das 1848 in den Revolutionen von Warschau bis Lissabon in grandioser Einmütigkeit nach Verwirklichung strebte – das war die große politische Konzeption des 19. Jahrhunderts: die nationale, föderale und demokratische Vision einer Neuordnung des Kontinents.

Die Schwierigkeit, Deutscher zu sein

Hinter der »Deutschland-Frage« lauerte von Anfang an die Frage: Was heißt es eigentlich, Deutscher zu sein?

Dieses Problem stellte sich mir vor dem Krieg nicht. Ich

wuchs auf und lebte in Berlin, der Hauptstadt eines Landes, das, so sah ich das damals, von den Nazis »besetzt« war. So ähnlich, stellte ich mir vor, muss ein junger Franzose zur Zeit der deutschen Okkupation in Frankreich gelebt haben. Die furchtbaren Menschen, die Deutschland beherrschten, waren auch Deutsche, aber, wie mein Vater mir zu verstehen gab, die falschen, die anderen, die »bösen Deutschen«, mit denen man nichts gemein und nichts zu tun haben wollte. Man brauchte nur ihre Gesichter zu sehen.

Sie hatten das »Deutschsein« usurpiert, für ihre Zwecke manipuliert, in einem im Grunde ganz undeutschen Sinne pervertiert. »Deutschsein« hieß in meiner Schulzeit, sich mit diesen falschen Deutschen – vom Führer bis zum Luftschutzwart, der uns bespitzelte – zu identifizieren. Das kam auf keinen Fall infrage und war schon von der Mentalität her unmöglich. Man war anders als sie, und das wussten sie auch. Wir gehörten zu der Kategorie jener heterogenen sozialen Elemente, die langfristig an den Rand zu drängen und auszuschalten waren.

Die Gewissheit, anders zu sein, war in meinem Falle dadurch vorgegeben, dass meine Mutter Ausländerin war. Sie war Rumänin. Ich war also, obwohl das in meinem Leben als Schüler und Mitglied bündischer Jugendgruppen nicht weiter in Erscheinung trat und von meinen Kameraden nicht wahrgenommen, auf jeden Fall nie thematisiert wurde, ein halber Rumäne, ein »Mischling«. Mir selber war keineswegs bewusst, was das bedeuten konnte. In meinem Selbstverständnis erlebte ich den Bezug zu diesem fremden Land, zu seinen Menschen, zu meiner Familie dort als Privileg, als eine Besonderheit, die mir erlaubte, mich von meinen deutschen Bindungen in Familie und Schule zu distanzieren.

Durch meine Mutter gehörte mein Elternhaus zu einer kosmopolitisch-internationalen, nichtdeutschen Welt. Mein Vater, ein alter Herr, der seine Herkunft aus einer deutschnationalen, preußischen Tradition nicht verleugnete, vielmehr in ihr die Gründe dafür fand, sich kompromisslos vom Pseudodeutschtum des Nationalsozialismus abzugrenzen, gehörte schon deshalb dazu, weil er, was ihm nicht nur von seiner Familie vorgeworfen wurde, eine exotische junge Dame aus dem Balkan geheiratet hatte. In ihm war die andere Möglichkeit, Deutscher zu sein, lebendig, er verkörperte jene Sorte von Deutschen, mit der auch ich mich identifizieren konnte, die nicht alldeutsch-nationalistisch, »völkisch«, sondern weltbürgerlich gesinnt war. So wusste ich immer, dass es ein anderes Deutschland gibt, dass Deutscher zu heißen einmal etwas anderes bedeutet hatte, als so zu sein wie »sie«.

Goethe, Heine, die Brüder Humboldt, Nietzsche (der wahre Nietzsche) repräsentierten ein Deutschtum, dessen man sich nicht zu schämen brauchte, sondern auf das man stolz sein konnte; von dem herrschenden, offiziellen, nationalsozialistischen Ideal des Deutschseins waren sie genauso fern wie wir.

Dieser sonderbare Zwiespalt war mir als die Differenz zweier paralleler Traditionsstränge bewusst, die auch zusammen, auf einer höheren Ebene, keine übergreifende nationale Identität begründeten. Es waren zwei konträre Geisteshaltungen, die unversöhnlich gegeneinander standen. Eine derartige Dichotomie hat es wohl in keinem anderen europäischen Volk gegeben. Lag darin vielleicht das spezifisch Deutsche?

Nach dem Zusammenbruch, 1945, stellte sich die Frage anders. Man hatte keine Wahl mehr, es gab jetzt nur noch eine Sorte von Deutschen, zu der man zwangsweise, ohne

Ausweichmöglichkeiten, gehörte. Wir waren alle hineingerissen worden in den Strudel der Selbstzerstörung – Kriegsverbrecher, Mörder, Opfer. Mitgefangen – mitgehangen. Wurde ein Piratenschiff gekapert, waren alle an Bord, vom Kapitän bis zum Schiffsjungen, *Hostis generis humanis*. Nur die in Ketten liegenden Gefangenen waren von der Kollektivschuld ausgenommen. Jeder Deutsche, wie immer er sich seiner Herkunft, seiner Generation und seiner Biographie nach verorten mochte, musste zunächst einmal seine Verstrickung in ein kollektives Schicksal auf sich nehmen und geistig verarbeiten.

Wir standen vor der Notwendigkeit einer Neudefinition unserer Identität als Deutsche. Für mich gab es da keine Alternative. Der »gute Deutsche« war immer der »gute Europäer«, wie ihn bereits Nietzsche den martialischen Reichsdeutschen Bismarck'scher Observanz entgegengestellt hatte.

Das sage ich heute. Ich habe mich ein Leben lang mit diesen Fragen gequält. Mein beruflicher Werdegang im Dienst der europäischen Lösung der deutschen Frage war durch diese historischen Erkenntnisse bestimmt. Die Keime für diese Entwicklung wurden bereits in der besonderen geistig-kulturellen Atmosphäre meines Elternhauses gelegt. Sie entfalteten sich während meiner Studienjahre dank den großen alten Männern, die nach der Entnazifizierung der Universität durch die Amerikaner noch einmal die Stimme des anderen Deutschland zu Gehör brachten.

Karl Jaspers

Es war in Heidelberg,
als ob es sich um die Menschheit handle.
Karl Jaspers

Berühmter als Alfred Weber war Karl Jaspers, der schon in den Zwanzigerjahren die deutsche Existenzphilosophie begründet hatte, gleichzeitig und oft in einem Atemzug genannt mit Heidegger. Das war irreführend, ihr Ansatz konnte unterschiedlicher nicht sein. Heidegger begründete sein Existenzverständnis ontologisch. Jaspers, der von der Psychiatrie kam, psychologisch. Was sie radikaler trennte, waren ihre politische Einstellung und ihre Lebenshaltung. Heidegger bekannte sich, wie man weiß, zum Nationalsozialismus, wurde mit einem nationalsozialistischen Programm Rektor der Freiburger Universität und blieb bis zum Ende Hitler-Anhänger. Jaspers wurde seiner jüdischen Frau wegen seines Lehramtes an der Heidelberger Universität enthoben.

Bis 1945 war Jaspers zum Schweigen verurteilt, trat dann aber wieder wirkungsvoll vor die Öffentlichkeit als derjenige, der als Erster mit der These von der Kollektivschuld die Deutschen, alle Deutschen, für die Verfolgung und Ermordung der Juden verantwortlich machte, nicht politisch, das war sekundär, sondern geistig-moralisch.

Jaspers gehörte, wie Alfred Weber, zu den Vertrauenspersonen der Amerikaner, denen die Entnazifizierung und der Wiederaufbau der Heidelberger Universität anvertraut wurde. Er konnte sich mit seinen Ideen jedoch nicht durchsetzen und verließ Heidelberg enttäuscht und resigniert schon im Jahre 1948, um einen ehrenvollen Ruf nach Basel anzunehmen. Wir waren uns der Bedeutung eines Jaspers durchaus bewusst und erlebten seinen Fortgang als ein böses Omen.

Obwohl ich ihn seines Mutes und seiner politischen Intransigenz wegen bewunderte, konnte ich mich für den Philosophen Jaspers ebenso wenig erwärmen wie für den Menschen. So sympathisch mir Alfred Weber von jenem ersten Augenblick an war, in dem er mir in seiner Wohnung entgegentrat, so unsympathisch war mir Jaspers. In beiden Fällen beruhten die Gefühle wohl auf Gegenseitigkeit. Während ich für Weber immer eine gewisse Zärtlichkeit empfand, war ich Jaspers gegenüber skeptisch. Anders als Weber war er eine große, stattliche Erscheinung, mit einem schönen, edlen Gelehrtenkopf – er wusste es nur zu genau. Ihm fehlte jener Charme, über den Weber in außergewöhnlichem Maße verfügte, aber er kokettierte mit seiner norddeutschen Sprödigkeit. Er gab sich ein Air, wo Alfred Weber immer, bis zur Raubeinigkeit, natürlich war. Er spielte eine Rolle: die Rolle des deutschen Gelehrten, des deutschen Professors, immer darauf bedacht, einen Eindruck von Würde, von Überlegenheit, von Distanziertheit zu erwecken. Das geschah nicht mit spontaner Selbstverständlichkeit, sondern wirkte kalkuliert wie bei einem Schauspieler, der aus einer ganz bestimmten Intonation, ganz bestimmten Gesten, ganz bestimmten Tricks bewusst und mit dem richtigen Timing die Charaktermaske komponiert, die darzustellen ihm aufgetragen ist.

So lüftete er zum Beispiel, wenn man ihn auf der Straße grüßte, nicht einfach seinen schwarzen, breitkrempigen Filzhut, sondern zog ihn in weit ausladender Gebärde, wie man es nur vom Theater kennt, fast bis zum Boden, um ihn sich dann mit einer ebensolchen Geste wieder aufzusetzen.

Das geschah ohne jede Ironie oder Aisance, Ungezwungenheit oder Leichtigkeit, gewissermaßen »todernst«, was zur Folge hatte, dass man ihm ungern auf der Straße begegnete, man wollte ihm den Umstand gern ersparen. Andererseits hatte man doch seinen Spaß daran, das pompöse Ritual zu provozieren. Er war, was die Engländer *pompous* nennen, gravitätisch, pedantisch, zeremoniös, ohne die Nuance von Humor und Grazie, die ein solch übertriebenes Sich-ernst-Nehmen erträglich machen würde.

So zelebrierte er seine Vorlesungen in der alten Aula, die krachend voll besetzt war, so zelebrierte er seine Seminare. Mit süßlich-säuselnder Stimme sprach er, ohne sie mit seinen wasserblauen Augen anzusehen, über die Köpfe seiner Hörer hinweg, wie eine Pythia, die das Orakel verkündet; er sprach nicht frei, alles war bis in die letzte Wendung genau vorher ausgearbeitet, aber seine unverwechselbare Rhetorik, die man auch in seinen Büchern wieder findet, war die des Redners, immer improvisiert wirkend, schwebend, unpräzis, approximativ, dabei gefällig und druckreif. Das entsprach seiner Vorstellung von der Offenheit des Denkens, von der Freiheit der Kommunikation, in der die verbale Mitteilung immer etwas Unverbindliches behalten müsse, um den anderen nicht in die Botmäßigkeit eines stringenten Diskurses zu zwingen.

Jeder, der es erlebt hat, wird sich seines ersten Besuches bei Jaspers erinnern, der, solange er in Heidelberg war, auch während der Nazizeit, auch während des Krieges, immer dieselbe anspruchslose Etage in der Plöck, unweit der Universität, bewohnte. Es gibt genügend Beschreibungen davon.

Der Ablauf war immer derselbe. Nachdem man von Frau Jaspers eingelassen worden war, die einem sofort den Eindruck vermittelte, dass man, obwohl man natürlich angemeldet war, ungelegen kam, und eine gebührliche Zeit in dem Raum gewartet hatte, der als Speisezimmer, aber auch als Vorzimmer diente, durfte man das Allerheiligste, den Arbeitsraum des Meisters, betreten. Der saß, hoch aufgerichtet, eine Decke über den Knien, ostentativ kränklich, in einem großen Ohrenstuhl, im Dunkeln, in der strategisch günstigsten Ecke, während der Schüler, ich denke, jeder Besucher, auf einem mitten im Zimmer stehenden Hocker ihm gegenüber platziert wurde, in größtmöglichem Abstand natürlich. Das perfekte *Setting,* das sofort und unzweideutig den Ton des Gespräches festlegte. Er konnte nur zeremoniös sein. Man fühlte sich ganz klein und fröstelte.

Wie man sieht, gab es für einen Bakkalaureus in Knobelbechern mancherlei Gründe, irritiert zu sein durch das Gebaren eines akademischen Lehrers, der doch nur bestrebt war, der Würde seines Amtes angemessenen Ausdruck zu verleihen. Rückblickend muss ich sagen, dass mir die Pose im Talar lieber ist als die rüpelhafte Hemdsärmeligkeit *sans façons,* die sich in der deutschen Reformuniversität der Siebzigerjahre breit gemacht hat. Ich ziehe Professoren, die ihren Schüler begrüßen, indem sie den Hut ziehen, solchen in Turnschuhen vor.

Aus meinem Zettelkasten

Philosophie, wie Jaspers sie lehrte, war Leugnung der Philosophie im traditionellen Sinne, einer Philosophie als System, es war gewissermaßen eine Antiphilosophie. Eine universalistische Kommunikationstheorie, eine Prosodie des großen Palavers, eine Poetik des ewigen Gesprächs. Das, was da von Jaspers zu hören war, war Zukunftsmusik.

Durch seine Vorlesungen ging eine betörende Melodie. Man verließ sie in einem Zustand lange noch nachwirkender Betroffenheit. Hier einige Kostproben aus meiner Sammlung von Jaspers-Exzerpten, die ich aufbewahrt habe, wie man nur Kostbarkeiten aufbewahrt:

»Philosophie ist nicht schon als ein Wissen von etwas, nicht schon im Hervorbringen eines Gedankenkunstwerks, sondern im Denken selber ein Tun des Wesens des Denkenden, das sich hervorbringt, indem es anderes, die Transzendenz berührt.«

»Nirgends liefert die Philosophie Ergebnisse als Mittel zum planenden Machen in der Welt. Aber sie bringt zur Klarheit den Grund des Bewusstseins, aus dem die Ergebnisse der Wissenschaft und die Möglichkeiten des planenden Hervorbringens Grenzen und Sinn haben.«

»Philosophieren, das bedeutet ... nun: wir arbeiten an den Voraussetzungen der Möglichkeit universeller Kommunikation.«

»Das, worin Menschen sich finden können, ist einerseits das, was als Instrument der philosophischen Logik ausgearbeitet wird. Es ist andererseits das Wissen um die gemeinsame Geschichte, in der wir uns alle gegenseitig angehen. Gegenwärtigkeit einer Weltgeschichte der Philosophie kann der Rahmen für die universelle Kommunikation werden.«

»Eine bewusste Anschauung von der Gesamtheit der Philosophie der Menschheit zu gewinnen. Wir haben eine große, gemeinsame geistige Geschichte. Kommunikation und Kontinuität zu steigern, ist die große menschliche Angelegenheit, vor allem in der Philosophie.«

»Wir sind auf dem Weg vom Abendrot der europäischen Philosophie zur Morgenröte der Weltphilosophie.«

Meine erste Reaktion auf Jaspers war eher negativ: Ich hielt seine Philosophie für gehobenen Feuilletonismus, Erbaulichkeitsliteratur, Gartenlaube. Es fehlte mir die »Arbeit des Begriffes«. Was mich besonders störte, war seine sonderbare Sprache, dieser einlullende, insinuative Märchenerzählerstil, eine merkwürdig ungenaue, verhuschte, schlampige Ausdrucksweise, etwas Tremolierend-Säuselndes, Inkonsistentes, die Unfähigkeit zur prägnanten Formulierung, zu einer terminologischen Stringenz, verglichen mit der harten, männlich-martialischen, konzisen Sprache der Heidegger, Schmitt, Jünger oder Benn, die blenden konnte wie geschliffene Edelsteine.

Meine Antipathie beruhte also auf einem ästhetischen Vorurteil, ganz im Geiste der »deutschen Männer«, unter deren Einfluss ich stand und zu denen Karl Jaspers so ganz und gar nicht gehörte. Ich brauchte eine gewisse Zeit, bis ich erkannte, dass gerade darin seine Stärke lag, die ihn dazu befähigte, in der Nachkriegszeit eine entscheidende Rolle als politischer Publizist zu spielen. Eine politische Rolle, die das Politikverständnis der »deutschen Männer« hinter sich ließ und ihm die Möglichkeit gab, sich mit seiner merkwürdigen Sprache im Niemandsland zwischen Philosophie und Politik zu einem neuen politischen Denken vorzutasten – in einem Moment, in dem es den anderen Herren die Sprache verschlagen hatte und sie zu nichts anderem mehr imstande waren, als trotzig zu schweigen.

Hier lag Jaspers' überragende Bedeutung, die niemand in Frage stellen kann. Rudolf Augstein hat es treffend so formuliert: »In der Nullsituation des Jahres 1945 stand da auf der Höhe seiner Kraft ein 62 Jahre alter Philosoph mit internationaler Reputation, der in Deutschland geblieben war, sogar hatte bleiben müssen, der nicht paktiert hatte, der keiner Verführung und keinem Zwang erlegen war, dessen Philosophie nicht in der Erkenntnis, sondern im Appell gipfelte, und dieser Mann stieß die Deutschen auf ihre Verantwortung für die unter Hitler begangenen Verbrechen.«

Man kann nicht sagen, dass er ungehört blieb. Er trug zweifellos wie kein anderer dazu bei, das allgemeine Bewusstsein von dem Ausmaß und der Ungeheuerlichkeit der staatlich organisierten Judenvernichtung zu wecken und die moralische Mitverantwortung jedes Deutschen zu fordern. Was die Nazis gemacht hatten, lag in der Logik der deutschen Geschichte der letzten hundert Jahre, einer politischen Kultur, die die Anwendung von Gewalt zum Prinzip des Handelns gemacht hatte und deren Ziel die physische Vernichtung des Feindes gewesen war. Jaspers wollte einem anderen Politikverständnis, einer Politik der Verständigung und Kommunikation, den Weg bereiten.

Sein Wunsch allerdings, aktiv am Wiederaufbau eines deutschen Staates und der deutschen Universität mitzuwirken, in demokratischen Gremien, in freier Diskussion, in der Auseinandersetzung mit Andersdenkenden, im platonischen Dialog philosophischer Kommunikation, wurde ihm nicht erfüllt. Mit einem *Adsum* hatte er sich aus der inneren Emigration zurückgemeldet, bereit, in der Öffentlichkeit zu wirken. Resigniert ging er nun in die äußere Emigration. »Ich wäre wohl«, schrieb er seinem Verleger Klaus Piper, »in Heidelberg geblieben, wenn sich nach Kriegsende an der Universität eine starke, zuverlässige, von einem gemeinsamen sittlich-geistigen Bewusstsein getragene Gemeinschaft von einem Dutzend Dozenten zusammengefunden hätte, die in gemeinsamer Gesinnung gehandelt hätte und entschieden dem allgemeinen Zurücksinken in die alten Gleise entgegengetreten wäre.« Dieser Kreis hat sich nicht gefunden.

Er blieb bis zu seinem Tode das Gewissen der Deutschen. Auch in Basel hat er die Rolle eines *Praeceptor Germaniae*, in die er in Heidelberg hineingewachsen war, mit großem Verantwortungsgefühl erfüllt. Was er über die deutsche Schuld, über die Zukunft der Universität, über die Gefahren einer atomaren Wiederaufrüstung Deutschlands, über die Bedrohungen, denen Demokratie und Rechtsstaat in der neuen Bundesrepublik ausgesetzt waren, gesagt hat, war richtig und ist heute noch gültig. Es war die Stimme eines universalistischen Humanismus. Sie kam aus Heidelberg, und es war kein Zufall, dass sie aus Heidelberg kam – es war »Heidelberger Geist«.

Was Jaspers politisch versucht hat, war im Grunde die Absage an die Bismarck'sche Tradition der Politik, die Revokation des Dogmas der Realpolitik, die Negation des Gewaltpragmas. Seine politische Philosophie war bei Lichte besehen etwas für Deutschland Unerhörtes: reiner Liberalismus.

In seinen autobiographischen Aufzeichnungen sagte er: »Mir fehlte das Bewusstsein der Größe Preußens und Bismarcks. Mir fehlte der soldatische Sinn. Mir fehlte der heroische Zug, die Größe im Maßlosen, die ich doch in Max Weber so liebte.« Das war mir aus der Seele gesprochen, und deswegen mochte ich Jaspers denn doch trotz all seiner Schwächen – ich müsste sagen, wegen seiner Schwächen.

Was ist Liberalismus?

Vielleicht ist es an der Zeit zu erklären, was ich meine, wenn ich von Liberalismus spreche. Der Begriff hat viele Bedeutungen, die nicht alle kongruent, von denen manche sogar widersprüchlich sind. Er war lange verkommen zu einem *Terminus technicus* der Wirtschaftstheorie. Heute weiß man wieder, dass er der Schlüssel eines allgemein gültigen evolutionistischen Welterklärungsmodells ist. Ihn als solchen erkennen zu können, war zweifellos das wichtigste Ergebnis meiner Heidelberger Studienjahre; ich habe es beiden zu danken, Alfred Weber und Karl Jaspers.

Was ist Liberalismus? Eine Lebenshaltung mit ökonomischen, sozialen, ethischen und erotischen Konsequenzen – eine Weltanschauung, ein Programm, lebensbejahend, sinnenfreudig, optimistisch, eudämonistisch. Entstanden aus dem Geschichtsbewusstsein der Neuzeit, eine Mischung aus Aufklärung und angelsächsischem Pragmatismus. Nicht idealistisch oder materialistisch, nicht dialektisch oder positivistisch, sondern evolutionistisch – nicht eine Ideologie der Revolution oder des Klassenkampfes, sondern eine Vorstellung von der Entwicklung der Gattung, der Menschheit, des »Menschen« als geschichtliches Subjekt, als Gesellschaftskörper. Nicht Hegel oder Marx, nicht Lenin oder Carl Schmitt, sondern John Stuart Mill und Spencer.

Liberalismus beruht auf der Vorstellung, dass die Spezies Mensch auf dem Wege ist, ihr entelechetisches Programm noch nicht erfüllt hat. Die Idee der Selbstverwirklichung, der Selbstentfaltung des Menschen als Individuum und als Gattung, zielt auf jene Selbstverwirklichung des Einzelnen, »in der Menschheit in ihrer idealen Form zur Darstellung kommt« (Wilhelm von Humboldt). Menschwerdung und Menschheitswerdung gehören zusammen. Ein »Evolutionsgeschehen« also, eine Entwicklung, die nicht blind ist, der eine Richtung eingeschrieben ist, ein Vektor, ein Telos, für das Begriffe stehen wie Fortschritt, Emanzipation, »das größte Glück für die größte Zahl«, Friede.

Die Innovationen der »Moderne« (ich verabscheue diesen Unbegriff, diese Leerformel): Industrie, Technologie, Urbanisierung, materielle und geistige Daseinsbewältigung, Bewusstseinsaufhellung, Aufklärung und Wissenschaft, die Idee der Befreiung – sozial als Emanzipation, individuell als Selbstbestimmung –, Demokratie und Individualismus, sind Erscheinungsformen und Facetten ein und desselben permanenten Umwandlungsprozesses, dem sich niemand entziehen kann und an dem jeder auf seine ihm eigene Weise teilhat. Es sind Phänomene der *Cultural anthropology*, deren gemeinsamer Nenner der »Zivilisationsprozess« ist.

Die Menschheit steigt, indem sie fortschreitet, zu höheren Stufen der Gestaltung ihrer Lebensbedingungen als Gattungswesen auf. Mit anderen Worten, der Mensch hört auf, ein Barbar zu sein, und wird progressiv zu einem »zivilisierten« Wesen.

Die wichtigste Schwelle in diesem Entwicklungsprozess – auf der Ebene des Bewusstseins, der Technologien, der Verkehrsformen – ist der Schritt vom *Esprit de conquête* zum *Esprit de commerce*, das heißt eine Ablösung der militärischen Dominanz, des Krieges als »Verkehrsform der Völker« und damit aller auf unmittelbarer Gewaltausübung beruhenden Gesellschafts- und Herrschaftsstrukturen durch gewaltfreie, friedfertige Verkehrsformen.

Dieser Methodenwechsel, der eine pragmatische Humanisierung der gesellschaftlichen Verhaltensmuster mit sich bringt, markiert die entscheidende Etappe im Übergang von der Barbarei zur Zivilisation, die im Gegensatz zu jener, und nur so ist es gemeint, die Bedingung der Möglichkeit einer friedlichen Weltordnung ist.

Die traditionellen Mittel der (Gewalt-)Politik werden damit obsolet, die Sphäre des Politischen als Raum anarchistischer Gewaltanwendung ist diskreditiert. Der Weg zur höheren Entwicklungsstufe kann nur über den Verzicht auf den Gebrauch von Gewalt führen.

Es geht offenbar um eine konstitutionelle Verfassung der Triebstruktur. Die liberale Grunddispositon jedes Individuums, eine anthropologische Konstante, ganz nah an der anarchistischen, polymorph-perversen, triebdynamischen Gemengelage, wird durch den Sozialisierungsprozess eingeschränkt, reduziert, diszipliniert, in Verbotsschranken eingezwängt, die sich verhärten, verselbstständigen, zu inneren Konventionen, Tabus, inneren und äußeren Zensurschranken, zu dem stählernen Gehäuse, das den vergesellschafteten Menschen festhält und zu einem nützlichen Glied des Sozialkörpers macht, in den er sich einfügen muss.

Es entsteht so der autoritäre Charakter, ein System der Unterdrückung der eingeborenen liberalen Grunddisposition des Einzelnen. Gefordert ist die Anpassung an die Normen, denen sich die anderen unterwerfen. Das ist der vorgezeichnete Weg, das Eintauchen in den *Mainstream*. Eine durchweg liberale Gesellschaft kann es nicht geben. Einige entziehen sich diesem Schicksal, eine verschwindende Minorität, in denen die liberale Ursubstanz lebendig und für die Gestaltung ihres Lebens bestimmend bleibt. Es sind die ewigen *Outsider*, Unruhestifter und Veränderer.

Jede Gesellschaft erhält sich Freiräume für diese marginalen Figuren, die im Grunde asozial sind, dank der Ungebrochenheit ihrer libidinösen Kräfte aber ein Reservoir des gesellschaftlichen Erneuerungs- und damit Entwicklungspotentials bilden, ohne das die gesellschaftlichen Strukturen erstarren würden.

Max Weber

Die Auseinandersetzung mit dem Liberalismus war das zentrale Thema der Heidelberger Sozial- und Geisteswissenschaften. Der Durchbruch, das Bekenntnis zur liberalen Lebensauffassung – in den Zwängen der wilhelminischen Gesellschaft, in den Stürmen der Zwanzigerjahre, in der Resignation der Nazizeit, in der Atmosphäre der wieder gewonnenen Freiheit nach dem totalen Zusammenbruch – war das geheime Anliegen einer geistigen Elite, die diese Herausforderung als existentiellen Konflikt erlebte, als Kulturkrise, an deren Antinomien sie scheiterte. Das prominenteste Beispiel für dieses Schicksal, in dem sich auch paradigmatisch das deutsche Schicksal spiegelt, finden wir idealtypisch in der Figur Max Webers. Obwohl schon 1920 verstorben, blieb seine überragende Gestalt in Heidelberg immer präsent. Was es damit tatsächlich für eine Bewandtnis hatte, wurde mir erst, Jahre nachdem ich Heidelberg verlassen hatte, bei der Lektüre des Buches von Martin Green über die Richthofen-Schwestern klar. Ich fand darin bestätigt, was ich zuvor immer nur ahnen konnte.

In der innerdeutschen Opposition zum Bismarck-Reich hat Max Weber einen signifikanten Platz. Er ist, wie auch mein Vater, der typische Sohn jener von Bismarck düpierten und gebrochenen Bourgeoisie, die sich um den Führungsanspruch betrogen sah, auf den sie als Träger des ökonomischen Fortschritts in der politischen Tradition von

1848 alles Anrecht und den sie in Frankreich und England auch errungen hatte. Max Weber fühlt sich dieser virtuellen *Classe dirigeante* zugehörig. Der nicht erfüllte Führungsanspruch beherrscht sein Leben und Denken wie ein Fluch – aber statt ihn im politischen Kampf einzuklagen, weicht er aus in die »Wissenschaft«. Er sucht die Legitimation seiner Opposition zum System in einer »ethischen Überlegenheit«, einer »intellektuellen Redlichkeit«, in einer »Rationalität der Erkenntnis« als den Voraussetzungen eines politischen Handelns, das qualitativ besser wäre als das der verhassten Machthaber: besser, aber nicht grundsätzlich anders. Er will das System reformieren, akzeptiert es aber in seinen Grundvoraussetzungen als paternalistische »Herrschafts«-Struktur. Indem er »wissenschaftlich« immer aufs Neue den Beweis dafür zu liefern sich bemüht, dass diese Struktur unabänderlich ist, begibt er sich intellektuell der Möglichkeit, eine echte politische Alternative zu entwickeln. Seine moralische Indignation ist das Alibi seiner politschen Insuffizienz.

Max Weber war fasziniert von dem Phänomen der Macht – eine Faszination, die sich zu einer wahren Machtbesessenheit steigert. Das hat etwas Gespenstisches, wenn man bedenkt, dass alle Energien, die er aufwendet, um das »Phänomen der Macht« »wissenschaftlich« in den Griff zu bekommen, zu nichts anderem führen, als die einzige Erfahrung, die er von der Macht hat, zu rationalisieren: seine faktische Ohnmacht. Gerade dieser entscheidende Punkt aber entzieht sich seinem rationalen Urteil – er reagiert mit einer Neurose, die ihn jahrelang arbeitsunfähig macht.

Max Weber ist tatsächlich ein Paradebeispiel *in folio* für die Frustration des »bürgerlichen Intellektuellen«, der sich gegen ein Herrschaftssystem empört, an dem er einfach nichts ändern kann. Er ähnelt darin dem scheinbar ganz anders gearteten, scheinbar in einem ganz anderen Kontext stehenden Karl Kraus; beide sind »klinische Fälle«, an denen die pathogene Kraft struktureller Gewalt demonstriert werden kann. Die in der schmerzvollen Situation der Ohnmacht produzierte Aggressivität wird in Hasstiraden, Wutausbrüchen und moralischer Empörung – immer nur verbal, immer nur auf dem Papier – abreagiert, deren Leidenschaft, Schärfe, Intransigenz immer neu überrascht. *Tout azimut* – in alle Himmelsrichtungen – wird »verachtet«, »verurteilt«, »vernichtet«, »entlarvt«. Es ist geradezu zum Heulen, wenn man das heute liest, weil es so evident ist, dass die Ursache für die peinliche Lage, in der man sich befindet, überall gesucht wird, nur nicht dort, wo sie eigentlich liegt: im eigenen Inneren. Denn wenn ein Max Weber zum Handeln nicht kommt, so keineswegs darum, weil ihm die Möglichkeiten dafür effektiv genommen waren, sondern weil er sich selbst das Handeln verboten hat.

Die leidenschaftliche Kritik am System musste sich gegen ihn selber wenden in dem Maße, in dem er das System verinnerlicht hatte. Die »Kastration« durch den »Vater« wird durch die Autokastration ständig nachvollzogen. Er wirft sich umso unerbitterlicher zum Zensor auf, als er sich selber in der Autozensur rücksichtslos verstümmelt. Er verzehrt sich in der Negation. Aber die Verneinung hat einen selbstquälerischen, autopunitiven Zug, der sich in einem verschrobenen Ideal »innerweltlicher Askese« (historisch) zu rechtfertigen sucht – tatsächlich aber zu einer selbstzerstörerischen Lebenspraxis führt, in der grundsätzlich nur das für angemessen gehalten wird, was garantiert Unlustgefühle hervorruft.

Dabei ist Max Weber autoritär, präpotent und intolerant. Er ist ein Herr ohne Herrschaft, ein Vater ohne Kinder, ein Mann ohne Frau, sein »Ersatzreich« ist die Wissenschaft, seine Ersatzkinder sind die Schüler (der einzige Status, den er den Frauen zubilligen kann). Er ist ein Bismarck der Wissenschaft, und wenn er mit seinem Vater rechtet, so deswegen, weil er nicht bismarckisch genug war. Und wenn er gegen den Kaiser wettert, so weil er davon überzeugt ist, dass er ein besserer Kaiser wäre. Seine politische Vorstellung gipfelt in einem wertfreien »Dezisionismus« und einer »plebiszitären Führerdemokratie«. Das ist nicht schlecht für einen Liberalen.

Wenn er sich zu gut war, ein »Politiker« zu sein, so hat sein wissenschaftliches Tun ganz eindeutig den Charakter einer Zwangsneurose. Ein ungeheures Œuvre »objektiver« Erkenntnis wird unermüdlich aufgeschichtet, kein Bereich der Geschichte und der Gesellschaft bleibt unerforscht. Tausende und Tausende von Seiten, um immer wieder den Nachweis für die »sinnlose Unendlichkeit des Weltgeschehens« zu erbringen. »Wozu das alles?«, hatte Ernst Correll schon 1920 schüchtern gefragt – eine respektlose Frage, die geflissentlich überhört wurde. Man weiß aber, dass diese Papierpyramiden, Produkte obsessiver Zwangsarbeit, ihren Autor nie über das Gefühl der Nutzlosigkeit seines Tuns hinweggetäuscht haben. Wenn es nach Max Weber die Aufgabe der Wissenschaft ist, »dem Einzelnen zu helfen, sich selbst klar zu werden über den letzten Sinn seines Tuns«, so hat sie ihm gegenüber diese Aufgabe, weiß Gott, schlecht erfüllt.

Alles in allem genommen ein Schauspiel, in dem das politische und intellektuelle Versagen der deutschen Bourgeoisie der Jahrhundertwende in paradigmatischer Weise sichtbar wird. So aber haben wir's nicht gelernt. Max Weber wird uns vorgestellt als heroische Figur, als der Gigant der Wissenschaft, als der eigentliche Führer eines anderen, geistigen, besseren Deutschland, das nie abgedankt, das auch nicht versagt hat, tragisch ja, aber in den Proportionen der griechischen Tragödie von der Unabwendbarkeit eines höheren Geschicks gezeichnet, aber nicht gebrochen, eine Persönlichkeit von höchster Integrität – kurzum ein Vorbild. Diese Heroisierung Max Webers, seine Hochstilisierung zu einer politischen und moralischen Größe, ist ein Indikator für das Unvermögen der Deutschen, in jene tieferen Schichten vorzustoßen, in denen der Schlüssel ihres historischen Missgeschicks liegt und in die vorzustoßen sich Max Weber selber untersagt hat – zu der seine Art von »Wissenschaft« den Zugang nicht nur nicht eröffnet, sondern verbaut.

Ein Seminar über Freud

Eine ähnlich faszinierende Figur der Heidelberger Nachkriegszeit wie Alfred Weber und Karl Jaspers, wenn auch etwas mehr im Hintergrund wirkend, war Victor von Weizsäcker. Prominentes Mitglied jener bürgerlichen Dynastie bedeutender Männer, die durch fünf Generationen an hervorragenden Positionen deutsche Geschichte und Geistesgeschichte geprägt haben. Eine Familie, wie es deren in Frankreich und England viele gibt, sie aber in Deutschland eher rar sind. Victor, Professor an der medizinischen Fakultät, war ein Bruder des früheren Staatssekretärs im Auswärtigen Amt, Ernst von Weizsäcker, dem gerade in Nürnberg der Prozess gemacht wurde. Schüler von Georg Groddeck, dem Erfinder des »Es«, und mit ihm Begründer der psychosomatischen Medizin, war Weizsäcker wissenschaftlich ein *Outsider*, ein Querkopf und Selbstdenker mit der Aura der genialischen Persönlichkeit, ein hervorragendes Exemplar jenes charismatischen Professorentums, das zur besten Tradition des akademischen Lebens in Heidelberg gehörte, und nicht nur in Heidelberg – der Typus gehörte zum Biotop der deutschen Universität. Er gefiel sich in einer Rolle, die ihm zur zweiten Natur geworden war – halb Scharlatan, halb Guru – bis in die Vermittlung seiner Theorie als Performance, mit komödiantischer Nonchalance und dem Wissen des alten Schauspielers, dass es eben eine Rolle war. Prospero zwischen Ariel und Caliban.

Sein Auftritt war bühnenreif; im weißen, wehenden Arztkittel daherschreitend, nein, im Geschwindschritt heraneilend, begleitet von einem Gefolge Akoluthen beiderlei Geschlechts, Assistenten, Oberärzten, Schwestern, Doktoranden, jüngeren Kollegen, alle im weißen Klinikgewand, jeder darauf bedacht, den richtigen Abstand zu wahren, den ihm zukommenden hierarchischen Platz einzunehmen – das Ritual der Chefvisite –, so rauschte er in den Seminarraum, in dem mäuschenstill die auserlesenen Teilnehmer der Lehrveranstaltung vor ihren Stühlen stehend ehrfurchtsvoll auf das Erscheinen des Meisters warteten, um sich auf ein Zeichen seiner fleischigen Hand, die ein großer Siegelring schmückte, mit lautem Scharren, das den kleinen Saal für einen Augenblick mit dem klappernden Geräusch eines plötzlich abhebenden Taubenschwarms erfüllte, niederzusetzen, in Erwartung der Wunderdinge, die zu erleben sie gekommen waren. Andächtig, gespannt, fasziniert.

Ich war total eingeschüchtert, aber auch unangenehm berührt von dem Anblick und fühlte mich peinlich erinnert an die Arztvisiten im Krankensaal des Feldlazaretts, bei denen die Herren im weißen Kittel – an ihrer Spitze der Oberstabsarzt (oder was auch immer sein Rang und Titel war) – gewichste Stiefel trugen und der »Kamerad Patient«, grundsätzlich der Drückebergerei und Simulation verdächtig, wann immer eine Frage in zackiger Kommandosprache an ihn gerichtet wurde, gehalten war *strammzuliegen*. Wehe, er zuckte mit einer Wimper.

Ich hatte den großen Herrn im Flur des Seminargebäudes der medizinischen Fakultät erwartet, um mich vorzustellen und die Genehmigung zur Teilnahme an seiner Lehrveranstaltung zu erbitten.

»Was wollen Sie in diesem Seminar? Es ist übrigens nur

für Doktoranden. Sind Sie überhaupt Mediziner? Wie bitte? Soziologe? Ach so ...«

Ich wurde widerwillig, »ganz ausnahmsweise« zugelassen, als »Weber-Schüler«. Oder war es wegen meines Namens? Es war kein Stuhl mehr frei. Man saß um einen langen Hufeisentisch, etwa sechzig Personen. Alles höhere Semester, viele auch in weißen Kitteln, was die seltsame Atmosphäre einer klinischen Veranstaltung noch verstärkte. Ich musste mir einen Stuhl vom Flur hereinholen und war froh, am Ende des Saales in großer Distanz zur Kopfseite des Tisches, an der der Professor seinen gewohnten Platz eingenommen hatte, noch einen Winkel für mich zu finden. Ich war sehr beeindruckt von der großen Anzahl der Schüler, aber auch von der Disziplin, die hier offenbar herrschte. Dagegen waren die Seminare Alfred Webers kleine, familiäre Konventikel.

Das angekündigte Thema, das mich in die abgelegenen Bereiche der medizinischen Fakultät gelockt hatte und das vielleicht den großen Andrang erklärte – ich war sicher nicht der einzige Fremdgänger –, lautete: »Freud: Massenpsychologie und Ich-Analyse«.

Ein Seminar über Sigmund Freud war zu diesem Zeitpunkt eine wirkliche Sensation. Ich verdanke ihm meine Einführung in die Arkana der Psychoanalyse, obwohl mir die Lehre Freuds in groben Umrissen seit meiner Schulzeit bekannt war. Eine Tatsache, über die man heute nur staunen kann: Wie kommt ein Pennäler inmitten der Nazizeit dazu, die Schriften des Juden Freud zu lesen? Es war nicht etwa eine der Psychoanalyse günstige Atmosphäre meines Elternhauses (in dem ich allerdings alle verfügbaren Werke der Wiener Schule vorfand). Es war die *Tradition orale*, die mich über meinen Freund Bruno Goetz unverfälscht erreichte – und nur so erreicht uns geistige Überlieferung.

Kurz: Mein besonderes Interesse für die Psychoanalyse wurde geweckt durch ihre Stigmatisierung als »jüdische Wissenschaft«. Ihre Rezeption stand ganz im Zeichen des Antisemitismus; sie galt als etwas Undeutsches und Artfremdes, Subversives und Zerstörerisches, vor dem man sich schützen musste. Freud war der Feind und die Psychoanalyse eine Waffe im Kampf um die jüdische Weltherrschaft, wobei ihrem Schöpfer der Rang eines großen Eingeweihten zuerkannt wurde – eine mysteriöse Kategorie, zu der auch Marx und Einstein gehörten –, dessen esoterische Einsichten die geistige und sittliche Ordnung des christlichen Abendlandes aus den Fugen gebracht hatten.

Jetzt, im Seminar von Victor von Weizsäcker, lasen wir den Freud'schen Text vor dem Hintergrund der Zerstörungen durch das Naziregime als einen Text, der uns die Augen öffnete über das, was in den letzten zwölf Jahren eigentlich geschehen war. Freud hatte alles antizipatorisch analysiert: Die Vernetzung subjektiver und kollektiver Verstrickung, das Ineinandergreifen individueller Handlungsmuster auf der Ebene des Bewusstseins und intersubjektiver, innersubjektiver Handlungsantriebe auf der Ebene des Unbewussten. Eine bessere Einführung in das Verständnis für den Funktionsmodus der nationalsozialistischen Bewegung, deren Dynamik ein ganzes Volk ergriffen und verblendet hatte, konnte es nicht geben.

Einer der Assistenzärzte, in weißem Kittel, der an der Stirnseite des Seminartisches neben dem Meister saß, war mir aus dem *Inner circle* des Heidelberger Lebens wohl bekannt: Alexander Mitscherlich, der das ungeheure Verdienst hat, die Freud'sche Psychoanalyse nach dem Kriege in Deutschland salonfähig gemacht zu haben.

Die Widerstände, die ihm dabei begegneten und die er nur zum Teil überwinden konnte, bestätigen, wie sehr er mit seiner Überzeugung im Recht war, dass man mit Hilfe des psychoanalytischen Instrumentariums wichtige Aufschlüsse über den neurotischen Charakter der Langzeitwirkung nationalsozialistischer Herrschaft gewinnen konnte. Wenn es nach ihm gegangen wäre, hätte sich jeder Deutsche einer Analyse unterziehen müssen, um den Zugang zu den tiefenpsychologischen Bedingungen eines politischen und moralischen Versagens freizulegen. Er stieß damit nicht auf große Gegenliebe – im Gegenteil. Bekanntlich sträuben sich die am vehementesten gegen eine psychoanalytische Behandlung, die ihrer am meisten bedürfen.

Weiter noch als Mitscherlich in seiner Forderung nach einer, wenn möglich, kollektiven Psychotherapie der Deutschen als Voraussetzung ihrer Erziehung zu verantwortungsbewussten Bürgern ging ein in Heidelberg praktizierender Analytiker, Wilhelm Kütemeyer mit Namen, der in der *Wandlung* einen viel beachteten Aufsatz mit dem provokanten Titel »Deutschland – schuldig oder krank?« veröffentlicht hatte.

Ich weiß nicht, was Victor von Weizsäcker von solchen Aktualisierungen hielt. Er war der Psychoanalyse gegenüber offenbar nicht ganz frei von zwiespältigen Gefühlen. In der Diskussion hielt er sich bedeckt. Er ließ mehr die jungen Leute reden, als dass er selbst sprach. Mitscherlich führte das Wort. Unter den Teilnehmern herrschte die Hochstimmung eines Aha-Erlebnisses.

Victor von Weizsäcker arbeitete seit Jahren an einer ganzheitlichen Medizin, deren zentrale Leitvorstellung die Einheit von Körper und Seele, Psyche und Soma war: der Mensch als Ganzes, der ganze Mensch. »Denn der Mensch in seiner Gemeinschaft und der Mensch mit seinem Ich ist kein anderer als der Mensch mit seinem Leibe: Man kann ihn nicht aufteilen.«

Diesen Grundsatz von Weizsäckers übersetzte ich mir: Der Mensch in seiner Geschichte und seiner Gesellschaft und der Mensch mit seinem Ich als Subjekt in seiner Individualität ist kein anderer als der Mensch mit seinem Leibe und seiner Geschlechtlichkeit: Man kann ihn nicht aufteilen, es sind die drei Dimensionen der menschlichen Wirklichkeit. Das »richtige Denken« geschichtlich-gesellschaftlicher Geschehenszusammenhänge – als subjektives Erleben und als Wahrnehmung einer objektiven Realität – wurzelt in der Sich-Vergewisserung dieser dreifachen Basis.

Der Erkenntnishorizont: Menschheit und Menschheitsentwicklung, die Zukunft der Menschheit. Der Vektor – die Richtung – wird dabei bestimmt durch den letzten Endes entwicklungsbiologischen, autopoietischen, irreversiblen, wenn auch immer erst *ex post facto* zu erkennenden *Progrès de l'humanité*.

Das Organ der Erkenntnis ist nicht das Bewusstsein eines *Cogito*, sondern der Leib, wobei der Sexualität die Leitfunktion zukommt. Nicht philosophisches, geschweige denn theologisches Denken, keine Metaphysik, sondern soziologisches Denken in der Immanenz. Die Epistemologie einer historischen Anthropologie.

Das war der entscheidende Schritt über den deutschen Idealismus und sein Verhaftetsein in der judeo-christlichen Leibfeindlichkeit hinaus, den Nietzsche *ex negativo* gefordert, aber nicht getan hatte. Feuerbach ist da mutiger und radikaler gewesen. Doch war es schließlich Dr. Freud, der, wie man meinen konnte, auf dem Nebenkriegsschauplatz der medizinischen Forschung den erkenntnistheoretischen Durchbruch erzwungen hat.

Drei Freunde

Wir gehörten zu einer Generation, der letzten vermutlich, die mit dem selbstverständlichen Anspruch ins Leben geboren wurde, die Welt als Ganzes zu verstehen. Eine Ungeheuerlichkeit! Deren Anspruch es war, geistig, in ihrem Bewusstsein und Selbstbewusstsein, auf der Höhe ihrer Zeit zu sein. Wozu natürlich eine Vorstellung von der Entwicklung der Menschheit gehörte, die sich stufenweise weiterentwickelte, höher entwickelte – eine Fortschrittsidee. Für die kein Zweifel darin bestand, dass es einen Ort gab an der Spitze der Entwicklung, von dem her ihre »Richtung« einsichtig war. Um zu ihren Schrittmachern zu gehören, der höchste Ehrgeiz, musste man der Entwicklung gedanklich vorauseilen. Man musste die »Zukunft denken«. Die Idee faszinierte, Avantgarde des Weltgeistes zu sein. Das setzte zunächst eine stringente Erfassung von Vergangenheit und Gegenwart voraus – ein universalhistorisches Wissen. Das zu erwerben, war Sache des Studiums. »Studium« in diesem Sinne war die schönste, edelste, befriedigendste Betätigung auf der Welt.

Im Mittelpunkt unseres Kreises stand, ohne Anspruch auf irgendwelche Führerschaft, ein seltsames Dreigespann, drei Freunde, die das Schicksal in Heidelberg zusammengeführt hatte: Hanno Kesting, Reinhart Koselleck und ich. So sehr wir in unseren Heidelberger Scholarenjahren ein Herz und eine Seele zu sein schienen, so verschieden war, uns selbst gar nicht einmal richtig bewusst, unsere Grundeinstellung zum Leben.

So war ein größerer Gegensatz als der zwischen Kesting und mir wohl kaum denkbar. Hochgewachsen, etwas hager, gebeugt, sah er eigentlich nie jugendlich aus; er war mit schweren gesundheitlichen Schäden aus dem Krieg gekommen, laborierte immer an irgendwelchen Gallen- und Magenleiden. Seine Stimme hatte etwas Krächzendes, sein Kopf etwas Vogelhaftes. Seine Physiognomie war bestimmt durch eine dicke, schwarze Hornbrille mit schweren Gläsern, hinter denen kleine Äuglein stechend funkelten oder listig lauerten. Wenn er die Brille abnahm, was gelegentlich geschah, in einer Geste der Erschlaffung oder Entspannung, wenn er sich im Gespräch in seinen Sessel zurücklegte, als müsse er sich auf einen Gedanken konzentrieren, auf ein Zitat besinnen, einer Erinnerung nachhängend, war sein Blick wie erloschen, die Augen wie ausgebrannt, wenn er nicht überhaupt die Lider geschlossen hielt.

Unterhalb der schweren Brille, die seinem Gesicht etwas Maskenhaftes gab, war alles spitz: eine spitze Nase, ein in der Formulierung sich zuspitzender lippenloser Mund, ein spitzes, wenn auch in breite Kieferknochen eingehängtes Kinn. Über der Brille eine mächtige, furchendurchzogene, etwas fliehende Stirn, durch den Ausfall des schütteren schwarzen Haares vorzeitig in tiefe Geheimratsecken auslaufend. Der Teint war bleich, ungesund. Starker, aber unregelmäßiger Bartwuchs. Man sah ihn oft unrasiert, was damals noch nicht Mode und ein Zeichen koketter Maskulinität war, sondern einfach Nachlässigkeit und Ungepflegtheit. Das Haar trug er lang zurückgekämmt, bis in den Kragen, aber gelegentlich fiel ihm im Eifer des Gesprächs eine Tolle über die Stirn, und diese in die Stirn fallende Tolle weckte unweigerlich gewisse Assoziationen. Er sah ganz undeutsch aus, mehr wie ein französischer oder jüdischer Intellektueller, ein Eindruck, der dadurch unterstrichen wurde, dass er einen dünnen, schwarzen Wollschal um den Hals trug, als müsse er sich gegen eine drohende Erkältung schützen; er fröstelte immer, auch im Sommer, und hatte ewig Angst vor Zugluft. Wenn er in seiner Bude arbeitete, trug er auf dem Hinterkopf eine Art Kipa.

Willibald Kramm, ein zu später Professionalität herangereifter Sonntagsmaler, der zur Heidelberger Fauna jener Jahre gehörte wie der Astrologe Moufang und die Dame Grisebach; ein endlich zur Freiheit entschlossener Sechzigjähriger, der im Gnadenzustand höchster Kreativität mit einer üppigen jungen Frau in einer etwas schmuddelig-exhibitionistischen, in die Spießigkeit der kleinen Stadt tapfer implantierten wilden Drittehe lebte – Saskia und Rembrandt, Jacqueline und Picasso und was es da sonst noch an illustren Künstlerpaaren gibt, zum Vorbild sich nehmend – und wundervolle Feste zu geben verstand: Willibald Kramm hat Hanno Kestings dämonische Charaktermaske unübertrefflich in einem Porträt festgehalten.

Wir lasen viel damals, aber Kesting las unvergleichlich viel mehr und intensiver als ich. Er arbeitete die Bücher richtig durch, Seite für Seite, den Rand mit Anmerkungen bedeckend. Die Zeilen des Textes wurden von ihm in verschiedenen Stärkegraden unterstrichen, manchmal ganze Abschnitte. Oft gab es auf einer Seite mehr unterstrichene Worte als nicht unterstrichene. Die Ergebnisse seiner Lektüre übertrug er auf Karteikarten im Briefbogenformat (A4), die randlos mit seiner feingestochenen Schrift bedeckt waren. Die Karten standen wohl geordnet und griffbereit in einem riesigen Karton neben seinem Schreibtisch.

Das alles beeindruckte mich sehr. Trotz des väterlichen Vorbildes hatte ich zu den Büchern eine völlig andere Beziehung. Ich versuchte, mir ihren Inhalt einzuprägen, glaubte leichtsinnig, mich da ganz auf mein Gedächtnis verlassen zu können, und exzerpierte nur ganz unsystematisch, was ich unmittelbar für ein Referat brauchte, auf kleinen Zetteln, die ich schnell wieder wegwarf.

Durch Hanno gewann ich ein neues Verhältnis zum Text. Es ähnelte – so will mir heute scheinen – der jüdischen Beziehung zum Buch. Jeder Text von Bedeutung gehörte zu dem »Großen Buch«, in dessen Totalität der Name Gottes eingeschrieben war. Alles Geschriebene war nur in dem Maße relevant, in dem es an dieser geheimen Dignität des Wortes, der Buchstaben, partizipierte. Die Summe dieser Texte bildete den Kanon des Wissbaren und Wissenswerten, dessen, was man wissen musste, wenn man selber Zugang zum Geheimnis der Welt gewinnen wollte. Kein Text in dem »Großen Buch« ist Klartext. Der manifeste Inhalt birgt immer einen esoterischen Gehalt, auf den hin er entziffert werden will. Lesen, richtig verstanden, ist so immer der Prozess einer mühsamen Decodierung des verschlüsselten Textes. Der verborgene Sinn des Textes wird transparent an bestimmten Stellen. Diese Stellen zu entdecken, sie in ihrer Bedeutung zu erkennen, macht die eigentliche Arbeit des Lesens aus; sie zu isolieren, herauszupräparieren, zu exzerpieren, schafft dann jenen kostbaren Grundbestand an Belegen, die einerseits die Essenz des Wissenswerten kondensieren, andererseits die Möglichkeit bieten, sich unter Wissenden – sprich: Eingeweihten – in abgekürzter Form darüber zu verständigen.

Den richtigen Umgang mit solchen exquisiten Textstellen lernte ich von Hanno Kesting. Ich weiß nicht, woher er es hatte. Es war der Gebrauch, die Technik, die Kunst des Zitats. Als »Zitat«, in ihrer Zitierbarkeit, entfalteten die philologischen Kostbarkeiten die ihnen innewohnenden magischen Beziehungen. Sie wirkten als Erkennungsparolen, Beschwörungsformeln, Signale. Zunächst einmal gab es eine Reihe von »Zitaten«, die man kennen musste. Und man musste sie nicht nur im Wortlaut kennen, es war unbedingt wichtig, auch die Stelle zu kennen, an der sie zu finden waren. Kesting zitierte nie anders als unter Angabe der Seitenzahl, wenn nötig unter Hinweis auf die Ausgabe, aus der er zitierte, wobei die Jahreszahl von ausschlaggebender Bedeutung war (man durfte natürlich nur bestimmte Ausgaben zitieren). Nicht die gemeinsamen Ideen stifteten die einheitliche Gruppe und grenzten sie gegen das Außen ab. Die Grenze zwischen *Ingroup* und *Outgroup* lief an der Demarkationslinie, die das Einverständnis über die richtigen Zitate markierte.

Diesen Grundbestand von Zitaten, den ich mir schleunigst auch zulegte, verwendeten wir im Gespräch mit der gleichen Selbstverständlichkeit und – da ihre Kenntnis vorausgesetzt war – in abgekürzter Form wie Pietisten ihre Bibelstellen. So etwas hatte ich schon einmal im schlesischen Pfarrhaus meines Schwagers, des Pfarrers Bruno Poguntke, erlebt, in der die ganze kinderreiche Familie, das Hausmädchen Anna, eine Zwergin, inbegriffen, durch einen jahrelangen intimen Umgang mit dem Neuen und Alten Testament, in täglichen Andachten, in Gottesdiensten, durch die Lektüre der »Losungen« in einem Grade bibelfest war, dass man den Bibelvers nicht mehr zu zitieren brauchte, sondern sich darüber verständigte, indem man den Stellennachweis nannte: 2. Thessalonicher, 2, 7. Das hatte ich mitgemacht und viel Spaß daran gehabt – wie an einer Art Familiengesellschaftsspiel, und es hatte auch durchaus diesen Charakter. Kesting ging auf dieselbe Weise mit Hobbes, Hegel und Marx um, und ich tat's ihm nach.

Dann gab es aber auch noch eine andere Kategorie von

»Zitaten«, die nicht oder noch nicht zum »Kanon« gehörten, sondern Neuentdeckungen waren. »Funde«, denen man bei der exegetischen Exploration der Texte überraschend begegnete, unverhofft meist, in denen plötzlich ein Sinnzusammenhang aufleuchtete, dessen Muster man bis zu diesem Moment nur dunkel ahnen konnte. Die Entdeckung solcher Stellen, das dadurch ausgelöste Aha-Erlebnis, Aha-Gefühl, das manchmal wie eine Offenbarung wirkte, war der schönste Gewinn der Lesearbeit. Sie waren wie Jagdtrophäen, die köstliche Ausbeute unserer unermüdlichen Streifzüge. Der Jäger und Sammler, der in jedem richtigen Leser stecken muss, findet hier den spezifischen Lustgewinn. Das Glücksgefühl, etwas Neues gefunden zu haben, wird nur übertroffen durch die Freude, den Jagdgenossen und Weggefährten davon Mitteilung machen zu können. Halali!

So gehörte es zu den Ritualen unserer Beziehung, dass wir uns gegenseitig unsere Funde mitteilten. Es kam vor, dass das Bedürfnis der Mitteilung so groß, der Kommunikationsdrang so stark war, dass wir nicht den Abend abwarten wollten, an dem wir uns in der Kneipe trafen, sondern quer durch die Stadt stürmten, den anderen auf seiner Bude aufzusuchen, um ihm brühwarm die frohe Botschaft zu bringen, was natürlich oft mit der Enttäuschung verbunden war, dass der andere selbst schon darauf gestoßen war, oder aber, dass er in der Beurteilung der Bedeutung der »Stelle« keineswegs mit einem übereinstimmte. Man hatte das falsch verstanden, falsch gelesen, falsch interpretiert, man war einer Fehldeutung zum Opfer gefallen, und schon war die Diskussion in vollem Gange. Das Beste war es, gemeinsam den Dritten im Bunde aufzusuchen, um seine Meinung zu hören. Reinhart Koselleck. Die gemeinsame kommunikative Leidenschaft für den Text, diese Wortverliebtheit machte mehr als alles andere das Wesen unserer Freundschaft aus. Das Gefühl, im Besitze eines von uns dreien gleichermaßen besessenen Wissensschatzes zu sein, war das Ferment einer elitären Gruppensolidarität, die uns nach außen abgrenzte, wenn sich auch ein Kreis um uns bildete, den unsere sonderbare Wissenschaft faszinierte.

Das Korrelat des emphatischen Umgangs mit dem Text, das unerlässliche Komplement der Lesearbeit war das Gespräch. Das lebendige Gespräch der Lehrer und der Schüler, der Eingeweihten und der Neophyten, der Schüler unter sich, das Gespräch als Ort der Freundschaft und der Wahrheit, das Gespräch als Teilnahme an dem endlosen Gespräch, das als ein ewiger Kommentar den Text fortspinnt, von Generation zu Generation, wobei dem Kanon der Zitate neue hinzugefügt, während andere obsolet werden.

Die Grunddisposition Hannos war das Misstrauen: die bis an Verfolgungswahn grenzende Überzeugung, von der nichts ihn abbringen konnte, hinters Licht geführt, betrogen, düpiert zu werden. Die Welt war ein konspiratives Zusammenwirken feindlicher Mächte – eine große Intrige, deren geheimen Akteuren man auf die Spur kommen musste. Die Wahrheit der Texte war nicht darum schwer zugänglich, weil sie einem ungeschulten Geist nicht auf Anhieb verständlich sein konnte und eine schrittweise Annäherung forderte, sondern sie war verborgen, weil sie absichtsvoll versteckt war. Die Spuren waren verwischt worden, um den Zugang zur Wahrheit zu erschweren, wenn nicht unmöglich zu machen. Die hermeneutische Bemühung bekam darum bei Hanno einen kriminalistischen Zug, so als ginge es immer darum, ein Verbrechen aufzudecken, einen Missetäter zu entlarven. Die Wahrheit war für ihn nicht die

Prinzessin, die der Held am Ende großer Bemühungen und Bewährungsproben in ihrem verwunschenen Schloss durch einen Kuss zum Leben erweckt, sondern die vermoderte »Leiche im Keller«, die Sherlock Holmes als letztes Indiz zur Überführung des Mörders, dessen Motive nur die schäbigsten sein konnten, identifiziert. Er interpretierte nicht, sondern »hinter«-fragte. Er entdeckte nicht, sondern entlarvte und denunzierte. Man gelangte zur Wahrheit, indem man einen Schuldigen, den Autor, überführte. Den Listigen überlisten – noch listiger sein als er. Die Voraussetzung geistiger Superiorität war diese Art kriminalistischen Scharfsinns. Kestings Interpretationstechnik war eine Entlarvungshermeneutik.

Nicht anders war seine Einstellung zu den Menschen, er traute ihnen genauso wenig wie den Texten. Es gab da keine einfachen, spontanen zwischenmenschlichen Beziehungen. Jede Konstellation war eine potentielle Intrige. Alle Menschen trugen Masken, verstellten sich, ihre Handlungen waren nicht das, was sie zu sein vorgaben, sondern bestimmt durch geheim gehaltene Motive, durch einen hinterlistigen Plan. Alle Beziehungen waren verdeckte Machtkämpfe, die auf die Vernichtung des Gegners zielten. Fazit: Der Mensch ist des Menschen Wolf. Er lebt umgeben von Feinden, Freundschaften sind immer nur vorübergehende, opportunistische Allianzen. Du musst auf der Hut sein. Mit jeder Verlautbarung lieferst du dich deinen Feinden aus. Jedes Einverständnis konnte nur ein Geheimnis sein.

Typisch für so viel Menschenfurcht und Menschenverachtung war der konspirative Habitus, der seine Beziehung auch zu uns, seinen nächsten Freunden, im intimsten Gespräch noch prägte. Wenn er etwas Wichtiges sagen wollte, war es immer die Mitteilung eines Geheimnisses, das nicht jeder hören durfte. Er nahm einen am Arm beiseite, sprach – hinter vorgehaltener Hand –, flüsterte krächzend mit dem funkelnden Blick hinter seiner dicken Brille, die Sätze nicht zu Ende sprechend, immer in Andeutungen, Anspielungen. Dabei guckte er sich nach rechts und links um, um zu prüfen, ob auch ja niemand mithörte.

Ich dagegen neigte eher dazu, mit dem, was ich zu sagen hatte, herauszusprudeln, und wenn ich in Anakoluthen sprach, so, weil mir im stürmischen Exposé die Worte fehlten, weil die Worte dem Gedankenflug nicht folgen konnten, weil die Ideen sich schneller einstellten als die Formulierungen – aber ich legte Wert auf die Pointe, auf das Aperçu, in dem sich knapp und klar, in paradoxaler Zuspitzung, der Gedanke vorstellte.

Kesting sprach in Aposiopesen – beziehungsvollen Verschweigungen, die nur dem »Eingeweihten« verständlich sein konnten; so stellte er sich den Kommunikationsstil der Auguren vor. Sie sagen nichts, sie zwinkern nur verständnisinnig. Seine Verlautbarungen – kaum dass er damit begonnen hatte, eine substantielle Aussage über eine Hegel-Stelle, über einen Satz aus *Sein und Zeit*, über ein Referat aus dem letzten Seminar zu machen – endeten mit einem »Na, wir wissen schon . . .«, »Verstanden, ja . . .?«, »Klar . . .«, »Kapiert?«, worauf er, sich zurücklehnend, den Effekt erst einmal abwartete, mit bedeutungsvollem, viel sagendem Schmunzeln, einem Ausdruck von Befriedigung, aber auch schon Argwohn, man hätte ihn nicht verstanden, sei seinen Gedanken nicht gefolgt, oder gefährlicher noch, man werde sie – und damit ihn – verraten. Sein Mienenspiel wechselte zwischen zwei Extremen, innerhalb ein und desselben Gesichts, wie man hätte meinen können, überhaupt nicht zu vereinbarenden Ausdrucksmöglichkeiten seines lippenlosen Mundes, den er einmal, wenn er auflachte, kaulquappengleich von einem Ohr zum anderen aufriss, ohne dass Zähne zu sehen gewesen wären, sodass er aussah wie eine alte Vettel, um ihn dann wieder schnutenförmig zugespitzt zu einer kleinen kreisrunden Öffnung zusammenzuziehen, aus der er wie Seifenblasen bedeutungsträchtige »Pi-Pa-Pos« blies, die eine ausdrucksvolle Geste seiner Hand auch gleich wieder wegwischte.

Im Laufe eines Abends verschlimmerte sich die Inkohärenz seiner Äußerungen und Suggestionen, sodass zu guter Letzt von einem Gespräch nicht mehr die Rede sein konnte. Trotzdem hing man an seinen Lippen und versuchte, gequält von Ungewissheit, das, was er anscheinend verschwieg, doch zu erraten. In diesem Verschweigen lag, so hatte man den Eindruck, ein sadistisches Moment, das er genüsslich auskostete. Dabei tat lediglich der Wein seine Wirkung. Das esoterische Gehabe des Auguren ging nahtlos und ohne Stilbruch über in das Lallen des Alkoholikers. Gleichwohl blieb seine Präsenz immer bedeutend. Obwohl er, wenn bei klarem Kopf, ein gefährlicher Dialektiker war, beruhte seine Persönlichkeitswirkung nicht auf dem, was er sagte, sondern darauf, *wie* er es sagte, und das galt auch dann, wenn er nichts sagte. Er gehörte zu den ganz selten gewordenen Trinkern, die vom Alkohol nicht reduziert werden, denen seine Einwirkung vielmehr eine dämonische Ausstrahlung verleiht.

Wir waren uns einig in der Überzeugung, dass der Mensch in seinem Sein geschichtlich sei. Er muss die Geschichte verstehen, um sich in seiner konkreten Geschichtlichkeit begreifen und verwirklichen zu können. Es ging um dieses Verstehen der historisch-gesellschaftlichen Wirklichkeit als Lebenszusammenhang. Es ging um die Beziehung zwischen dem Dasein des Menschen und dem Sein der Welt, die Möglichkeit einer Vermittlung des einen mit dem anderen als innere Erfahrung. Es ging schließlich um die Interpretation des Lebenszusammenhangs als Wirkungszusammenhang, den das denkende Subjekt zum Bewusstsein erhebt und mit den in ihm liegenden Konsequenzen zu Ende denkt. So weit, so gut.

Da nun, wo es um die Interpretation ging, schieden sich unsere Geister. Denn wenn für mich Bürgerkrieg, Revolution und Krise, die Geschichte im emphatischen Sinne, mit wie viel Leiden, Katastrophen, Missständen und Kämpfen sie auch immer verbunden sein mochten, immer doch als Teil eines Prozesses verstanden werden mussten, in dem sich die Idee einer positiven Bestimmung der Menschheit zum Höheren, Besseren, Schöneren entfaltet – für meinen Freund war sie das absolute Gegenteil: ein im Grunde genommen sinnloses Geschehen, in dem das Böse seine sinistren Triumphe feiert. So war Geschichtsphilosophie für jeden von uns etwas vollkommen anderes. Für mich handelte es sich um den einzig möglichen Verständniszusammenhang, die einzige Möglichkeit zu begreifen, was des Menschen Geschick auf diesem Planeten ist – für ihn war Geschichtsphilosophie eine Falle, ein Strategem: die trügerische, wenn nicht betrügerische, illusionistische Scheininterpretation von Vorgängen, deren Sinnlosigkeit und Absurdität zu erkennen der einzig positive Befund auf der Suche nach einem Sinn der Geschichte sein konnte. Kestings kriminalistische Hermeneutik, der paranoide Charakter seiner Textbesessenheit, war das Gegenteil eines Erkenntnisprozesses, der die Wirklichkeit liebend ergreift, um sie zu durchdringen, der die Lebenswelt libidinös besetzt, sie im Grunde bejaht, sich ihr anverwandeln will im Sinne einer sexuellen Vereinigung, sie »erkennen« in einem biblischen Sinne. Die Verneinung ist die Verweigerung der Vereinigung. Spät erst, während meiner langjährigen Auseinandersetzung mit den Gedanken von Carl Schmitt, wurde mir klar, dass hier der Schlüssel der Entscheidungsmetaphysik liegt, vielleicht der abendländischen Metaphysik als System der Negation der sinnlichen Welt überhaupt.

Ich hatte eine völlig andere Mentalität. Ich war ein Mensch der Anschauung. Kein Mensch des Buchstabens und der Schrift, ein Mensch des Bildes. Kein Mensch des Gedankens und des Begriffes, ein eidetischer, ein sinnlicher Mensch. Die Welt war für mich nicht ein Buch mit sieben Siegeln, sondern eine Landschaft, die ich durchwandern musste, mit undurchdringlichen Wäldern, Feldern, Flüssen und Seen, Hügeln und Hängen und fernen Gebirgszügen – oder eine Stadt, in deren Labyrinth ich mich zurechtfinden musste, die es zu erobern galt – oder der Körper einer Frau, durch den sich mir die Mysterien des Kosmos erschlossen. Mir genügte – optisch, taktil, olfaktorisch – der Eindruck der Oberfläche, das Phänomenale der sinnlichen Wahrnehmung, in dem sich das Wesen der Dinge und Menschen dem Sensorium der Erkenntnis erschloss. Ein allemal lustvoller Vorgang. *Voluptas oculorum* – was für ein köstliches Wort.

Ein Weltkind, heidnisch und polytheistisch. Die »Götter« erschienen mir unmittelbar, wie die Dämonen. Es gab kein jenseits der Anschauungen verborgenes Geheimnis, keine Trennung von Innen und Außen, keinen hinter dem Sichtbaren lauernden *Deus absconditus*, als Metapher eines ganz Anderen, Unzugänglichen, Unbegreiflichen. Das Äußere war das in Geheimniszustand versetzte Innere und umgekehrt. Fassungslos stand ich vor den zu Gebirgen sich auftürmenden Geröllhalden, als die mir das Produkt der zweitausendjährigen gedanklichen Schwerarbeit an der christlichen Theologie erschien.

So wollte ich die Geschichte als Lebenszusammenhang

verstehen. Ihr Sinn musste sich in dem erschließen, was man sinnlich erfahren konnte, konkret, positiv. Meine Geschichtsphilosphie musste darum Geschichtssoziologie sein, als jener »Positivismus«, der Theologie und Metaphysik als Medium des menschlichen Selbstverständnisses ablöst und methodisch auf eine höhere Stufe führt. Jede Art von Geschichtstheologie – Geschichtsphilosophie als Fortsetzung der Theologie mit anderen Mitteln – war mir ein Gräuel.

In Hanno trat mir zum ersten Mal jene Geisteshaltung in Reinkultur entgegen, die dann entsteht, wenn Lebensangst sich in Negationswut verwandelt, die immer auch Lust an der Zerstörung ist, keine höhere Einsicht, wofür sie sich hält, sondern Ausdruck eines gestörten Verhältnisses zwischen dem Dasein des Menschen und dem Sein der Welt. Die Disposition dafür liegt im Subjekt, wobei es eine offene Frage bleibt, inwieweit der biographische, der familien- oder der zeitgeschichtliche, der phylogenetische oder der ontogenetische Faktor den Ausschlag gibt, beim Erwachsenen wird daraus eine charakterliche Deformation. Auf diesem Boden gedeihen Katastrophenphantasien, denn alles, was entsteht, ist wert, dass es zugrunde geht.

Der Kult des Negativen, so meinte ich, beruht auf einer optischen Täuschung, einer Perzeptionsstörung. Die Welt, die da in apokalyptischer Beleuchtung gesehen wird, reflektiert nur den verzerrten Blick, der auf sie geworfen wird. Die hämische Freude an einer der Zerstörung ausgelieferten Welt entspricht einem aus einem tiefen Insuffizienzgefühl aufsteigenden Wunsch nach Selbstzerstörung. Im Grunde handelt es sich um eine schwere seelisch-geistige Erkrankung, die man zu den unmittelbaren Kriegsschäden zählen könnte, wenn sich nicht herausgestellt hätte, dass es eine Zivilisationskrankheit ist, die heute, epidemisch geworden, mit dem Anspruch auftritt, das geistige Normalverhalten unserer Zeit zu sein. Parallel zur Geistes- und Ideengeschichte läuft die Geschichte der epochalen Geisteskrankheiten. Wenn es dem Zeitgenossen auch manchmal schwer fällt, da einen Unterschied zu machen, rückblickend lässt sich immer verhältnismäßig klar erkennen, auf welche Seite der Buchführung eine Symptomatik gehört. Wenn ich zurückblicke, so kann ich heute sagen: Im Umgang mit Hanno Kesting begegnete ich dem Bösen. Nicht etwa, weil er ein böser Mensch war – ich habe in meinem Leben wirklich böse Menschen kennen gelernt; er war eher harmlos, im Grunde gutmütig –, sondern weil er von der Idee des Bösen besessen war. Es offenbarte sich als metaphysische Kategorie in seiner paranoiden Weise, die Welt zu denken und zu sehen.

Unnötig zu sagen, dass er politisch extrem rechts stand, was nicht hinderte, dass er später eine Professur bekam. Er hat sich bei Arnold Gehlen in Aachen habilitiert und ist Carl Schmitt nie abtrünnig geworden, den er als seinen wahren Lehrer verehrte. Als Hochschullehrer hatte er großen Erfolg, wenn auch die Studentenrevolte der Sechzigerjahre ihm schwer zusetzte. Auf dem Höhepunkt des antifaschistischen Grundkonsenses, der damals die marxistisch dominierten sozialwissenschaftlichen Disziplinen, allen voran Politologie und Gesellschaftstheorie, beherrschte, verkündete er *ex cathedra* zum Beispiel, dass die Diktatur Francos und das Portugal Salazars die für das gegenwärtige Europa vorbildlichen Staatsformen darstellten. Für Verfassungsvorstellungen wie die von Dolf Sternberger und dem alten Alfred Weber hatte er nur ein müdes Lächeln. Das hinderte ihn nicht, jahrelang in Webers Privatissimum zu sitzen und an einer von Weber herausgegebenen *Einführung in die Soziologie* mitzuwirken (wie ich selbst auch). In seinem Fall, das steht außer Frage, hat der Geist des Meisters aus Plettenberg über den Geist von Heidelberg den Sieg davongetragen.

Es wird Zeit, dass ich von dem Dritten im Bunde spreche, Reinhart Koselleck. Es gehört zu seiner Natur und entsprach seiner damaligen Rolle, dass er, freiwillig, etwas im Schatten stand, aus dem man ihn herausholen musste. Er drängte sich nicht gerne vor. Zurückhaltend, ohne schüchtern zu sein, von einem gesunden Selbstbewusstsein, ohne Narzissmus und Megalomanie, wirkte er neben Kesting und mir etwas grau. Er schien älter als wir, die russische Kriegsgefangenschaft hatte ihn gesundheitlich schwer mitgenommen. Wegen seines kurzen Nackens und seiner breiten Schultern machte er einen geduckten, gedrungenen Eindruck. Alles, was er trug, Hosen und Jacken, schien eine Nummer zu groß. Was bestach, war sein verschmitzter, heller, nie bösartiger, auch im Spott gütiger Blick. Zu den verschmitzten Augen gehörte ein breites Grinsen, das sein Gesicht kasperlehaft zwischen scharf gezeichneten Senkrechtfalten horizontal in zwei »Klappen« spaltete, die sich zu einem zähnefletschenden Lachen öffnen konnten. Man hätte uns drei nach unserem Lachen charakterisieren können, denn wir lachten viel. Ich verfiel in ein explosives, breites Hahaha. Von Kesting habe ich ein auf- und absteigendes, moduliertes, manchmal schrilles, manchmal gutturales Hihihi und Hohoho im Ohr. Koselleck konnte man schon von weitem an seinem meckernden Hehehe erkennen.

Kestings Vater hatte in Wetter an der Ruhr eine kleine »Klitsche«, ein Transportunternehmen, er war ein gebildeter, liberaler Bourgeois, der die Preußen nicht mochte und Voltaire liebte, ein vortrefflicher Mann, der seinen Sohn auf die großzügigste Weise unterstützte, der es ihm aber schlecht vergalt. Koselleck stammte aus dem preußisch-protestantischen Pastoren- und Professorenmilieu, worauf er sehr stolz war, besonders auf seine hugenottische Aszendenz. Das hatten wir gemeinsam.

In Heidelberg lebte ein Onkel von Koselleck, der drahtige kleine Historiker Kühn, von dem er, obwohl er, glaube ich, bei ihm wohnte, nicht viel Aufhebens machte, weil der von großen, spekulativen Weltentwürfen nicht viel hielt. Für den Ordinarius für Neuere Geschichte gab es so etwas wie »Geschichtsphilosophie« überhaupt nicht; Geschichte war eine positive »Wissenschaft«. Wir wussten damals noch nicht, dass Kühn als junger Dozent unter den Nazis als radikaler Antisemit gegolten und an jenen Projekten mitgearbeitet hatte, mit denen die Nazis ihre Hegemonie im osteuropäischen Raum »bevölkerungspolitisch«, das heißt durch Ausrottung der jüdischen Minorität und Massenumsiedlung von Letten, Polen und Ukrainern, kurz durch »ethnische Säuberung«, theoretisch vorbereiteten. Was wusste sein Neffe davon?

Bei diesem Onkel jedenfalls hat Koselleck das seriöse Handwerk des Historikers gelernt, was seiner späteren Karriere sicherlich zustatten kam. Ich muss sagen, dass wir in diesen frühen Heidelberger Jahren alles andere als eine Karriere im Sinn hatten, wobei zu bemerken ist, dass Koselleck zu den Menschen gehört, die ihre Lebenspartie von Anfang an auf das Endspiel hin anlegen, in dem die Bauern zählen. Er war von uns dreien zweifellos der solideste, unermüdlichste und gründlichste Arbeiter, auch er mit einem großformatigen Zettelkasten. Er war kein paranoider Hermeneutiker, sondern hatte als Historiker die Technik geschichtswissenschaftlicher Quellenforschung erlernt. Er war bereit, Texte in ihrem primären Wortsinn, als Klartext, zu nehmen, wollte sie aber auf ihre Authentizität hin überprüft haben.

Unsere Erfahrungen und unsere Referenzen waren die gleichen. Unser Denkansatz war der gleiche. Trotzdem repräsentierten wir drei völlig verschiedene Typen, Grundtypen, möchte ich meinen, in der Psychologie der Weltanschauungen. Ich war der Optimist in einer fast naiven, positiven Daseinszuwendung, Kesting der Pessimist in seiner tief skeptischen, in letzter Konsequenz suizidalen Lebensverweigerung, Koselleck der etwas melancholische Realist und Pragmatiker. Es resultierten daraus die drei möglichen Einstellungen zu Weltlauf und Menschheitsgeschick. Ich war der Utopist, dem es um Fröhliche Wissenschaft, die Gründung des Wissens und des Lebens auf *Joie* ging, Kesting der alle Diesseitigkeit verurteilende Eschatologe, Koselleck der ideologiekritische Historiker, für den sich die Lebenswirklichkeit noch nicht aufgelöst hat in Zeichen und Interpretationen, sondern für den es noch Fakten gab und Personen und der sein Ungenügen an den Möglichkeiten der Erkenntnis damit beschwichtigt, dass er sich sagt: »Was man schwarz auf weiß besitzt, kann man getrost nach Hause tragen.«

Ja, das war es überhaupt: Wir reproduzierten auf unsere Weise das wohl bekannte, altvertraute, urdeutsche Dreigespann von Faust, Mephisto und Wagner. In dieser Rollenverteilung lagen auch unsere Lebenswege vorgezeichnet. Ich, der saint-simonistische Weltverbesserer und Menschheitsbeglücker, der den langen Weg durch die Institutionen antritt und erleben musste, wie die Lemuren das utopische Projekt, in dessen Kommandozentrale er alt geworden ist, zunichte zu machen drohen. (Inzwischen hat es sich doch gegen alle Widerstände durchgesetzt: das Jahrhundertwerk eines Vereinten Europa.) Mephisto, der Geist, der stets verneint, in die Hölle gefahren, von der aus er mit Genugtuung wird feststellen können, dass der Glaube, das Böse sei der Herr der Welt, zur dominierenden Religion der Intellektuellen geworden ist. (Kestings Ende war erbärmlich: der langsame Tod eines unrettbaren Alkoholikers.) Wagner aber, der Wagner des Zweiten Teils, sitzt im Talar von Doktor Faust, zu Amt und Würden gekommen, im Kreise der Honoratioren unserer Gesellschaft, ein richtiger deutscher Professor im alten Sinne von Gelehrsamkeit und Respektabilität – eine im Übrigen ausgestorbene Spezies –, menschenfreundlich und würdig, letzter Repräsentant vielleicht einer Humanwissenschaft, für die der Mensch noch etwas gilt. Es ist für mich ein später Triumph unserer Sache, dass der Gefährte der Heidelberger Jahre, der Dritte im Bunde, der hypothetische Mitherausgeber des »Archivs für Weltbürgerkrieg und Raumordnung«, heute gelegentlich in Castelgandolfo zu Füßen Seiner Heiligkeit des Papstes sitzt, als dessen Ratgeber in Sachen Weltgeschichte.

Das Archiv für Weltbürgerkrieg und Raumordnung

Die Geschichte der Ideen ist eine Geschichte der kleinen Freundeskreise und seit Erfindung der Buchdruckerkunst auch eine Geschichte der Zeitschriften, die diese Kreise planen oder herausgeben, um ihre Ideen an die Öffentlichkeit zu bringen. Zunächst einmal geht es immer darum, sich selbst über diese Ideen Klarheit zu verschaffen. Das Zeitschriftenprojekt ist ein Vehikel der Verständigung untereinander, der Schritt an die Öffentlichkeit nur ein selbst auferlegter Zwang zum verbindlichen Ausdruck, zum Text.

So hatten auch wir unser Zeitschriftenprojekt. Es ist leider nie etwas daraus geworden, aber wir hatten mehrere Jahre hindurch viel Spaß daran. Wir spielten damit, es war eine Art von selbsterfundenem Gesellschaftsspiel, und jeder, der in unseren Kreis kam, ob männlichen oder weiblichen Geschlechts, wurde schnell in die Regeln des Spiels eingeweiht und war damit aufgefordert, sich daran zu beteiligen. Der Witz war der, dass der Zeitschriftenplan verbunden war mit dem Vorhaben, ein Restaurant zu eröffnen, oder sagen wir besser, eine Kneipe, und vielleicht war dieser Teil des Plans realistischer als der Plan für die Zeitschrift. Beide, Kneipe und Zeitschrift, waren aufeinander zugeschnitten und untrennbar miteinander verbunden. Die Hinterzimmer des Etablissements würden als Sitz der Redaktion dienen, der Gastraum, gar nicht groß, wäre im Wesentlichen für die Mitarbeiter und eventuelle Leser reserviert. Wir stellten uns als die am besten geeignete Örtlichkeit ein Kellergewölbe in der Altstadt vor, in das man auf ausgetretenen Stufen von einer Gasse hinuntersteigen musste. Wir hatten schon eine Reihe von infrage kommenden *Locations*, an denen es in Heidelberg nicht fehlte, auf ihre Brauchbarkeit inspiziert.

Es würde nur Rotwein in irdenen Krügen ausgeschenkt, das Speiseangebot sollte reduziert sein auf ein Stammgericht, das wir ohne Umstände in großen Mengen würden herstellen können. Ich hatte beim Kommiss eine Zeit lang die Geschützbedienung einer auf Schienen rollenden Zwei-Zentimeter-Flak zu bekochen gehabt und deshalb eine gewisse Erfahrung. Einfach, schmackhaft und sättigend, darüber hinaus weit und breit nirgends zu finden: Es sollte Kartoffelpuffer geben. Für unser kombiniertes Speise- und Redaktionslokal hatten wir auch schon einen Namen: »Dr. Sombarts & Dr. Kestings Reibekuchenkatakombe«, von dem wir uns vorstellten, dass er auf einem schön gemalten Firmenschild über dem Steinbogen des Kellereingangs prangen würde. Es ist charakteristisch, aber der Name von Freund Koselleck war auf dem Firmenschild nicht vorgesehen, obwohl er selbstverständlich Mitherausgeber und gleichberechtigtes Redaktionsmitglied der Zeitschrift war. Keiner von uns hatte promoviert, aber das Projekt gehörte zu den Maßnahmen, mit denen wir uns seelisch auf diesen ominösen Schritt vorzubereiten suchten. Am Ende war die Promotion alles, was dabei herauskam.

Der Titel für die Zeitschrift stand fest, sie würde heißen: »Archiv für Weltbürgerkrieg und Raumordnung«. Ein grandioses Programm! Klar zeichnete sich die Begrenzung des zeitlichen Horizonts ab, bis zu dem unsere Interessen reichten. Es war die Neuzeit, die »Moderne« würde man heute sagen, das Herzstück der Gegenwart. Antike, Mittelalter blieben draußen vor, und sehr bald bildete sich ein Schwerpunkt: An der Wende vom 18. zum 19. Jahrhundert entdeckten wir die Französische Revolution als das große, säkulare, Epoche machende Ereignis mit seinen Gipfelpunkten Napoleon und Hegel. Den Ursachen der Revolution nachzuspüren, geistig, sozial, ökonomisch-politisch: Das war für uns die Geschichte – Geschichte in einem ausgezeichneten, emphatischen, modernen Sinn des Wortes. Zu dieser Geschichte gehörte auch noch unsere unmittelbare Gegenwart; alles andere war *Préhistoire*. Wir wussten damals auch schon, dass es – nach uns – eine *Posthistoire* geben würde, geben müsste.

Die Entdeckung der Französischen Revolution – als europäisches Phänomen – als Paradigma für das Verständnis des geschichtlich-gesellschaftlichen Kontinuums, in dem wir selber unseren Standort zu bestimmen hatten, erlebten wir als eine Art Offenbarung. Wir hatten das Gefühl, den Hauptschlüssel gefunden zu haben, mit dessen Hilfe es möglich sein würde, den Sinn des historischen Geschehens zu erschließen. Denn die Frage nach dem Sinn war ja für uns, die wir uns als Strandgut der letzten Konvulsionen der Weltgeschichte in einem *No man's land* wieder gefunden hatten, in dem alle Sinnmarken ausgelöscht waren, vielleicht unbewusst, die Triebfeder unseres Wissensdrangs. Sinnsucher? So merkwürdig das einem Studenten von heute erscheinen mag, der nichts mehr von solchen Dingen weiß, für den es weder Sinn noch ein Subjekt noch überhaupt Geschichte gibt: Genau das waren wir.

Auch wir hätten der Verführung eines ahistorischen Nihilismus erliegen können; es hätte nahe gelegen. Wir gingen einen anderen Weg. Theologische Referenzen hatten wir keine. Wir lebten und dachten diesseits-immanent. Unsere

Religion wurde die Geschichtsphilosophie, und Hegel war unser Prophet. Revolution war Krise, Krise war Bürgerkrieg, Geschichte war Krise als Bürgerkrieg. Das große ungelöste Problem: die Revolution zu beenden, die aus der französischen zur europäischen und dann zur Weltrevolution geworden war, immer aber auch dieselbe geblieben ist. *Terminer la révolution!* Um diesen kategorischen Imperativ kreiste das geschichtsphilosophische Denken, dessen Dynamik uns ergriff.

Das Substrat des historischen Prozesses ist die menschliche Gesellschaft. Ob Volk, ob Völkergemeinschaft, ob Menschheit, ob Rasse, ob Klasse, ob Elite oder Masse: Die Modalitäten ihres Funktionierens musste man studieren, auf den Begriff bringen. Man musste die Gesetzmäßigkeiten, die Topik, die Dynamik, die immanente Struktur der geschichtlich-gesellschaftlichen Wirklichkeit zu verstehen lernen. Doch eine solche Geschichts- und Gesellschaftswissenschaft, die zwischen einer philosophischen Anthropologie und einer positivistischen Soziologie oszillierte, durfte nicht allein dem Ideal scientistischer Wahrheitsfindung dienen, sondern musste praxisbezogen sein, selber zum Faktor des historischen Geschehens, zum Instrument seiner Bewältigung werden. Der zum Bewusstsein seiner selbst als geschichtliches Wesen gekommene Mensch – als solcher verstanden wir uns – sollte in die Lage versetzt werden, die gesellschaftliche Ordnung zu schaffen, die seiner Bestimmung gemäß ist und auf die hin evolutionistisch, teleologisch oder entelechetisch sein Schicksal als Gattungswesen angelegt ist.

Im Vorfeld dieser Zukunftslösungen erlebten wir unsere Gegenwart, die nicht 1945 einsetzte, sondern 1789, als *Époque de transition* – als Krise. Die Soziologie als Krisenwissenschaft sollte dazu dienen, die Krise zu verstehen und zu beenden. Unser geschichtsphilosophisches Krisenmodell sollte in unserem Archiv zum Paradigma eines planetarischen Weltverständnisses erhoben werden, gleichzeitig eine genaue Standortbestimmung der deutschen Lage ermöglichen. Mit dem Weltgeist auf Du und Du, hatten wir gar keine Schwierigkeit, mit den traurigen realpolitischen Verhältnissen fertig zu werden. Wir ignorierten sie nicht, wir transzendierten sie ins welthistorisch Universale. Was auf dem Territorium Deutschlands geschah, war allemal Weltgeschichte auf höchstem Niveau. Wir standen auf der Höhe der Zeit.

Die Revolution ging weiter ... Der säkulare Kampf der progressiven und der retrograden Kräfte hatte in Deutschland einen neuen Schauplatz von größter Aktualität gefunden. In den Besatzungszonen traten sich die beiden Flügelmächte der europäischen Geschichte gegenüber. Das war seit langem vorauszusehen gewesen. Die alten Fronten des europäischen Bürgerkriegs, rechts und links, und die Fronten eines neuen Kampfes um die Welthegemonie, Ost und West, verschränkten sich. Das ubiquitäre Element des Bürgerkriegs und das raumgebundene Element der Staatenordnung gingen eine seltsame, hochexplosive Verbindung ein, die Umrisse eines neuen *Nomos der Erde* zeichneten sich ab. Ausgerechnet Deutschland war der Brennpunkt einer weltgeschichtlichen Konfrontation geworden. Hier verlief die Grenze zwischen zwei imperialen Hegemonieansprüchen, deren Kampf nur dann richtig zu verstehen war, wenn man wusste, dass es der Kampf zweier globaler Bürgerkriegsparteien war, der letzten Endes mit geistigen Mitteln ausgefochten werden musste.

In diesem Kampf hatten wir – davon waren wir überzeugt – ein Wort mitzureden. Ich glaube mich nicht zu irren, wenn ich heute feststelle, dass wir es waren, die den Begriff »Weltbürgerkrieg« damals erfunden haben. Es gab vielleicht die Wortprägung schon, aber wir haben den Wechselbalg aus der Taufe gehoben und in Umlauf gebracht. In seiner Hegelbezogenheit ein typisch deutscher Begriff, unübersetzbar. Marxistischer Klassenkampf, Carl Schmitt'sche Freund-Feind-Theorie, trotzkistische Weltrevolution: Die dialektische Struktur aller vordergründigen Antagonismen war angezeigt. Der Schlüsselbegriff einer deutschen Geschichtsphilosophie von Rang, die die Antwort der Besiegten an die Sieger hätte sein können, ist leider daraus nicht geworden.

Sehr schnell ist er zur Redensart, zu einem gängigen, griffigen, schillernden Topos der Mediensprache verkommen, zum Versatzstück einer modischen Geschichtsklitterung, dessen noble Herkunft niemand mehr kennt. Was war geschehen? Mit der Gründung zweier deutscher Staaten regredierte das Weltbürgerkriegsbewusstsein in Deutschland zu einer nationalstaatlichen Teilungsproblematik. Die Bürgerkriegssituation wurde – ideologisch entflochten und territorial festgeschrieben – regional und provinziell. Das universalistische Moment war verloren gegangen. Weltbürgerkrieg verweist auf Weltbürgertum. Das parochiale deutsche Krisenbewusstsein war nicht mehr der Ort des zum Bewusstsein seiner selbst kommenden Weltbewusstseins. Das deutsche Problem interessierte die Welt nicht als nationales. Es wäre für sie erst aufregend und interessant geworden, wenn sie hätte erkennen können, dass ihre Probleme hier stellvertretend behandelt wurden. Politisch war hier nichts zu holen, geistig vielleicht alles. Es ist ein alter Hut, dass die Deutschen ihre nationale Problematik zu überwinden hoffen, indem sie sie als Weltproblematik artikulieren. Das war die Chance der späten Vierziger-, der frühen Fünfzigerjahre. Das war der Sinn der Formel vom

»Weltbürgerkrieg«, wie wir sie damals verstanden. Es war die Weltformel *Made in Germany*.

Wir hatten schon das richtige Thema. Wenn aus der Zeitschrift auch nichts wurde, so gingen aus unseren »Katakomben-Gesprächen« doch schließlich drei Bücher hervor (man beachte Titel und Untertitel): *Geschichtsphilosophie und Weltbürgerkrieg – Deutungen der Geschichte von der Französischen Revolution bis zum Ost-West-Konflikt* von Hanno Kesting (1959), *Krise und Planung – Studien zur Entwicklungsgeschichte des menschlichen Selbstverständnisses in der globalen Ära* von mir (darin ist meine Dissertation von 1952 über den Krisenbegriff bei Saint-Simon eingegangen. Das Buch kam 1965 in Wien heraus) und schließlich die inzwischen berühmt gewordene Studie von Reinhart Koselleck, *Kritik und Krise – Ein Beitrag zur Pathogenese der bürgerlichen Welt*, mit der er 1954 in Heidelberg promoviert hat und die 1959 als Buch erschien. Damit war das ganze Programm durchdekliniert. Koselleck machte unsere spekulativ-geschichtsphilosophische Krisentheorie zum Interpretationsschema für die große historische Wende, in der sich Mitte des 18. Jahrhunderts das Gesicht der Erde radikal zu verändern begann: der Wendezeit, der »Sattelzeit«, in der das Weltverständnis der Spezies Mensch eine so entscheidende, bis heute gültige Veränderung erfuhr. Auf diese Weise hat sie dann ihre akademischen Weihen erhalten, während meine und Kestings parallele Ansätze – mein Versuch, sie für eine Genealogie der Soziologie fruchtbar zu machen, der seine, sie philosophiegeschichtlich, ideologiekritisch, hermeneutisch zu vertiefen – ohne irgendwelche direkte Wirkung und Anerkennung geblieben sind.

Ich habe nie aufgehört, geschichtsphilosophisch, das heißt für mich, weltzugewandt und zukunftsorientiert, zu denken; Kestings Obsession blieb es, das geschichtsphilosophische Denken zu »entlarven« (»mit dem Marxismus entlarvt sich die Geschichtsphilosophie als Bürgerkriegsideologie«, ein typischer Satz seiner Verdächtigungshermeneutik). Koselleck forderte die Geschichtsphilosophen vor das Tribunal der Geschichtswissenschaft. Die bürgerliche Geschichtsphilosophie (und eine andere gibt es nicht) machte der feudalen Gesellschaft den Prozess. Doch er ist Staatsanwalt, Richter und Verteidiger zugleich. Er will nicht verurteilen, sein Vorhaben zielt auf »Widerrufung« der Geschichtsphilosophie. So versuchte es mir damals in einem langen Brief Ivan Nagel zu erklären, der einige Zeit als Neophyt in unserem Heidelberger Kreis Aufnahme gefunden hatte. Auch er ein potentieller Mitarbeiter des »Archivs für Weltbürgerkrieg und Raumforschung«.

Was sollte das heißen, »Widerrufung« der Geschichtsphilosophie? Man kann im Namen einer Orthodoxie zum Widerruf einer Irrlehre gezwungen werden. In wessen Namen sollte man die Geschichtsphilosophie widerrufen? Was wollte man an ihre Stelle setzen? Die Frage ist bis heute ungeklärt. Wer die Geschichtsphilosophie preisgibt, geht hinter die Aufklärung zurück. In was für ein Dilemma man sich damit begibt, zeigen die Aporien der Frankfurter Schule. Man hat die Wahl zwischen Theologie und Nihilismus. Oder aber Zeitkritik wird zum Kabarett, wie das so erfolgreich von Udo Marquard demonstriert wurde, die Reduktion der Arbeit des Begriffes auf den *Common Sense* von Otto Normalverbraucher. Auch ein Genre, mit dem man berühmt werden kann, aber keine Alternative zu Hegel. Schlimmer noch ist freilich die Eschatologie des »Apokalyptikers der Gegenrevolution«, Jacob Taubes, der über zwanzig Jahre lang in Berlin ungestraft sein Unwesen getrieben und die Geister verwirrt hat.

Es ist weder in Frankfurt am Main noch in Berlin, geschweige denn in Münster oder Freiburg gelungen, den Anspruch auf Weltniveau zu behaupten. Im Limbo der kurzen Periode unmittelbar nach Kriegsende, vor Währungsreform und Teilung, war Heidelberg ganz fraglos der privilegierte Ort, an dem für eine kurze Zeit die deutsche Situation auf höchster Reflexionsebene, weltgeistgemäß, adäquat artikuliert werden konnte – und wurde.

Die letzte Etappe

Ich bestand mein Doktorexamen im Sommer 1951. Es war ein heiterer sonniger Tag.

Es gab damals in Heidelberg noch einen Dr. phil. der Staatswissenschaften mit zwei Hauptfächern, Soziologie und Staatstheorie, und zwei Nebenfächern nach freier Wahl – ein Erbe des Insosta, einzigartig in Deutschland. Ich hatte Philosophie und Völkerrecht gewählt. Mein Doktorvater Alfred Weber – ich war sein letzter Doktorand – überwachte die Prüfungen in den Nebenfächern: Professor Jellinek für Völkerrecht und Professor Brecht für Philosophie. Professor Jellinek hatte freundlicherweise auch die Prüfung in Allgemeiner Staatstheorie übernommen; es war nicht leicht gewesen, für dieses Fach einen Prüfer zu finden. Mit Brecht hatte ich ein langes Gespräch über das gerade erschienene Buch von Karl Löwith, *Von Hegel zu Nietzsche*. Weber selber bat um ein Exposé der Grundzüge der Kultursoziologie – was sonst?

Das Wichtigste, hatte man mir vorher gesagt, war eine Kiste Zigarren für den Pedell, der alles organisiert hatte, Ort und Stunde, was immer mit Schwierigkeiten verbunden ist. Der Termin musste mehrere Male verschoben werden, weil es nicht möglich gewesen war, alle Herren unter einen Hut zu bekommen. Das Prüfungszeremonial begann um 11 Uhr, zwei Stunden später war alles überstanden. Die drei Examinatoren, Alfred Weber schmunzelnd in der Mitte, empfingen mich, der ich ängstlich vor der Tür gewartet hatte, huldvoll. Weber gab mir das Prädikat an, *summa cum laude*, und alle beglückwünschten mich mit Händedruck.

Dieses Examen war das einzige, was mich noch an Heidelberg band. Nachdem ich meine Dissertation eingereicht hatte, war ich in Frankfurt am Main als Lektoratsassistent in den S. Fischer Verlag eingetreten. Ich hatte in Heidelberg gar kein Zimmer mehr und fuhr, wenn es nötig war, mit dem Zug morgens hin und abends zurück.

»Bücher schreiben ist ganz schön, aber Bücher machen ist besser.«

Der S. Fischer Verlag hatte sich seit kurzem in Frankfurt am Main neu etabliert. Die Auseinandersetzungen der Erben des alten Samuel Fischer, die aus der Emigration in den Vereinigten Staaten zurückzukehren sich entschlossen hatten, mit Peter Suhrkamp, der das Haus treuhänderisch durch die bösen Jahre gebracht hatte, waren beendet. Die Trennung war äußerst schmerzvoll verlaufen. Die ungeheure Substanz – an Rechten vor allem – hatte geteilt werden müssen. Es gab jetzt zwei Verlage. Ein wichtiges Datum in der Geschichte Nachkriegsdeutschlands, die ja auch geschrieben werden kann als die Geschichte seiner Verlage.

Der wieder erstandene S. Fischer Verlag musste sich einen neuen Stab aufbauen. Es war für das Ehepaar Bermann Fischer nach Wien, Stockholm, New York das vierte Mal, dass es von vorne anfangen musste. Die beiden taten es mit bewundernswerter Energie, aber es fiel ihnen nicht leicht, sich in der Bundesrepublik zurechtzufinden. Dieses Deutschland war ihnen vollkommen fremd geworden. Obwohl sie sich sagen konnten, jetzt wieder im Land ihres Ursprungs zu sein, fühlten sie sich fremder als in Österreich, Schweden und Amerika, wo es ihnen immer wieder gelungen war, unter den widrigsten Umständen rasch Fuß zu fassen. Sie kehrten zurück, aber sie kamen nicht heim.

Tutti Fischer hatte mich auf einer Tagung der »Gruppe 47« aufgegriffen, zu der sie mit ihrem alten Buick (noch mit amerikanischer Nummer) gekommen war, begierig zu erfahren, was es Neues an deutscher Literatur gab – und von der Stelle weg für ihr Lektorat engagiert. Sie suchte jemanden, der den Kontakt zu jungen deutschen Autoren pflegen konnte. Ich sei, sagte sie, genau der Typ, den sie brauche. Wir verstanden uns sofort blendend. Sie brachte Welt mit in die provinzielle Enge, in der wir lebten und unter der ich furchtbar litt. Ich gehörte damals noch zum engeren Kreis um Hans Werner Richter und Alfred Andersch, hatte auch meinen kleinen Roman veröffentlicht, mich aber von der Literatur ab- und der Universität zugewandt. Mit der Möglichkeit, in einem Verlag tätig zu sein, hatte ich nie gerechnet. Sie wäre mir überhaupt nicht in den Sinn gekommen. Jetzt bot sie sich als unerwartete Chance.

Ich fuhr also mit »Tutti« in dem alten Buick quer durch Deutschland nach Sylt, um im Klenderhof in Kampen mit Gottfried Bermann Fischer (»Goffi«) die Sache zu besprechen. Das Ehepaar, das getrennt marschierte und vereint schlug, hatte sich dort oben in dem schönen Haus seiner alten Freundin Bimba Baldner verabredet. Sie wollten sich ein paar Tage Ruhe gönnen. Ich fühlte mich ganz *en famille*. Der Klenderhof war mir wohl bekannt. Eine meiner älteren Schwestern besaß, einen Steinwurf entfernt, am Watt, ein winziges Reetdachhäuschen. Ich hatte schöne Zeiten dort verbracht, mit Bimbas Töchtern gespielt und, als wir größer waren, geflirtet. Die Fischers waren mir seit meiner Berliner Jugend vertraut. Ich hatte sie natürlich nicht mehr persönlich erleben können, aber mein Vater hatte mit dem alten Samuel Fischer verkehrt und mir auf unseren Spaziergängen das Haus in der Erdener Straße gezeigt. Es lag nicht weit entfernt von dem unseren.

Ob ich nicht Verleger werden wollte, fragte mich Goffi, während wir an der Brandung entlang, einen scharfen Wind im Gesicht, durch den Sand stapften. Ich war sehr beeindruckt von dem stattlichen, jovialen Mann und seinem senioralen Habitus. Ich gestand ihm, nur eine sehr vage Vorstellung davon zu haben, was das bedeuten könnte. Er schilderte mir in knappen, wohl bemessenen Sätzen die großen Reize einer Vermittlertätigkeit, bei der man immer Umgang habe mit Ideen und, was wichtiger sei, mit geistigen Menschen. »Bücher schreiben ist ganz schön, aber Bücher machen ist besser. Du kannst es dir ja einmal anschauen.« Ich war neugierig, wenn auch nicht überzeugt, ob das für mich der richtige Weg sein würde.

Es stimmte schon: Auf halbem Wege zwischen Büchern und geistigen Menschen musste ungefähr mein spezifischer Ort liegen. Aber genaue Vorstellungen von einer Karriere, einem Berufsziel, hatte ich überhaupt nicht. Habe ich eigentlich nie gehabt, nur ein sicheres Gefühl für die mir angemessene soziale Position. Ich wählte nicht – ich ließ mich wählen. Im Übrigen hatte ich gar keine Alternative. Ich war mittellos und ohne Stellung. So nahm ich das Angebot für ein Probejahr an. Monatsgehalt: 250 Mark. Unterbringung in einem vom Verlag gemieteten möblierten Zimmer, wie sich herausstellen sollte, in der Wohnung einer Heiratsvermittlerin, Frau Romba. Es ist bei einem kurzen Gastspiel geblieben, bei einer Etappe meiner Lehrjahre, »die ich nicht missen möchte« (wie man nachher gern sagt).

Ich habe gesehen (gelernt, wäre zu viel gesagt), was es heißt, Bücher zu machen, und das kann keinem etwas schaden, der ein Leben lang mit Büchern zu tun hat. Die wichtige Erfahrung dieser Zeit aber war eine andere. Ich gewann eine Anschauung von dem Abgrund, der sich zwischen der materiellen Misere des kleinen Angestellten, zu dem ich geworden war, und der großbürgerlichen Daseinssphäre meiner Arbeitgeber und Brotherren, und das waren die Fischers jetzt, und ihrem mir so selbstverständlichen Lebensstil auftat. Eine scheinbare Vertraulichkeit half nicht, ihn zu überbrücken, sondern verschärfte ihn eher, weil sie meine Lage dem anderen Verlagspersonal gegenüber verschlechterte. Immerhin ermöglichte mir die privilegierte Stellung als Protegé der Chefin die Erfüllung eines alten Wunsches: meine erste Reise nach Paris.

Obwohl die französische Literatur keineswegs zu meinem Ressort gehörte, hatte ich dreist erklärt, ich könne die mir zugedachte Aufgabe nicht erfüllen, wenn ich nicht in der Lage wäre, mir ein Bild von der literarischen Szene in Paris zu machen. Schwierigkeiten machten nicht die Fischers, denen es durchaus einleuchtete, dass ich gern einmal nach Paris wollte, sondern ihr kaufmännischer Geschäftsführer, der das Billett bezahlen musste, es aber partout nicht einsehen wollte, warum dieser junge Spund nach Paris reisen sollte. Er gönnte mir diesen Auftrag ganz einfach nicht, den er, was er kaum verhehlte, für einen reinen Vergnügungsausflug hielt. Im Übrigen könne sich der Verlag solche Extravaganzen überhaupt nicht leisten. Die Herrschaften aus Amerika (so nannte er seine Arbeitgeber) wüssten gar nicht, wie katastrophal es um die Finanzen des Hauses stehe. Die Bankkredite gingen in die Millionen, das würde ein böses Ende nehmen; schuld daran sei nicht zuletzt die aufwendige Lebensführung der Herrschaften. Das könne kein Betrieb tragen. Ein richtiger Pfennigfuchser: immer korrekt im dunklen Anzug mit Weste, gestärktem

Kragen und silbergrauer Krawatte, die Würde und Respektabilität selbst. Robert Schäfer war ein Relikt aus der Suhrkamp-Zeit, bei den Angestellten sehr beliebt, wenn er auch vom Stil her nicht mehr so recht in die aufgelockerte, weil amerikanisierte Atmosphäre des neuen Verlagsbetriebes passte. Mit der Bemerkung, er lehne jede Verantwortung ab, bewilligte er schließlich die Reisekosten, Schlafwagen inklusive.

Tutti Fischer

Bevor ich nach Paris fuhr, rief mich Tutti zu sich. Sie arbeitete in der Wohnung, die sich die Fischers in der obersten Etage des Verlagshauses in der Falkensteiner Straße 24 eingerichtet hatten; dort betrieb sie *ihren* Verlag: eine Art Parallelaktion, in der Spontaneität und Sympathie den Ausschlag gaben, ein großer Luxus, den sich das Haus leistete, sehr zum Kummer von Herrrn Schäfer, liebevoll toleriert von Goffi, der zusehen musste, wie er mit all den eingegangenen Verpflichtungen und Versprechungen seiner Frau zurechtkam. Sie habe einen Auftrag für mich. Tutti war beinahe so aufgeregt wie ich bei dem Gedanken, ich würde am nächsten Tag in Paris sein. Ach, wie gerne käme sie mit! Aber das Reisen in Europa war damals auch mit einem amerikanischen Pass nicht so einfach. Sie übergab mir einen Brief. Den möchte ich bitte dem Adressaten persönlich übergeben. Ich sollte ihm auch ein Geschenk mitbringen, ein schönes Kunstbuch. Das sollte ich in der »Librairie Flincker« besorgen; die Wahl überlasse sie mir, der Preis spiele keine Rolle. »Du wirst einen sehr außerordentlichen Menschen kennen lernen. Es ist einer meiner besten Freunde. Er ist jetzt ein hohes Tier. Aber du wirst sehen, er ist sehr nett.« Keine Empfehlung hat mir einen unmittelbareren, direkteren, intimeren Zugang zum Herzen von Paris geöffnet als diese. Es war der später als Hölderlin-Forscher bei uns bekannt gewordene Germanist Pierre Bertaux, von dem ich in meinem Paris-Buch ausführlich erzählt habe.

Tutti Fischer gehörte zu den Frauen, die ein Leben lang – in der Kindheit schon – mit sehr vielen außerordentlichen Menschen Umgang gehabt und deren Freundschaft gewonnen haben. Sie erinnerte mich darin an meine Mutter. Ihre Biographie ist die Geschichte dieser Freundschaften; die Topographie der Welt war für sie nicht primär eine Sache von Ländern und Erdteilen, sondern von Städten und Landschaften, in denen Freunde lebten. Den Ausschlag für ihre Sympathien gab ein untrügliches, unbestechliches Gefühl für menschliche Qualität. Das galt natürlich auch für ihre Antipathien. Undefiniert und undefinierbar in ihren Kriterien, bestimmte dieses ganz weibliche Qualitätsgefühl ihr Urteil, ob es nun um Literatur, Politik, die Menschen ihres Bekanntenkreises oder um die Arbeit des Verlages ging. Sie täuschte sich selten. Wenn sie einsehen musste, dass sie sich geirrt hatte – wie im Falle Peter Suhrkamp –, reagierte sie trotzig wie ein Kind, dem ein Spielzeug zerbricht.

Meine schönste Erinnerung aus der kurzen Zeit, in der ich das Privileg hatte, im näheren Umkreis dieser bedeutenden Frau zu leben, war der Moment, in dem sie vor meinen Augen ein Päckchen aufmachte, das soeben – eingeschrieben – aus den USA eingetroffen war. Eine Überraschung. Sie hatte mich heraufgerufen, damit ich dabei sei, wenn sie es öffnete. Sie wollte diese Freude mit jemandem teilen, der ihre Freude verstehen konnte. Sorgfältig, wenn auch mit merklicher Ungeduld, machte sie die Verpackung auf, die Schnüre, wie lästig, die verschiedenen Schutzhüllen, eine nach der anderen, und brachte ein säuberlich getipptes Manuskript zum Vorschein: Es war Thomas Manns neuer Roman! Aufgeregt blätterte sie die erste Seite auf – ich hatte gar nicht Zeit, den Titel zu sehen – und begann zu lesen. Mit ihrer dunklen Stimme las sie mir laut vor: »Glockenschall, Glockenschall, supra urbem, über der ganzen Stadt, in ihren von Klang überfüllten Lüften! Glocken, Glocken, sie schwingen und schaukeln, wogen und wiegen ausholend an ihren Balken, in ihren Stühlen, hundertstimmig, in babylonischem Durcheinander. Schwer und geschwind, brummend und bimmelnd.« – Hör nur! Hörst du es? »Wer läutet die Glocken? Die Glöckner nicht. Die sind auf die Straße gelaufen wie alles Volk, da es so ungeheuerlich läutet … – Wer also läutet die Glocken Roms? *Der Geist der Erzählung.*«

Da lachten wir auf, wir saßen jetzt einander gegenüber. Vor dem Fenster leuchteten die Baumkronen im goldenen Schein der Nachmittagssonne. Tutti las weiter und konnte nicht aufhören, bis wir merkten, dass es Abend geworden war und wir die Lampen hätten anmachen müssen, wenn sie den Text noch sehen wollte. »Ach, ist das wieder schön.« Wir waren beide tief bewegt, gefangen von der Sprachmagie des Zauberers. Seitdem will mir scheinen, das Märchen vom *Erwählten* sei sein schönstes Buch. Aber das ist sicher kein literarisches Urteil. Es ist eine Aussage über diesen unvergleichlichen Augenblick. Ich sehe, wie Tutti Fischer das Päckchen öffnet, wie sie das Manuskript aus den Hüllen herausholt, andächtig, wie man ein Kleinod aus der Schatulle nimmt. Wie sie es aufschlägt und daraus vorzulesen beginnt mit ihrer dunklen Stimme, wie der Geist der Erzählung von uns Besitz ergreift. Wir kommunizierten in der dankbaren Freude an diesem Text. In unser Glück mischte sich sicher ein bisschen Stolz darüber, jetzt, hier, an diesem Spätnachmittag in Frankfurt am Main, die beiden ersten Menschen in Deutschland, in Europa, vielleicht in der Welt zu sein, denen es vergönnt war, ihn für sich zu entdecken. Das Glück über die Entdeckung war gesteigert durch das Glück der Gemeinsamkeit und Einmaligkeit. Wie Tutti sagen würde: »Wir erlebten das Starke und Ewige des Augenblicks.«

»So, jetzt musst du gehen, Goffi wird gleich heraufkommen. Welche Freude er haben wird.« An ihn war das Manuskript dieses deutschesten aller Bücher, verfasst an der fernen Westküste Amerikas, gerichtet, an den Verleger, der jetzt »ein Buch daraus machen« würde. Mit schien es in diesem Augenblick, dass der Text in seinen geheimsten Intentionen eine Hommage an die königliche Frau sei, die der Autor als kleine Prinzessin schon auf dem Schoß gehalten hatte.

Ein königliches Paar

Nie bin ich Menschen begegnet, die mit so viel Begeisterung, mit einem solchen Elan den Wiederaufbau Deutschlands nach dem Kriege als eine geistige Aufgabe verstanden und mit ähnlicher Kompetenz und Energie in Angriff genommen haben. Die Fischers führten den ganzen Reichtum der deutsch-jüdischen weltbürgerlichen Kultur mit sich, die auszutilgen Hitler als seine wesentliche Aufgabe verstanden hatte. Es ist ihm gelungen: Das geistige Klima hatte sich verändert. Es war definitiv etwas zerstört, das nicht wiederhergestellt werden konnte.

Obwohl sie mit ihrem Verlag äußerst erfolgreich waren, haben die Fischers Deutschland wieder verlassen. Sie sind ein zweites Mal emigriert, nach Italien, in die Toskana, und haben sich noch einmal eine neue Heimat geschaffen. Eine Insel europäischer *Humanitas*, in der sie ganz ihren geistigen und künstlerischen Bedürfnissen leben konnten, er bildhauernd, sie malend. Beide haben schöne Memoiren geschrieben. Es war, als hätten sie nach stürmischen Umwegen hier endlich ihr Ziel erreicht. Und wie das Leben so geht, an keinem anderen Ort, weder in Deutschland noch in Schweden, noch in Amerika, sieht man einmal von der Kindheit ab, ist es ihnen vergönnt gewesen, so lange in Frieden zu verweilen. *Nemo ante mortem beatus* (man soll niemanden vor seinem Tode glücklich schätzen).

Ich habe Tutti den letzten Gruß entboten, als sie 1991 auf dem jüdischen Friedhof in Berlin-Weißensee beigesetzt wurde. Das vornehme, klassizistische Familiengrab, inmitten von wild wucherndem Gestrüpp, wo Samuel Fischer neben seinem Sohn Gerhart begraben liegt, ist für mich eine melancholische Metapher für die Verwüstung der jüdischen Lebenswelt in Deutschland. Aber hier, nicht auf einem *Camposanto* in der Toskana wollte Tutti beerdigt sein. Unvergesslich die kleine Trauergemeinde, Annette, Gisi, Enkelkinder aus England und Amerika, die kein Deutsch mehr verstehen; unvergesslich »Goffi«, der Patriarch, aufrecht, ungebeugt, unversöhnt, alttestamentarisch, seine Kappe auf dem mächtigen Schädel, umstrahlt von einer Aura von Weisheit, Männlichkeit und Güte. Paare, wie diese Fischers, die ein langes Leben in vollkommener Symbiose meistern, gibt es wenige. Ich möchte in solchem Gelingen die Spuren einer kabbalistischen Tradition sehen, die auf dem Wissen beruht, dass Mann und Frau ebenbürtig sind, weil Gott männlich und weiblich ist.

Das Rennen in Deutschland hat der vom Fischer Verlag abgespaltene Suhrkamp Verlag gemacht. Wer hätte das gedacht? Es bedurfte dazu der außerordentlichen Witterung für die Strömungen des Zeitgeistes und der unternehmerischen Energie und Befähigung jenes jungen Mannes, den der alte Suhrkamp in der Phase der Trennung als Exponenten der Nachkriegsgeneration unter ganz ähnlichen Voraussetzungen an seine Seite holte, wie es die Fischers mit mir taten. Dieser begriff besser und schneller als ich, dass das Herstellen von Büchern sicherer zum Erfolg führt als ihre Abfassung. »Was ist ein Einbruch in eine Bank gegen die Gründung einer Bank?«, war ein Diktum von Bert Brecht, dessen Rechte auf seinen Wunsch bei Suhrkamp blieben und dessen sensationelle Konjunktur in den Nachkriegsjahren dem neuen Verlag über seine ersten materiellen Schwierigkeiten half. Damit war ein Trend angezeigt. Linke Literatur hatte bald einen Markt, den man auch als kapitalistischer Unternehmer bedienen konnte. Aus dieser Einsicht erwuchs eines der erstaunlichsten Verlagsunternehmen der Bundesrepublik. Auch ein Aspekt des Wirtschaftswunders. Für die geistige Entwicklung Nachkriegsdeutschlands sicher die folgenreichste Unternehmerleistung. Mit dem Kapital Schweizer Waffenschmieden versorgte der Suhrkamp Verlag eine Generation deutscher Intellektueller und Studenten mit jener perniziösen Zivilisationsschelte der so genannten Neuen Linken, deren Analysen freilich nur wenig dazu beitragen sollten, die gesellschaftlichen Verhältnisse zu verbessern; nach epidemischer Ausbreitung und ausgiebigem, süchtigem Konsum hinterließ diese Produktion schließlich einen moralischen Katzenjammer, von dem sich die Betroffenen bis heute nicht erholt haben.

Tutti und ich waren zusammen in die erste Übung der Professoren Horkheimer und Adorno gegangen, die ebenfalls gerade aus Amerika nach Frankfurt zurückgekehrt waren. Studenten meiner Generation waren sie völlig unbekannt. Niemand hatte die *Dialektik der Aufklärung* gelesen, niemand konnte sie gelesen haben. Das Buch war nicht auf dem Markt, der Titel hatte keine Resonanz. Von Theodor W. Adorno hatte man allenfalls als dem musikologischen Berater Thomas Manns bei Abfassung des *Doktor Faustus* gehört, er hatte ihn in die Geheimnisse der Dodekaphonie eingeführt. Tutti kannte Teddy aus der Emigration. Sie wollte mal sehen, was er jetzt so machte, wie er ankam bei der deutschen Studentenschaft. Das würde mich doch sicher auch interessieren? Langweilig werde es auf keinen Fall sein, dafür garantiere sie.

Es war in der Tat höchst kurzweilig. Der große Übungssaal war überfüllt. Am Kopfende des langen Tisches saßen die beiden Dozenten, der eine klein, der andere groß, der eine mit einem kugelrunden Kopf und schwarzen Kulleraugen, der andere mit einem grauhaarigen Langschädel und hellen Augen hinter einer hellen Hornbrille, der eine munter, agil, auf seinem Stuhl hin und her fahrend, der andere gelassen, in sich ruhend, unbeweglich. Ein sonderbares Paar, und was sie lieferten, war eine wunderliche Show. Es ging um die Dialektik von Hegel. Ein armer Student hatte ein schlechtes Referat vorgetragen, das uns zum größten Teil erspart geblieben war, weil wir, was bei Tutti unvermeidlich war, mit großer Verspätung gekommen waren. Jetzt kam die vernichtende Kritik *ex cathedra*, die überging in eine großartige Hegel-Exegese, und zwar in einer Art Duett, in einem Wechselgesang, in dem die beiden ungleichen Herren sich ergänzend, sich widersprechend, sich stimulierend, sich übertreffend, ihre Meinung zum Ausdruck brachten, von der sie sich laufend beteuerten, dass sie nicht eine divergierende, sondern eine geteilte, gemeinsame, dass sie, obwohl mit zwei Stimmen vorgetragen, unisono immer nur eine sei, sein könne, weil sie beide sich im Besitz der Wahrheit befanden, die immer nur eins und ungeteilt ist.

Das Publikum war fasziniert. Tutti hielt ergriffen meine Hand, als säßen wir in der Oper. Es war nicht nur ein Vergnügen, der Darbietung zuzuhören, denn kein Satz, der ausgesprochen wurde, war banal, sondern ein hoher Genuss, ihr zuzuschauen. Das war eine gekonnte Nummer. Der dialogische Doppelmonolog verlief in genau abgezirkelten, äußerst korrekten, protokollarischen Formen. Man titulierte sich mit »Herr« (Horkheimer sagte »Herr Wiesengrund«, wenn ich mich richtig erinnere), keine Unterbrechung ohne Entschuldigung, man verneigte sich, wenn man das Wort weitergab, man verneigte sich dankend, wenn man es übernahm. Dabei war der Sprechstil so verschieden wie die Körpersprache. Horkheimer sprach Hochdeutsch, Adorno excellierte in seinem die deutsche Syntax aufs äußerste strapazierenden Spezialjargon, dessen Eigentümlichkeiten, wenn er sprach, noch schärfer hervortraten als in seinen Texten. Wirkte Horkheimer gravitätisch, durchaus als Respektsperson, so war Adorno possierlich, aufmüpfig, jungenhaft im Verhalten gegenüber seinem Partner, übertrieben verehrungsvoll, fast devot, sich immer wieder ihm zuwendend und auf ihn Bezug nehmend, während dieser ihn eher etwas herablassend behandelte und, wenn überhaupt, mit ungespieltem Erstaunen ansah. Horkheimer fragt: »Herr Wiesengrund, was machen wir eigentlich?« Adorno antwortet: »Wir kritisieren die Aufklärung.« Die Rollenverteilung war etwa wie die in der

Commedia dell'arte, zwischen dem Clown blanc triste und dem Dummen August, der immer die Lacher auf seiner Seite hat, während jener die trocken-melancholischen Stichworte gibt.

So begann, vor ahnungslosen Hörern, die in der Mehrzahl, ich bin mir sicher, herbeigeströmt waren, um einem kuriosen Spektakel beizuwohnen, der Siegeszug eines neuartigen kritischen Denkens in Deutschland, das zur Verunsicherung und Verwirrung der Geister in beängstigender Weise beigetragen hat. Wenn es sich um eine vielleicht notwendige Läuterung, um eine Art von Exorzismus handelte, so ist festzustellen, dass die Gereinigten mit leeren Händen und Köpfen zurückblieben. Die »negative Dialektik« mit ihrer Kritik des bürgerlichen Subjekts erreichte genau das, was sie verhindern wollte: die Zerstörung der geistigen Grundlagen des europäischen Humanismus. Ursprünglich der verzweifelte Versuch einer Rettung des Menschen in letzter Stunde, führte sie zu einer Bewusstseinslage, in der die Verkündung des »Endes des Menschen« evident erscheinen musste. Jede Anstrengung, jeder Versuch, über seine Zukunft nachzudenken, wurde dadurch vereitelt. Diejenigen aber, die sich in ihrer Überzeugung, dass damit das letzte Wort nicht gesprochen sein könne, nicht beirren lassen wollten, waren der Lächerlichkeit preisgegeben.

Ich würde jetzt gern von dem Besuch berichten, den ich Adorno in Tutti Fischers Begleitung in seiner Frankfurter Wohnung machte, habe aber eine Schwierigkeit: So genau ich mich an diesen Besuch erinnere, ich könnte nicht unter Eid behaupten, dass er stattgefunden hat.

Wie das Auge einen Druckfehler überliest, weil es das Schriftbild automatisch korrigierend ergänzt, wie unsere Wahrnehmung den blinden Fleck im Zentrum des Gesichtsfeldes ausfüllt, so schließt unsere Erinnerung auf unmerkliche Weise gewisse Lücken, die sich in einer Erlebnisreihe eingestellt haben, und produziert aus eigener Machtvollkommenheit das fehlende Stück, das *Missing link*, das unabdingbar ist, um das zugrunde liegende Ablaufmuster zu vervollständigen. Die Erinnerung stopft das Loch und leistet die erfinderische Arbeit der Einbildungskraft, die in Träumen gang und gäbe ist und deren Präzision und Detailtreue uns immer wieder überrascht, besonders dann, wenn wir genau wissen, dass das, was die Traumarbeit geleistet hat, auf keinen Fall irgendeiner Realitätserfahrung entspricht, an der wir das uns im Traum vorgegaukelte Bild überprüfen könnten. Gott weiß, woher die Versatzstücke, die minutiösen Einzelheiten des Mobiliars, der Bilder an der Wand, der gehäkelten Deckchen auf den Klubsesseln, der falschen Orientteppiche auf den Dielen stammen, die sich da zum Erinnerungsbild fügen und durch ihre unauswechselbare Singularität den Anspruch der Authentizität erheben, vor der jeder Zweifel zum Schweigen gebracht wird. Ergibt sich aus einer retrospektiven Realitätskontrolle, gewissenhafter Gedächtnisüberprüfung, chronologischen Vergleichen, dem Rückgriff auf Dokumente, Notizen, Tagebücher eindeutig und zwingend der Schluss: »Das hast du nie gesehen, nie erlebt« – so steht dagegen das unwiderlegliche Argument: »Das kannst du so bis ins letzte Detail gar nicht erfunden haben. Ergo muss es wahr sein, dein Gedächtnis, nicht deine Erinnerung trügt.« Gibt man dem Zweifel nach und zeigt sich bereit, das fragliche Erinnerungsstück preiszugeben, so ist es wie mit einem Zinnsoldaten, der umfällt und mit sich eine ganze Reihe von Zinnsoldaten niederreißt. Kann dann noch die Erinnerung an den Besuch in der Vorlesung wahr sein? Und ist es dann nicht um all deine schönen Erinnerungen aus der Frankfurter Zeit schlecht bestellt? Jeder autobiographische Versuch muss mit diesem Dilemma rechnen.

Dr. Hirsch und Dr. Naumann

Vor meiner Abreise hatte ich mich darüber zu informieren versucht, welches die interessantesten literarischen Strömungen in Paris seien, wo ich, als selbst ernannter *Scout*, mit meinen Erkundungen ansetzen könnte, bei welchen Autoren, welchen Verlagen, welchen Agenten. Zwei Ratschläge prägten sich mir tief ein, obwohl ich zunächst mit ihnen nicht viel anfangen konnte.

Den einen gab mir Dr. Rudolf Hirsch, der neue literarische Leiter im S. Fischer Verlag. Er kam aus seinem Amsterdamer Exil, wo er die letzten Kriegsjahre, in einer Kammer, hinter einem Schrank versteckt, überlebt hatte, nach Deutschland zurück, unwillig, ungern, nur auf die dringenden Bitten der Fischers, die ihn nicht entbehren wollten. Sie behandelten ihn mit größtem Respekt. Es umgab ihn eine Aura von Unnahbarkeit. Ihm war ich als Junglektor beigegeben, er war mein Vorgesetzter, obwohl das alles nicht so genau festgelegt war. Wir hatten dieselbe blonde Sekretärin, das heißt, ich durfte ihr diktieren, wenn er keine Arbeit für sie hatte.

In seinem Erscheinungsbild entsprach Dr. Hirsch vollkommen dem Typus des sephardischen Juden. Der schmale Schädel mit der edlen, vornehm geschwungenen Nase, der großen, fliehenden Stirn, das gekräuselte dunkle Haar nach hinten zurückgenommen. Dunkle Augen unter schweren Lidern, die spöttisch, manchmal richtig boshaft aufblitzen konnten. Die schmale, etwas gebeugte Gestalt, in einem zu weiten grauen Anzug, was darauf zurückzuführen sein mochte, dass sein Träger, seit er ihn besaß, beträchtlich an Gewicht verloren hatte; vielleicht hatte er ihn sich aus Gleichgültigkeit und Bequemlichkeit auch einige Nummern zu groß gekauft, oder aber es handelte sich um ein geschenktes Stück, gar nicht für ihn bestimmt, das er jetzt einfach trug, weil er nichts Besseres hatte. Spekulationen dieser Art waren natürlich völlig irrelevant, aber man machte sich solche Gedanken, wenn man Dr. Hirsch sah. Es wirkte ungezwungen und elegant zugleich. Lässig. Und passte vollkommen zu seinem nonchalanten Habitus. So saß er in seinem Sessel, die Beine lang vor sich hingestreckt, dann wieder ganz eng an sich gezogen und übereinander geschlagen, dann wieder schlangenmenschenhaft verknotet, und rauchte eine amerikanische Zigarette nach der anderen, die er mit ausholenden, ornamentalen Bewegungen seines Armes und seiner ganz schmalen, geschmeidigen Hände zu den Lippen führte und im Aschenbecher ausdrückte, in dem sich die halblangen Kippen zu einem eindrucksvollen Berge häuften.

Die Unruhe seines Körpers stand in scharfem Kontrast zur Gelassenheit seiner Rede. Dr. Hirsch formulierte präzis, mit einer leisen, weichen Stimme, die oft bis an die Grenze der Unhörbarkeit gedämpft war. Man konnte sagen, er lispelte. Er war ein Mann des Buches. Seine Einstellung zu den Geschäften, die ihm jetzt anvertraut waren, war eine durch Melancholie und Resignation gemilderte Mischung aus Verachtung und Spott. Das war doch alles nichts mehr. Das Einzige, was ihm seiner Bemühung wert schien, und da konnten seine Augen aufleuchten, war das Werk von Hugo von Hofmannsthal, das er hoffte, in einer großen Gesamtausgabe herauszubringen. Er hat diesen Plan, in dem er seine Lebensaufgabe gefunden hatte, im Laufe der Jahre verwirklicht.

Ich brauche nicht zu sagen, was er von der jungen deutschen Literatur, von den Autoren der »Gruppe 47« hielt. Er hatte dafür nur ein müdes Lächeln. Und so hielt er natürlich auch die mir zugedachte Vermittlungsaufgabe für vollkommen überflüssig, weil gegenstandslos. In seinen Augen war ich, aus anderen Gründen freilich wie für den Buchhalter, eine kostspielige Marotte von Tutti. Seine Gespräche mit mir bestanden darin, dass er mich außerordentlich liebenswürdig, fast zeremoniös nach meinem Urteil über Bücher fragte, deren Titel ich nicht einmal gehört hatte. Ihr Erscheinungsjahr lag um 1900.

Von dem, was jetzt in Paris Mode war, hielt Dr. Hirsch ebenfalls nichts. Ich las damals, angestiftet von meinem Freund Hanno Kesting, wie wir alle, Sartre. Man macht sich keine Vorstellung davon, welche Bedeutung Sartre in den frühen Fünfzigerjahren in Deutschland hatte. Mehr vielleicht als in Frankreich. Er galt als das Nonplusultra zeitgenössischer Philosophie. Wir entdeckten Heidegger und Jaspers auf dem Umweg über ihn. »Verlieren Sie Ihre Zeit nicht mit Sartre«, sagte mir Dr. Hirsch, als ich ihn vor meiner Fahrt nach Paris um seinen Rat bat. »Es lohnt sich nicht. Ein drittklassiger Autor, in zehn Jahren ist Sartre vollkommen vergessen.«

Trotz der Geringschätzung, die er mir gegenüber an den Tag legte, war ich nicht ohne aufrichtige Verehrung für meinen Chef, aber ganz so, wie ich ihn sehen wollte, spiritualistisch, in der Bücherwelt lebender Luftmensch, war er dann doch nicht. Er hatte die zum Typus gehörende, in der Literatur so oft beschriebene Obsession für junge, blonde Aristokratinnen. Da war er von überraschender Energie und Unternehmungslust, die an Rücksichtslosigkeit grenzen konnte. Es gab da eine Volontärin, die ganz seinen Vorstellungen entsprechen musste. Und sie war ein »Fräulein von ...« Auf sie hatte es Dr. Hirsch abgesehen. Sie konnte seinem exotischen Zauber nicht widerstehen. Die Liebesgeschichte hielt damals, wie man sich leicht denken kann, das gesamte Personal in Atem. Am Ende ließ Dr. Hirsch sich scheiden und heiratete – sehr viel später – seine Baronesse.

Den anderen Ratschlag, positiv diesmal, bekam ich von einem seltsamen Mann, Dr. Hans Naumann, den ich im Umkreis des Verlages kennen gelernt hatte. Er war, so könnte man sagen, der absolute Antipode des Dr. Hirsch, ebenso »typisch deutsch« wie jener »typisch jüdisch« war, mit schütterem, aschblondem, militärisch kurz geschnittenem, gescheiteltem Haar, was schon unangenehm auf mich wirkte, und wässerig-blauen Augen, deren Blick etwas Devotes, Serviles hatte, wenn er auch gelegentlich für Sekunden arrogant aufblitzen konnte. Er war auf der verzweifelten Suche nach irgendeiner Arbeit, mehr noch, nach Anerkennung. Seines Zeichens war er Romanist, Literaturhistoriker, dessen Habilitation gescheitert war. Weiß Gott, was er während des Krieges gemacht hatte. Er gehörte, zehn Jahre älter als ich, zu der Generation, der durch den Zusammenbruch Deutschlands am übelsten mitgespielt worden war. Einst sicher eine Hoffnung der deutschen Universität, aber eben einer Universität der Nazizeit, hatte er um 1950 überhaupt keine Chance, seine akademische Laufbahn fortzusetzen, und musste sich mühsam mit Übersetzungen sein Brot verdienen. Dies Schicksal, das nur zum Teil von ihm selbst zu verantworten war, hatte ihn, obwohl er noch ein verhältnismäßig junger Mann war, für immer gezeichnet. In seinem Auftreten, in der Weise, in der er sprach, lag etwas Zombiehaftes, er bot das Bild eines Pechvogels, dem keiner helfen konnte, mit dem Ergebnis, dass er unweigerlich abgewimmelt wurde, wo er als Bittsteller antrat. Dabei war er ein seltener Kenner der französischen Geistesproduktion und hatte die interessantesten Vorschläge zu machen. Seine Tipps erwiesen sich, wie sich zeigen sollte, als Geheimtipps, wie sie sonst keiner zu geben vermochte.

Bei mir hatte er ein aufnahmewilliges Ohr gefunden. Als er hörte, dass ich nach Paris fahren würde, wurde er ganz erregt. Er sah die Chance, dass ich von dort mit einer Bestätigung der Wichtigkeit der von ihm geschätzten Autoren zurückkommen und der Fischer Verlag sich dann vielleicht doch dazu entschließen würde, sie in Deutschland bekannt zu machen. Nicht Sartre, in dessen Beurteilung er mit Dr. Hirsch auf merkwürdige Weise übereinstimmte, sondern diese Autoren repräsentierten in seinen Augen das neue geistige Frankreich.

Um die Möglichkeit zu haben, in Ruhe auf seinem Terrain mit mir zu sprechen, und in der nicht verhehlten Absicht, mich für seine Ideen zu gewinnen, lud er mich, nicht ohne Umstände, zum Essen bei sich ein. Er lebte an der Peripherie der Stadt, in einer engen, dunklen, möblierten Wohnung, mit einer geheimnisvollen Lebensgefährtin, die ein ebensolcher Unglücksrabe war wie er. Als ich sie begrüßte, bekam ich einen Schock. Sie saß im Rollstuhl, Kinderlähmung, und konnte ihre zarten Arme nur mühsam bewegen. Die Züge ihres Gesichts waren ebenmäßig, von großen, ausdrucksvollen Augen beherrscht, das Haar zurückgenommen, nicht richtig unter Kontrolle. Eine kokette Provokation ging von ihr aus und nahm mich sofort gefangen. Sie sprach wie ein Wasserfall.

Die beiden bildeten eines der wenigen vollkommenen Paare, die mir in meinem Leben begegnet sind. In ihren Bedürfnissen und Gewohnheiten vollkommen aufeinander eingespielt. Die diskrete Hilfestellung, die Dr. Naumann seiner Freundin in jedem Augenblick gab, ließ ihre Gebrechlichkeit gänzlich vergessen. Auch sie übersetzte. Sie machten ihre Übersetzungen zusammen. Das Übersetzen ist wohl die einzige geistige Tätigkeit, die man zu zweit ausüben kann. Zusammen zauberten sie auf einem Gaskocher, der zwischen Bücherstapeln, voluminösen Lexika und Manuskripten am Boden stand, einen perfekten *Coq au vin*. Haute Cuisine! Die Leidenschaft für Frankreich kam offensichtlich von ihr – hatte sie eine französische Mutter? Sie wirkte mehr wie eine Französin als eine Deutsche, war überglücklich, über Paris zu sprechen, das sie sichtlich gut kannte. Über Deutschland erging sie sich nur in Invektiven, wozu er schwieg. Diese kleine Dame war es zweifellos auch, die die Bücher liebte, deren Bedeutung sie mir jetzt klarzumachen versuchte. Ich war fasziniert. Das war ein ganzes Programm ungekannter Kostbarkeiten. Ich versprach, sie sofort zu lesen und bei Autoren und Verlagen Optionen für die deutschen Übersetzungsrechte zu erwirken.

Nach meiner Rückkehr aus Paris habe ich dem Verlag ein ausführliches Gutachten vorgelegt, meine Demarchen waren erfolgreich gewesen. Die Namen? Bachelard, Bataille, Klossovski, Leiris! Dr. Hirsch winkte ab: *not my cup of tea*. Auch die Fischers hatten völlig andere Prioritäten. Sie brachten, worauf sie sehr stolz waren, weil sie die Rechte nur mit Mühe hatten erwerben können, eine große Kafka-Ausgabe heraus. Ihnen schien es jetzt doch wichtiger, Amerikaner übersetzen zu lassen. Es hat tatsächlich Jahrzehnte gedauert, bis sich in Deutschland die Namen der Autoren herumgesprochen haben, die mir der arme Dr. Naumann und seine Freundin, die Baronin Sigrid von Massenbach, Anfang der Fünfzigerjahre so warm ans Herz gelegt hatten.

Ich bin nicht Verleger geworden. Ich konnte mich damals noch nicht auf irgendeinen bürgerlichen Beruf festlegen, weil ich noch zu wenig von der Welt, vom Leben wusste. In einem verständnisvollen, fast liebevollen Brief entließ mich Goffi aus meinen Verpflichtungen. Auf meinen Platz rückte später – 1960 – Klaus Wagenbach, der Ende 1949 ganz jung, wenn ich nicht irre, noch in kurzen Hosen, im Keller der Falkensteiner Straße als Lehrling im Versand seine Laufbahn als bedeutender Büchermacher begonnen hatte.

Von Hegel zu Saint-Simon

Von Anfang an war klar gewesen, dass meines Bleibens in Heidelberg nicht von Dauer sein würde. Heidelberg war Übergangsstation, Intermezzo, Vorhof in politisch-soziologischem, metaphysischem und erotischem Sinne; Spielraum und Spielwiese des psychosozialen Moratoriums. Immer wieder machte ich Anstalten, Heidelberg zu verlassen: gleich zu Beginn schon die Übersiedlung nach München, um dort das Projekt einer Zeitschrift für die junge Generation zu verwirklichen, einer Zeitschrift, die – wie berichtet – leider nur einige Monate lang existierte.

Dann die Reise nach Italien mit Stationen in Rom, Neapel und Positano, wo ich beinahe hängen geblieben wäre. Es eröffnete sich mir dort, an den Gestaden des Mittelmeeres, die verlockende Möglichkeit eines Lebens als freier Schriftsteller, aber auch das war meine Sache nicht. Entschlossen, mein Studium zu beenden und, wie es sich gehörte, zu promovieren, kehrte ich nach Heidelberg zurück.

Mit meiner Dissertation hatte ich mein Thema gefunden: Soziologie als Krisenwissenschaft. Ich wollte ihren Ursprung aus dem Geist der Französischen Revolution erforschen, das heißt, ich musste nach Paris. Soziologie als Wissenschaft des gesellschaftlichen Wandels, deren Aufgabe es war, die Revolution zu verstehen und zu beenden. *Terminer la revolution!* Ich wollte es als Soziologe tun – *more sociolo-*

gico, als »teilnehmender Beobachter« gewissermaßen. Mein Vorbild, dem ich auch meine Dissertation gewidmet hatte, war Henri de Saint-Simon, seine erfahrungs- und praxisbezogene Erkenntnistechnik der *Vie experimentale,* die Karl Mannheim als die Voraussetzung eines authentischen soziologischen Wissens wieder entdeckt hatte. Wie anders als in leidenschaftlicher Anteilnahme die gesellschaftliche Wirklichkeit in ihrer Komplexität und Vielschichtigkeit, in ihren Widersprüchen und Verheißungen erkennen?

Beatus ille ... glücklich ist der, dem es gelingt, in seinem Bewusstsein das gesellschaftlich-geschichtliche Sein seiner Zeit auf den Begriff zu bringen als einer, dem sich im Medium seiner persönlichen Erfahrungen der Weltgeist offenbart, sodass er sich sagen darf: Ich stehe auf der Höhe der Zeit.

Rückblickend kann ich zu meiner Genugtuung feststellen, dass wir im Rahmen unserer geschichtsphilosophischen Spekulationen damals in Heidelberg einen Punkt erreicht hatten, der sich bis heute, also 50 Jahre später, als Angelpunkt jedes Denkens über das Schicksal der Menschheit auf dieser Erde bewährt und bewahrheitet hat. Wir können heute wieder getrost dort anknüpfen. Unsere Position war der *Posthistoire* und allen defaitistischen Versuchungen, die Geschichte zu dekonstruieren, überlegen. Das Neue unseres Ansatzes, das inzwischen zu einer Selbstverständlichkeit geworden ist, lässt sich auf die Formel bringen: »Die Zukunft denken.«

Dazu müssen wir zurück zum Ursprung des modernen Denkens über Gesellschaft und Geschichte, der Bemühung, das Schicksal des Menschen in der Immanenz auf den Begriff zu bringen, das geschichtlich-gesellschaftliche Kontinuum in seiner Zeitlichkeit (qua Geschichte), in seinen

Strukturen (qua Gesellschaft) zu erfassen, als Entwicklungsprozess der Gattung. Mit dieser Vorstellung einer Entwicklung, eines Prozesses, eines Kontinuums, als Seinsmodalität der Spezies, als Dimension der Menschheitsgeschichte ist der Begriff »Zukunft« aufs engste verbunden. Er ist gleichzeitig und gleichermaßen verbunden mit der Vorstellung einer »Machbarkeit der Geschichte durch den Menschen«, einer Verantwortung des Menschen für den weiteren Verlauf seiner Existenz auf diesem Planeten. Das »Denken der Zukunft« ist als antizipatorischer Vorgriff, als visionäre Ahnung, als Arbeitshypothese, als Programmierung menschlicher Tätigkeit in den Fortgang dieses Entwicklungsprozesses als Vision eingeschrieben.

Die gedankliche Ausformung dieses vorlaufenden Vorgriffs ins Unbekannte, Ungewisse, wird, weil unreal, unbeweisbar, fiktional, als Utopie begrifffen, als das, was »keinen Ort« hat. Es hat aber einen Ort: die Zukunft als Raum (*locus*) der Weiterentwicklung der Menschheit. Das ist kein metaphysisches Jenseits, sondern ein Topos der Immanenz. Das ist das aufregend Neue der Neuzeit. Sie als solche erschlossen zu haben, ist die größte geistige Leistung des okzidentalen Humanismus, das eigentliche Konstitutivum der so genannten Moderne.

Das 19. Jahrhundert war das Jahrhundert der großen utopischen Entwürfe. Das 20. Jahrhundert war das der großen Experimente, in denen versucht wurde, diese Visionen in die Wirklichkeit umzusetzen. Das Scheitern der meisten dieser Versuche kann nicht bedeuten, dass der Prozess sich totgelaufen hat und das utopische Denken überflüssig geworden ist. Das wäre erst nach der physischen Auslöschung der Menschheit der Fall, die zu verhindern gerade das dem Prozess eigene Telos ist. Utopie ist immer Weltuntergang-Verhinderungsstragie. Apokalyptische

Phantasien sind Ausgeburten der Zukunftsangst, des Verzichts, an der Zukunft zu arbeiten.

Aus dem globalen Gemenge der Einzelgeschehnisse, der Phantasien und Phantasmen, lassen sich fünf Komponenten herauspräparieren.

Es geht *erstens* und hauptsächlich um die Herstellung der »einen Welt«, die Konstitution der Menschheit als Erlebnis-, Kommunikations- und Aktionsgemeinschaft. Wir erleben den historischen Augenblick, in dem dieses Ziel faktisch erreicht ist. Aus einer Virtualität ist eine Realität geworden. Es handelt sich um ein spirituelles Phänomen, um eine Instrumentalisierung zerebraler Fähigkeiten, Noosphäre oder Internet. Die »Menschheit« versteht sich nicht als biologische Entität, sondern als raumzeitliches Kommunikationskontinuum. Es handelt sich offenbar um die Weiterbildung genetischer Möglichkeiten aus dem Stadium des noch Unfertigen, Unvollkommenen der biologischen Substanz: als Prozess ein entwicklungsbiologischer Vorgang.

Es gibt auch andere Hypothesen, zum Beispiel Anpassungszwänge an sich verändernde kosmische Umweltgegebenheiten. Oder sollen wir den kultursoziologischen Terminus des »Zivilisationsprozesses« ins Spiel bringen, der auf den kumulativen Effekt erworbener Fähigkeiten der Daseinsbewältigung abhebt, deren Errungenschaft artgeschichtlich irreversibel ist?

Wie dem auch sei, wir können heute sagen, dass alles, was vor der Erreichung des jetzigen Zustandes der Menschheit auf dem Planeten Erde geschehen ist, nur Vorgeschichte war, *Préhistoire*, und dass die Geschichte der Menschheit, weit davon entfernt, zu Ende zu sein, überhaupt erst jetzt im dritten Jahrtausend der christlichen Zeitrechung beginnt.

Die *zweite* Komponente der Mega-Utopie, deren Übertritt aus dem Virtuellen in die Realität das Menschheitsgeschick der Zukunft bestimmt, resultiert aus einer komplementären Zielvorstellung: der präzisen Vorstellung von den optimalen materiellen und geistigen Daseinsbedingungen dieser Menschheit in der einen Welt. Mag sie sich aus alten paradiesischen Jenseitsvorstellungen oder frühkindlichen Phantasmen nähren, sie erweist sich in ihrem Kern als eine durch alle Zeiten und Kulturen beständige anthropologische Konstante. Dabei ist wichtig, dass »die Menschheit« verstanden wird als die Summe der sie bildenden Einzelindividuen beiderlei Geschlechts.

Zusammengefasst wird diese Forderung, die zum festen Bestand utopischen Denkens gehört, in der erstaunlichen Formel, die seit fast 200 Jahren unser politisches, soziales und okönomisches Handeln als Antrieb, als ethisches Postulat, als kategorischer Imperativ, als Forderung des Gewissens begleitet und orientiert: »Das größte Wohlergehen der größten Zahl« (Bentham).

Die *dritte* Komponente, der Kern der Mega-Utopie, ist das Ideal des »mündigen Individuums«, harmonisch eingebunden in eine flexible, vielschichtige, kollektive Aktions-, Erlebnis- und Wertegemeinschaft, als der Voraussetzung einer »Selbstverwirklichung«. Damit ist die Chance des einzelnen Subjekts gemeint, sein eigenes Leben frei von Fremdbestimmungen, seinen Bedürfnissen und Fähigkeiten gemäß zu gestalten.

Ausgehend vom Normenkanon der Menschenrechte hat sich ein Katalog der »Prinzipien der individuellen Freiheit und der Zivilgesellschaft« herausgebildet, der im kollektiven Bewusstsein der Menschheit heute so fest eingemeißelt ist wie – im christlich-jüdischen Kulturkreis – der Dekalog in die Gesetzestafeln des Moses.

Die entwicklungsbiologische Dynamik lässt sich ablesen an dem Begriff der Emanzipation, mit dem Prozesse individueller und kollektiver Annäherung an optimale Verhältnisse bezeichnet werden, deren Hauptnutznießer das immer mündige Individuum ist.

Es wäre unverzeihlich, im Leporello der großen Utopie einen *vierten* Entwicklungsstrang unerwähnt zu lassen. Er ist wichtig, manche neigen dazu, ihn für die wichtigste Komponente des Gesamtprozesses zu halten: Es ist das Verhältnis zwischen Mann und Frau, zwischen Ying und Yang. Im utopischen Denken wird dem weiblichen Prinzip eine ausschlaggebende Rolle zugemessen. Die heute noch dominierenden, auf Gewalt, Unterdrückung und Ausgrenzung beruhenden patriarchalen Gesellschaftsordnungen sollen obsolet und durch weichere, gewaltfreie, »matriarchale« abgelöst werden.

Andere stellen sich eine Entschärfung der sexuellen Differenz als ideale Lösung der menschlichen Bisexualität vor. Global kann man im *Lifestyle* die Tendenz zum Unisex beobachten. Ein Romantiker (Johannes Joseph Görres) hat vor 200 Jahren schon verkündet: »Die Zukunft der Menschheit ist der Androgyn.« Eine Sehnsuchtsfigur? Ein durchaus ernst zu nehmender, konstitutiver Faktor des utopischen Projekts! Alles ist hier in Bewegung, alles deutet auf Veränderung. Vorläufig gilt noch, was Charles Fourier und die Saint-Simonisten als den Indikator für die Richtung, die der Entwicklungsprozess nehmen würde, angegeben hatten: Der zivilisatorische Fortschritt misst sich am Grade der Emanzipation der Frauen. Die Surrealisten gingen noch einen Schritt weiter, wenn sie sagten: »*La femme est l'avenir de l'homme.*«

Schließlich *fünftens* gehört zur großen Entwicklungsbewegung, in der die Umrisse der globalen Utopie aufscheinen, *last but not least* die Summe aller Bemühungen, die der Erhaltung des Planeten als Lebensbasis ihres parasitären Gastes, der Spezies Menschheit, gelten, und sei es zunächst nur im Bewusstsein der Problematik. Das ökologische Gewissen (keine Erfindung unserer Tage) ist zu einer der wichtigsten Komponenten des Zukunftsdiskurses »Menschheit–Erde« geworden.

Die Utopie denken heißt, in den Kategorien ihrer fünf Komponenten gleichzeitig die Zukunft der Menschheit zu denken. Sie abzulehnen heißt, aus der Solidaritätsgemeinschaft der Spezies auszusteigen. Es geht nicht um Utopie oder Nicht-Utopie, sondern darum, die verschiedenen Möglichkeiten und Methoden ihrer Verwirklichung zu erproben.

Die Mega-Utopie ist zum Maßstab geworden, an dem alles menschliche Denken und Tun, Theorie und Praxis, gemessen werden. Hier genau verläuft heute die Trennungslinie, die politische, gesellschaftspolitische Front, die die Weltgesellschaft moralisch in zwei Teile aufspaltet. Der Zweifel an der Utopie und ihrer Verwirklichungschance ist das Ferment jener Entzweiung, die jederzeit und überall zum blutigen Konflikt werden kann, in dem Konsensus und Diskussion aufgekündigt werden und atavistische Formen des Umgangs mit Andersgesinnten, von politischer Verfolgung und Folter bis zum Bürgerkrieg, wieder an die Stelle der Verkehrsformen der zivilisierten Menschheit treten. An dieser Grenze scheiden sich die Geister.

Schlusslicht

Die unsichtbare Macht, die mein Leben inszenierte, *Fortuna,* hielt, bevor ich Frankfurt definitiv verließ, ein Geschenk für mich bereit, das ich verdutzt und dankbar entgegennahm und das mir den Abschied erleichterte.

Am Vorabend meiner Abreise nach Paris zog mich die kleine Krankenschwester, die so wie ich bei der Dame Romba zur Untermiete wohnte und der ich, obwohl ich sie nicht unattraktiv fand, wegen eines »Bräutigams«, der dauernd da war und von dem sie bei den wenigen Zufallsbegegnungen im Flur oder in der Küche dauernd sprach, weiter keine Beachtung geschenkt hatte, als ich mich von ihr verabschieden wollte, sanft und bestimmt, indem sie einfach meine Hand nicht freigab, in ihr Zimmer und in ihr Bett. Ich war völlig unvorbereitet, sie verführte mich ganz einfach. Ich muss gestehen, ich war etwas schockiert, fand es aber toll, dass sich eine junge Frau kurz vor ihrer Hochzeit, die, wie sie mir eröffnete, unmittelbar bevorstand, einen »Seitensprung« erlaubte. Ich hatte noch nicht herausgefunden, dass »verlobte« Mädchen besonders unternehmungslustig sind. Dabei muss die Idee der monogamen Exklusivität eine entscheidende Rolle spielen. Bevor man definitiv seine Freiheit aufgab, wollte man noch einmal etwas riskieren, etwas mitnehmen, einen Nachholbedarf befriedigen. Nach der Eheschließung war es dann damit vorbei.

Es war richtig nett, heiter, mit viel Gekicher. Sex pur. Wir kamen nicht zur Ruhe, bevor der Wecker klingelte und sie sich schleunigst für den Dienst fertig machen musste (Krankenschwestern haben immer unmögliche Arbeitszeiten, zu denen sie pünktlich erscheinen müssen). Ihren Vornamen weiß ich noch, mehr aber auch nicht. Sie hieß Elisabeth.

Den Abend darauf stand sie, ohne dass wir uns verabredet hätten, auf dem Bahnsteig meines Pariser Zuges – einem nächtlichen, schlecht beleuchteten Bahnsteig mit vielen Menschen, die nicht alle geheuer aussahen. Sie ließ es sich nicht nehmen, mein Schlafwagenabteil zu inspizieren, es gab keinen Mitreisenden, Gott sei Dank, sodass einem *Quicky* (wie man heute sagen würde) nichts im Wege stand. Sie wollte es so. Worte wurden nicht gewechselt.

Als der Zug sich schnaubend in Bewegung setzte, blieb sie auf dem Bahnsteig zurück und winkte mir, der ich mich weit aus dem Fenster lehnte, mit einem kleinen weißen Taschentuch. Sie lächelte. Ich werde diesen Anblick nie vergessen. Die Inszenierung war perfekt. Es konnte kein Zweifel daran bestehen, dass dieses Mädchen gekommen war, um mir, als deren Abgesandte, die Glücksverheißungen der Göttin mit auf den Weg zu geben.

Bibliographie

Bahns, Jörn (Hg.), Zwischen Tradition und Moderne – Heidelberg in den 20er Jahren. Ausstellungskatalog des Kurpfälzischen Museums der Stadt Heidelberg, Heidelberg 1994

Blomert, Reinhard / Esslinger, Hans Ulrich / Giovannini, Norbert (Hg.), Heidelberger Sozial- und Staatswissenschaften. Das Institut für Sozial- und Staatswissenschaften zwischen 1918 und 1958, Marburg 1997

Blomert, Reinhard, Intellektuelle im Aufbruch. Karl Mannheim, Alfred Weber, Norbert Elias und die Heidelberger Sozialwissenschaften der Zwischenkriegszeit, München 1999

Bolte, Karl Martin / Neidhardt, Friedhelm (Hg.), Erinnerungen westdeutscher Hochschulprofessoren der Nachkriegsgeneration, Baden-Baden 1998 (Soziale Welt, Sonderband 11)

Buselmeier, Michael (Hg.), Heidelberger Lesebuch. Stadt-Bilder von 1800 bis heute, Frankfurt am Main 1986

Demm, Eberhard, Einführung in Leben und Werk Alfred Webers, in: Bräu, Richard / Demm, Eberhart / Nutzinger, Hans G. / Witzenmann, Walter, Alfred Weber, Gesamtausgabe, Bd. 1, Marburg 1997, S. 11–23

Ders., Ein Liberaler in Kaiserreich und Republik. Der politische Weg Alfred Webers bis 1920, Boppard 1990

Ders., Von der Weimarer Republik zur Bundesrepublik. Der politische Weg Alfred Webers 1920–1958, Boppard 1999

Eckert, Roland, Kultur, Zivilisation und Gesellschaft, Basel/Tübingen 1970

Ernst, Fritz, Im Schatten des Diktators. Rückblick eines Heidelberger Historikers auf die NS-Zeit, hg., eingeleitet und erläutert von Diethard Aschoff, Heidelberg 1996

Görlitz, Walter, Heimkehr und Neubeginn, in: Michael Buselmeier (Hg.), Heidelberger Lesebuch. Stadt-Bilder von 1800 bis heute, Frankfurt am Main 1986
Green, Martin, The von Richthofen Sisters. The Triumphant and the Tragic Modes of Love, New York 1974
Gregorovius, Ferdinand, Wanderjahre in Italien, 1870 ff.
Hartlaub, Geno, Der Mann, der nicht nach Hause wollte, München 1995
Heß, Jürgen C. / Lehmann, Hartmut / Sellin, Volker (Hg.), Heidelberg 1945, Stuttgart 1996
Jaspers, Karl, Der Heidelberger Geist, in: Michael Buselmeier (Hg.), Heidelberger Lesebuch. Stadt-Bilder von 1800 bis heute, Frankfurt am Main 1986
Kuby, Erich, Aus schöner Zeit. Vom Carepaket zur Nachrüstung. Der kurze deutsche Urlaub, Hamburg 1984
Laak, Dirk van, Gespräche in der Sicherheit des Schweigens. Carl Schmitt in der politischen Geistesgeschichte der frühen Bundesrepublik, Berlin 1997
Lichtblau, Klaus, Kulturkrise und Soziologie um die Jahrhundertwende. Zur Genealogie der Kultursoziologie in Deutschland, Frankfurt am Main 1996
Lukács, Georg, Die Zerstörung der Vernunft, Berlin 1955
Markmann, Heinz, Das InSoSta nach dem Zweiten Weltkrieg, in: Reinhard Blombert u. a. (Hg.), Heidelberger Sozial- und Staatswissenschaft. Das Institut für Sozial- und Staatswissenschaften zwischen 1918 und 1958, Marburg 1997
Martin, Marko, Orwell, Koestler und all die anderen. Melvin J. Lasky und »Der Monat«, Asendorf 1999
Merian, Heidelberg, 10. 10. 1984
Mitscherlich, Alexander, Ein Leben für die Psychoanalyse, Frankfurt am Main ^{2}1983
Proß, Harry, Memoiren eines Inländers. 1923–1993, München 1993
Röpke, Wilhelm, Die Deutsche Frage, Erlenbach-Zürich 1945
Schmitt, Carl, Glossarium. Aufzeichnungen der Jahre 1947–1951, hg. von Eberhard Freiherr von Medem, Berlin 1995
Sombart, Nicolaus, Capriccio No. 1. Des Wachsoldaten Irrungen

und Untergang, Frankfurt am Main 1947, Neuauflage Baden-Baden/Zürich 1995
Ders., Nachdenken über Deutschland. Vom Historismus zur Psychoanalyse, München 1987
Ders., Jugend in Berlin 1933–1943. Ein Bericht, Frankfurt am Main [7]1998
Ders., Pariser Lehrjahre 1951–1954. Leçons de Sociologie, Frankfurt am Main 1996
Ders., Die deutschen Männer und ihre Feinde. Carl Schmitt – ein deutsches Schicksal zwischen Männerbund und Matriarchatsmythos, Frankfurt am Main 1997
Ders., Wilhelm II. Sündenbock und Herr der Mitte, Berlin 1996
Treiber, Hubert / Sauerland, Karol (Hg.), Heidelberg im Schnittpunkt intellektueller Kreise. Zur Topographie der »geistigen Geselligkeit« eines Weltdorfes 1850–1950, Opladen 1995
Ulmer, Peter (Hg.), Geistes- und Sozialwissenschaften in den 20er Jahren. Heidelberger Impulse, Heidelberg 1998
Waldmüller, Monika, »Die Wandlung«. Ein Bericht, Marbach am Neckar 1988
Weber, Alfred, Der Geist Heidelbergs, in: ders., Haben wir Deutschen nach 1945 versagt? Politische Schriften, München 1979
Ders., Gesamtausgabe in zehn Bänden, hg. von Richard Bräu / Demm, Eberhart / Nutzinger, Hans G. / Witzenmann, Walter, Marburg 1997 ff.
Weckbecker, Arno, Die Judenverfolgung in Heidelberg 1933–1945, Heidelberg 1985

Namenregister

Nicolaus Sombart

Die deutschen Männer und ihre Feinde

Carl Schmitt – ein deutsches Schicksal zwischen Männerbund und Matriarchatsmythos

Band 11341

Für den Kultursoziologen Nicolaus Sombart ist der Staatstheoretiker Carl Schmitt die Symbolfigur der verhängnisvollen Geschichte der Deutschen vom zweiten Kaiserreich bis zum NS-Staat. Am Beispiel des Schmittschen Denkens bietet Nicolaus Sombart eine Mentalitätsgeschichte der Deutschen. So diagnostiziert er die antiliberale, antidemokratische und antibürgerliche Theorie von Carl Schmitt als patriarchalisches Macht- und Ordnungsdenken, in der sich die Obsessionen der damaligen Machteliten manifestierten.

Fischer Taschenbuch Verlag

fi 1532 / 6

Nicolaus Sombart

Pariser Lehrjahre
1951 - 1954

Band 13134

Ein junger Deutscher reist in den fünfziger Jahren nach Paris um eine wissenschaftliche Arbeit über den Ursprung der Soziologie aus dem Geist der Französischen Revolution zu schreiben. Sein Interesse als Soziologe muß es sein, als »teilnehmender Beobachter« in das Zentrum der Pariser Gesellschaft vorzudringen. Den Weg dorthin weisen ihm kluge Männer und faszinierende Frauen. Sombart erzählt dieses Stück seines Lebens wie einen Roman, voller kleiner Geschichten und Betrachtungen. Angesiedelt zwischen Autobiographie und Literatur ist dieses Paris-Buch der Bericht eines jungen deutschen Intellektuellen, der nach dem Krieg seinen angestammten Platz in der Gesellschaft nicht mehr vorfindet, sondern in der Fremde sucht.

Fischer Taschenbuch Verlag

fi 1531 / 4

Nicolaus Sombart

Jugend in Berlin

1933 – 1943

Ein Bericht

Band 10526

Nicolaus Sombart, dem Sohn des bekannten Nationalökonomen Werner Sombart, ist hier ein wichtiges Zeitdokument gelungen, das Aspekte der Jahre 1933-1943 in Erinnerung bringt. Sombarts Elternhaus stand im alten Grunewaldviertel – im Rückblick eine Idylle, fern der Massenaufmärsche im Zentrum der Reichshauptstadt. Die Bibliothek des Vaters und der Salon der Mutter bildeten die Pole einer eigenwilligen, intellektuell und künstlerisch vielseitigen Jugend, die bis zur Einberufung in die Wehrmacht von den politischen Ereignissen auffallend distanziert blieb. Das ist die andere Dimension des Buches: Ohne die Tabus der Rechten und der Linken zu respektieren, geht hier jemand der Frage nach den mutmaßlichen Ursachen des »deutschen Sonderweges« nach, wobei Antisemitismus, Männerbundtradition und Matriarchatsmythos zu zentralen Themen eines Deutungsversuches werden.

Fischer Taschenbuch Verlag

fi 1534 / 5